학교 혁신의 지속가능성을 품다

KB165770

다시, 혁신학교!

초판 1쇄 인쇄 2022년 12월 12일
초판 1쇄 발행 2022년 12월 22일

지은이 성기신, 김영석, 고두한
펴낸이 김승희
펴낸곳 도서출판 살림터

기획 정광일
편집 조현주, 송승호
북디자인 꼬리별

인쇄·제본 (주)신화프린팅
종이 (주)명동지류

주소 서울시 양천구 목동동로 293, 2215-1호
전화 02-3141-6553
팩스 02-3141-6555
출판등록 2008년 3월 18일 제313-1990-12호
이메일 gwang80@hanmail.net
블로그 http://blog.naver.com/dkffk1020

ISBN 979-11-5930-245-9 03370

학교 혁신의 지속가능성을 품다

다시, 혁신학교!

성기신, 김영석, 고두한 지음

살림터

학교가 '학교'가 되는 이야기

손우정_배움의공동체연구회 대표

'학교는 어떻게 학교가 되는가?' 전국 혁신학교의 혁신 과정을 지켜보면서 개인적으로 늘 지니고 있던 과제입니다. 이 과제에 명쾌한 답을 주는 한 권이 바로 『다시, 혁신학교!』입니다.

학교를 바꾸고 학교를 만드는 일은 누구 한 사람의 의지만으로 가능한 일도 아니며 어느 한 영역을 바꾼다고 가능한 것도 아닌 복잡하고 지난한 과정의 연속이라고 생각합니다. 그래서 배움의공동체를 주창하신 사토 마나부 교수는 학교를 바꾸는 데는 최소한 3년이 걸리니 조바심 내지 말고 차분하게 항상 처음처럼 나아가라고 조언합니다.

저는 2015년부터 2022년 현재까지 선학중학교의 혁신 과정에 함께 참여하면서 아이들의 성장과 교사의 성장을 교실 수업을 통해 관찰하고 배우는 일을 하고 있습니다. 2015년 선학중학교의 첫인상은 배움에 의지를 둔 아이들보다는 배움이 느리고 무관심한 아이들이 많은 학교, 그리고 아이들에게 학교는 그다지 매력적인 장소도 머물고 싶은 장소도 아니었습니다. 그럼에도 불구하고 아이들을 향한 교사들의 열정만큼은 어느 학교도 부럽지 않은 뜨거운 곳이었습니다.

이런 학교를 아이들이 가고 싶은 학교, 아이들이 머물고 싶은 학교, 나아가 아이들에게 가장 안전한 삶의 안식처로 만들어 내고 교사들의 아이들을 향한 뜨거운 열정을 배움 중심의 수업으로 승화시켜 낸 곳이 바로 지금의 '선학중학교'입니다.

교사들은 배움이 느리고 무관심한 아이들을 위해 학기가 시작되기 전부터 교육과정을 재구성하고 학기 중에는 수업 디자인과 수업 공개를 전제로 한 수업연구회를 통해 수업문화와 함께 교사문화를 전문가의 학습공동체 문화로 바꾸어 냈습니다. 다양한 어려움을 안고 있는 아이들의 마음의 상처를 서로 믿고 의지하는 학교문화와 생활교육을 통해 서로 보듬고 치유해 갈 뿐만 아니라 학교와 마을의 연대를 통해 미래교육을 준비해 가는, 그야말로 학교를 중심으로 교사, 학생, 보호자 그리고 마을이 함께 만나고 서로 배우는 배움의 공동체를 만들어 낸 것입니다. 이 책은 이러한 일련의 과정을 꾸밈없이 그대로 담아낸 솔직한 학교 이야기입니다.

최근, '교육 대전환'이라는 주장과 함께 교사들의 전문성과 자율성을 바탕으로 추진해 온 그간의 혁신교육을 부정하는 소리를 종종 듣게 됩니다. 그리고 그 '대전환'의 주된 주체가 교사가 아니라 때로는 AI라는 사실에 우려를 하지 않을 수 없습니다.

이 책은 교사가 혁신의 대상이 아니라 혁신의 주체가 되어 이루어

낸 '학교 대전환'의 생생한 기록입니다. 추천사를 쓰기 위해 원고를 한 줄 한 줄 읽어 가다 울컥한 맘이 들었습니다. 학교의 오래된 관행을 버리고 특히 아이들을 위해 학교의 모든 정책과 시스템을 수업을 중심으로 바꾸어 가는 일은 교사 몇 명만의 힘으로 가능하지 않기 때문입니다. 학교가 비전을 정하고 공유하는 일에서부터 의견이 갈리고 수업 공개에서는 얼마나 많은 저항이 있었을까요? 그리고 수업 협의를 하다 보면 퇴근 시간을 넘기는 날도 종종 생기고 그 순간순간 누군가는 얼마나 조마조마했으며 잘하자고 한 일에 또 얼마나 많은 원망과 미움을 받았을까요?

어쩌면 선학중학교의 혁신은 이 책의 저자 성기신, 김영석, 고두한 선생님의 '미움받을 용기와 각오'로 시작된 것인지도 모릅니다. 교사는 혼자 성장할 수 없는 직업임에도 불구하고 동료와 함께 배우고 나누는 일을 귀찮아하고 혼자 고립되어 있기를 좋아하는 교사들이 있습니다. 그래서 교직은 고독한 직업이라고도 합니다. 하지만 수업을 바꾸고 학교를 바꾸기 위해서는 아이도 교사도 어느 누구도 혼자인 사람이 있어서는 안 됩니다. 학교 구성원 모두가 서로 믿고 듣고 의지하며 서로가 서로에게 힘이 되는 공동체를 만들어 내야 합니다. 이 책은 아이들의 배움의 공동체의 이야기이자 교사들의 학습공동체 이야기이며 학교를 중심으로 한 마을공동체의 이야기입니다. 어쩌면 '공동체'로 학교를 만들어 낸 이야기입니다.

2020년 코로나19와 함께 나타난 학교의 가장 큰 변화는 '공동체의 위기'가 아닌가 생각합니다. 대화를 할 수 없는 상황에서 오는 아이들의 배움의 공동체 위기 그리고 서로 만나 수업의 어려움을 나누고 함께 수업을 준비할 수 없었던 상황에서 벌어진 '교사 학습공동체의 위기'가 아이들의 배움의 위기로 이어지고 있는 것이 지금 학교의 상황이 아닐까요?

포스트 코로나 시대, 다시 학교를 준비하고 아이들과 교사의 배움을 준비하는 모든 분들에게 학교를 이해하고 학교를 만들어 가는 입문서가 될 『다시, 혁신학교!』를 강력하게 추천합니다. 그리고 성기신·김영석·고두한 세 분 선생님의 '미움받았을 용기와 각오'에 다시 한번 존경의 맘을 담아 박수를 보냅니다.

교사가 된 지 20여 년의 세월은 학생들과 함께 호흡하며 좋은 교사가 되려고 노력해 온 시절이라고 감히 말하고 싶다. 그러나 인천의 혁신학교 운동에 몸을 담기 시작한 2015년까지 우리 교사들에게 들려오는 이야기는 암울하기만 했다. 우리나라가 OECD 국가 중 어린이와 청소년의 주관적 행복 지수 최하위, 관계 지향성과 사회적 협업 능력 최하위, 교사의 자기 효능감 최하위, 청소년 자살 사망률 세계 1위라는 것이다. 학교에서 학생들을 가르치는 교사로서 책임감을 넘어 죄책감까지 밀려오던 시절이었다.

우리가 근무하던 학교현장은 무한 입시 경쟁 교육 속에서 학업에 흥미를 잃고 수업 시간에 잠자는 학생들이 늘어났고, 학업 스트레스로 급기야 학교를 떠나는 학생이 생기는가 하면 공교육의 신뢰가 무너지며 학부모의 사교육 의존도는 높아지기만 했다. 학생에게서 받은 정서적 상처와 고통으로 명예퇴직을 희망하는 선배 교사들도 급증했다. 학생도 교사도 모두가 행복하지 않은 곳이 되어 버린 학교가 평생직장이 되었다.

평범한 교사로 우리나라의 교육을 바꾼다는 것은 애당초 불가능한 일이라는 생각도 들었지만 그래도 우리 아이들의 미래를 위해 학교를 바꾸는 데 무언가 하고 싶었다.

그런 고민 속에 사토 마나부 교수님의 『수업이 바뀌면 학교가 바뀐다』, 손우정 교수님의 『배움의공동체』란 책을 만났다. 학교 단위의 참교육 실천 운동이라고 할 수 있는 배움의공동체를 더 알고 싶었고, 그래서 더 열심히 공부했다. 단순한 수업 방법이 아닌 철학으로서의 배움의공동체를 알아 가면서 남은 교직 생활의 희망을 발견했다. 인천에서는 경기도보다 6년이나 늦게 혁신학교가 시작되어 안타까웠지만, 2015년 인천의 행복배움학교(인천형 혁신학교)가 시작되었다. 그해 교직 20년 차인 우리에게 수업을 통해 학교 혁신을 만들어 보려는 희망이 생겼다.

고장 난 학교를 배움의공동체 철학을 기반으로 다시 세워서 학생들이 배움의 기쁨을 느끼고, 교사들도 가르침의 보람을 느끼고, 학부모가 공교육을 신뢰할 수 있는 학교를 만들어 보고자 했다. 학생, 학부모, 교사 모두 건강한 민주시민으로 살아가는 힘을 갖도록 노력하는 것, 그것이 우리가 실천할 수 있는 참교육이고 혁신학교의 방향이라 생각했다.

마음을 같이하는 친구와 후배 교사 셋이서 혁신학교를 해 보기로 도원결의를 했다. 2015년 3월 2일 선학중학교 입학식장에서 셋이서 사진을 찍으며 한번 해 보자고 다짐하며 달려온 것이 올해로 8년째다. 이 책은 8년간 함께해 온 교사 성기신, 김영석, 고두한이 좌충우돌하며 학교 혁신을 위해 달려왔던 배움의공동체 선학중학교의 이야기이다.

지극히 평범했던 교사 세 사람의 지극히 평범한 학교생활을 담은 이야기가 책으로서 가치가 있을지 고민했지만, 그래도 용기 내어 출판하기로 했다. 평범한 교사들의 이야기이기에 누구나 쉽게 공감할 수 있으리라 생각한다.

아직도 갈 길은 멀지만 8년간 선학중학교에서 함께했던 모든 학생, 학부모, 선생님들께 '함께할 수 있어 행복했다'는 감사의 마음을 전한다.

2022년 11월
성기신, 김영석, 고두한

차례

3장 평화로운 학교 만들기
_ 생활교육의 실천

4장 학교, 마을과 공간을 고민하다
_ 마을교육공동체가 함께 열어 가야 하는 미래교육

1장

학교를 개혁하다

교육과정과 학교문화의 변화

교육과정, 학교의 문화를 바꾸다
[신학년도 교육과정 준비 워크숍]

교육과정, 동료 교사들과 함께 준비하다

교육과정은 교과서였던 시절이 있었다. 교사는 교과서만 잘 가르치면 되었고, 교과서는 국정교과서 하나였다. 그래서 전국의 교사들은 이 교과서를 어떻게 가르칠 것인지만 고민하면 되었다.

그런데 교과서는 검인정 체제로 바뀌었고, 성취기준을 달성하기 위한 하나의 재료가 되었다. 오로지 교과서만 잘 가르치면 되던 교사들에게 통합적인 사고방식과 역량중심 교육과정이 주어졌다. 2022 교육과정의 시안에 담긴 '융합선택과목 신설', '기후환경과 공동체 소양을 포함하는 교과의 재구조화' 등에 관한 내용을 보면 이 같은 흐름이 더욱 강화되는 추세임을 짐작할 수 있다. 문제는 교사들이 이에 대한 준비가 전혀 되어 있지 않았다는 것이다. 그래서 교사들은 '교과서만 가르치는 교사'와 '성취기준을 바탕으로 활동지를 만드는 교사'로 나뉘게 되었다. 물론 교과서를 열심히 가르치는 것도 국가가 제시한 교육과정을 충실히 따르는 길이다. 각 출판사에서 교과 성취기준에 따라 만든 것이기 때문에 교사 혼자 준비한 것보다 더 전문적이라고 말하는 경우를 흔히 볼 수 있다. 어느 정도 수긍할 수 있는 말이다. 게다가 요즘 출판사는 해당 교과서를 채택한 교사들에게 수업지도안을 비롯한 시청각 자료, 형성평가 문항을 제공하는 등 매우 애를 쓰고 있는 것도 사실이다.

하지만 출판사가 만든 교과서가 근본적으로 준비할 수 없는 것이 있는데, 그것은 '지금, 여기'라고 표현할 수 있다. 예를 들어 시시각각 변하는 지금 우리 사회의 모습을 담아내기 어렵다. 과거의 무궁무진한 사례들도 충분히 좋은 수업 자료가 될 수 있지만, 교과서는 다양한 이유로 수업의 재료로 삼을 수 있는 것들에 제한이 있다. 동시에 우리가 사는 '여기'의 문제를 담아낼 수도 없다. 인천이라든지, 공단이 인접한 우리 마을의 문제를 교과서는 담아낼 수 없는 것이다. 그러하기에 지금도 적지 않은 교사들이 교과서를 참고하여 학생들에게 맞는 활동지를 만들고 있다.

이처럼 활동지를 만드는 교사들이 늘어나면서 학생들이 배우는 전체 교육과정을 고민해야 한다는 움직임이 일어나기 시작했다. 학교 혁신의 가장 중요한 영역이 수업의 혁신이다 보니, 서로의 수업을 공유하면서 학생들이 무엇을 배우고 있는지 횡으로 살펴보기 시작한 것이다. 그러면서 자연스럽게 교과 간 무엇을 배우고 있는지, 아이들의 역량을 기르기 위해 교과 간에 어떤 것을 연대하여 가르칠 것인지 의논하는 시간이 필요했다. 그래서 2월, 개학을 앞두고 우리는 학교에 모여 '새 학년 교육과정 워크숍'이라는 것을 하게 되었다.

그렇지만 다른 학교가 하지 않는 워크숍을 일주일이나 할 때는 우리 학교도 교사들의 복지나 휴식에 소홀하지 않다는 것을 보여 줘야 했다. 그래서 남들이 '방학 중 근무조'라는 것을 할 때 우리는 근무조를 없앴다. 뭔가를 채우려면, 뭔가를 빼야만 한다는 조언에 충실했다. 그런데 현재는 교육청의 지침에 따라 대부분의 학교에서도 근무조가

사라지고 있다. '그러면 지금은 어떤 것으로 교사들의 자발성을 이끌어 내는가?'라고 물어볼 수 있겠다. 지금은 그런 유인책이 없다. 새로운 '사탕'을 준비하는 것도 고민해야 할지 모르겠으나, 이제 선학중에서는 교육과정 워크숍이 당연한 것이 되었다. 왜? 그것이 좋다는 것을 알기 때문이기도 하지만 너무나 당연한 학교의 문화가 되었기 때문이다. 교사가 수업을 해야 하는 게 당연한 것처럼 수업을 잘하기 위한 수업 연구와 함께 '교육과정이라는 관점'에서 교육활동을 기획하는 것은 너무나 당연하다.

워크숍, 어떻게 진행하는가?

새 학년의 모든 교원이 함께 참여한다. 대부분의 국공립학교는 2월에 인사발령이 이뤄지므로 새로 전입하는 교사들도 참여한다. 전입 교사 입장에서 발령도 받지 않은 상황에서 낯선 이들과 함께 워크숍에 참여한다는 것이 쉬운 일은 아니다. 그래도 혁신학교의 중요한 문화이기에 교무부장이나 혁신부장은 전입 교사에게 일일이 전화를 걸고, 또 만남을 통해 워크숍의 취지를 잘 전달하고, 함께해 줄 것을 당부한다. 전입 교사의 학교로 협조 공문을 보내는 것도 당연한 일이다.

세부 계획은 다음의 내용과 같다. 2월 초 인사발령이 난 뒤 5일 동안 워크숍을 진행하고 있는데, 처음부터 5일이었던 것은 아니다. 혁신학교 초기에는 3일 동안만 진행했으니 학교의 역량과 여건에 맞춰 늘려 가는 것이 좋다. 알맹이 없는 워크숍이라는 느낌이 들면 교사의 주체적 역량은 급격하게 줄어들 수밖에 없다.

	2월 18일(월)		2월 19일(화)	2월 20일(수)	2월 21일(목)	2월 22일(금)
오전 9:30 ~ 12:30	-전입 교사 환영회 및 업무분장 발표		-공동체 놀이 -학급 서클 -생활교육	-교육과정 재구성1	-생활교육, 어떻게 할 것인가?	-학년 협의회2 (새 학기 준비 및 OT 준비)
	-전입 교사 학교 설명회	-신입생 교과적성 검사				
점심 식사(12:30~13:30)						
오후 1:30 ~ 4:30	-2018 교육과정 평가회		-학년 협의회1 -교과 협의회1	-교육과정 재구성2	-평가, 어떻게 할까? -민주적 학교 운영 방안 및 업무경감 협의	-학년 협의회3 -교과 협의회2

본격적인 워크숍은 둘째 날부터인데, 첫 시간은 교사들의 놀이 시간으로 잡았다. 전입 교사가 있다 보니 서먹한 관계를 해소하는 데 무척 도움이 되었다. 이 시간에 배운 것은 3월 개학 때 이뤄지는 학급공동체 놀이 시간에 학생들과도 같이 하는데, 그걸 떠나서 교사들이 함께 어울려 노는 것만큼 중요한 시간도 없는 듯하다. 놀이를 통해 웃음을 나누고 땀을 흘리다 보면 좀 더 가까워진 느낌이 든다.

공동체 놀이는 '이웃을 사랑하십니까', '과일 샐러드 게임' 등 신체적

공동체 놀이

동료의 얼굴 함께 그리기

인 놀이와 더불어 '동료의 얼굴 분담하여 그리기' 등으로 이루어진다. 우리 학교에서는 놀이에 관심이 있고 잘하는 선생님이 직접 진행하는데, 그런 역할을 할 사람이 없는 학교에서는 놀이 강사를 섭외하여 진행하는 것도 고려해 볼 만하다.

2월의 워크숍을 진행해 보고 싶다면 너무 많은 것을 하려고 하기보다 연차별로 하나씩 실천한다고 생각해도 좋을 것이다. 아래 표에서 보듯 우리도 처음부터 교육과정 재구성까지 워크숍 내용에 포함시킨 것은 아니었다. 첫해에는 비전과 동료 교사로서 함께 지켜야 할 약속에 많은 시간을 쏟았다면, 나중에는 교육과정에 좀 더 많은 시간을 할애하는 식으로 발전해 나갔다.

연도	2월 워크숍 주요 결과
2015년	학교 비전 만들기, 교사가 지켜야 할 3무 3행
2016년	학교 비전 구체화하기-우리가 키워 내고자 하는 학생상
2017년 이후	주제 및 교과통합 교육과정 재구성

둘째 날 오후에는 학년별로 모여, 새로 만나는 아이들에 대한 정보를 바탕으로 각 학년의 중점 과제 등을 의논했다. 학년에서의 중점 과제나 목표를 먼저 얘기하고 나야, 다음 날부터 이뤄지는 교육과정에 대해 교과별로 미리 고민을 할 수 있기 때문이었다.

예를 들어 1학년 교사들이 정한 학년 중점 목표는 '있는 그대로의 나를 인정하고, 당당한 사람 되기'였다. 대체로 지역의 특성, 청소년의 특성을 살펴보았을 때 자존감이 낮은 상태라는 공감대가 이뤄지면서 정해진 목표였다. 이렇게 학교 또는 학년의 중점 목표를 정할 때는 교사들의 의견을 하나로 모으는 것이 중요하다. 그래서 60개의 핵심 가치 목록 중에서 우리 아이들에게 필요한 세 가지의 가치를 각자 고르고, 가장 많이 나온 가치들을 중심으로 의견을 모았다. 그 결과 '자존감, 관계, 도전'이 우리 아이들에게 가장 중요한 가치라고 결정하여, 아이들이 좀 더 자신감을 갖고 생활하면 학습 측면에서도 주체적인 자세로 참여할 수 있다고 보았다.

셋째 날부터는 교육과정 재구성을 한다. 주제 및 교과통합교육과정 또는 교육과정 재구성이라는 말이 참 어렵게 느껴진다. 혁신부나 연구부 등에서도 어려움을 느끼는 지점이다. 하지만 우리는 좀 쉽게 이해했다. 학교에서 이뤄지는 교육의 전체 과정을 한번 들어 보는 시간이면 어떨까? 아이들이 뭘 배우는지 한번 정리해 보자. 그러면 거기에서 어떤 답을 찾게 되지 않겠느냐는 것이었다. 그 결과 '아이들이 참 많은 것을 배우는구나', '우리 교과랑 연결되는 지점이 있구나' 생각하고 교과의 벽을 넘어 아이들의 전체 배움을 중심으로 사고해야 함을 새롭게 느끼게 되었다.

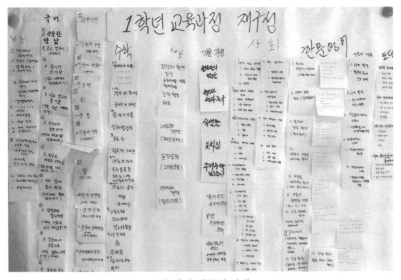

교육과정 재구성 사례

오전에는 그림과 같이 동학년 선생님들끼리 자기 교과에서 어떤 수업을 진행하는지 설명하는 시간을 가졌다. 비슷한 주제, 중복되는 영역이 타 교과의 발표에서 나오면 이에 관해 질문이 쏟아졌다. 이를 통해 알게 된 것은 '성, 갈등과 의사소통, 다양성'과 관련된 내용이 여러 교과에 걸쳐 중복된다는 것이었다. 물론 과학 시간에 배우는 '성'과 기술가정이나 도덕 시간에 배우는 '성'의 범주와 그 주제를 다루는 방식이 다르다는 것은 알지만 어떤 부분이 같고, 어떤 부분이 교과별로 다른지 아는 계기가 되었다. 그 시점부터 우리는 처음으로 교과 교사로서가 아니라 전체 교육과정 속에서 자신의 교과를 바라보는 교사로 새롭게 태어났다고 생각한다.

이를 바탕으로 오후에는 교과통합 또는 주제를 통합하여 가르칠 수 있는 아이디어를 제안하며 통합적인 교육과정 재구성을 실시했다. 그 결과는 다음과 같다.

- 관계 회복을 위한 비폭력 대화 프로젝트: 여러 교과에 '올바른 대화법'에 관한 내용이 중복되어 나온다. 그래서 국어과와 기술가정과가 비폭력 대화에 대해 통합적인 교육을 하기로 했다. 국어과는 '나 전달법I-Message'을 중심으로 공부했고, 기술가정과는 '신뢰 서클 대화'를 실제 적용해 보는 시간으로 운영했다.
- '나는 누구인가?': 도덕 시간에 '자신의 정체성'을 주제로 정체성에 대해 공부하고, 한문 시간에는 자신의 정체성을 잘 담아내는 가치, 이름 만들기 등을 배웠으며, 이를 바탕으로 미술 시간에는 도장 서각으로 마무리하는 프로그램을 기획했다.
- 역사 뮤지컬: 3학년 역사 시간에 근현대 역사를 배우는 것을 바탕으로 근현대 역사 속 인물이나 사건을 정해 주제 독서를 실시

한 뒤, 이를 바탕으로 국어 시간에 모둠별로 정한 인물이나 사건에 관한 낭독극을 진행했다.

이와 같은 방식으로 교사들은 타 교과 교사들과의 대화를 통해 교과 학습의 범위를 넘어 삶과의 맥락을 추구하게 되고, 다시 교과의 학습 내용이 심화되는 과정을 알게 되었다. 각 교과의 학습 개념만이 아니라 이를 통합적으로 이해할 때 아이들 역시 깊은 사고를 할 수 있다.

앞서 이야기한 것처럼 이와 같은 교육과정이 나오기까지 2~3년 이상이 걸린다. 그만큼 서두르지 않고 천천히 준비해야 한다. 해가 바뀔수록 워크숍의 결과물이 비약적으로 성장하고 있음을 느끼는데, 이는 경험의 산물이 아닌가 싶다. 지난해의 경험이 있기에 어떻게 논의를 진행하고, 어떻게 제안하고 수용하여 결과를 내면 되는지를 알고 있다.

학년별로 모여 논의한 결과는 전체 교사들 앞에서 발표하고 공유한다. 결국 교육과정이라는 이론을 아무리 잘 안다고 해도, 걸어가면 보이지 않는다. 다만 아직도 교사들이 세운 계획에 비해 각 교과에서 실천한 내용과 실천한 결과가 뚜렷하지 않다. 그만큼 그 학교만의 특색 있는 교육과정을 세운다는 것은 쉬운 일이 아니다. 하지만 학생들의 성장을 바탕으로 우리에게 알맞은 교육과정을 고민한다는 것 자체가 의미 있는 일이며, 해를 거듭할수록 그 결과들이 무르익어 갈 것이라 믿는다.

넷째 날 오전은 생활교육에 대해 고민하는 시간으로, 교사들이 학급 활동에서 서클을 운영할 수 있도록 교사 서클을 진행하고 있다. 물론 한 번의 서클 체험만으로는 학급에서 진행하기에 무리가 있으므로

2018학년도 선학중 교육과정

비전	더불어 배우고, 즐겁게 나누며, 꿈을 키워 가는 학교		
	1학년	**2학년**	**3학년**
학년 중점 목표	있는 그대로의 나를 인정하고, 당당한 사람 되기 (중점 가치: 자존감, 관계, 배려)	행복한 공동체, 성장하는 나 (중점 가치: 소통, 공감, 책임)	따뜻한 관계 속에서 책임감 있게 성장하는 사람 (중점 가치: 책임, 관계, 꿈)
학년 인간상	- 자신의 재능과 가능성을 발견하는 사람 - 평등한 또래 관계를 형성하는 사람 - 실현 가능한 목표를 세우고 실천하는 사람	- 갈등을 평화롭게 해결하는 사람 - 나눔과 참여를 실천하는 사람 - 스스로 약속을 지키는 사람 - 나를 사랑하고 마을을 사랑하는 사람	- 나를 사랑하고 꿈을 향해 노력하는 사람 - 있는 그대로의 나와 너를 인정하고 품어 주는 사람 - 공동체의 약속을 책임감 있게 지키고 예의를 갖추는 사람
교과 교육 과정 (교과 융합 또는 각 교과)	(국어+수학 융합) - 국어: 성장의 경험이 담긴 자서전 쓰기 - 수학: 인생 그래프 작성하기 (사회+미술 융합) - 사회: 내 꿈 안내 내비게이션 만들기 - 미술: 팝아트 자화상 그리기 (체육+수학 융합) - 체육: 줄넘기 1, 2차 기록 측정 및 향상도 측정 - 수학: 줄넘기 1, 2차 기록과 향상도를 통한 통계와 분석 (영어+과학 융합) - 영어: 직업 명함 만들고 소개문 발표하기 - 과학: 미래 직업 구인 광고 만들기, 과학 관련 직업의 특성 만화로 표현하기 (체육+한문+국어 융합) - 체육: 네트형 경쟁 스포츠 이해하기 및 조별 리그전 - 한문: 공감, 부탁, 거절과 관련된 사자성어 조사 후 친구와 표현 발표하기 - 국어: 관계 개선을 위한 비폭력 대화법 (각 교과) - 한문: 이런 아빠, 이런 엄마가 되고 싶다	(기술가정+수학+국어 융합) - 기술가정: 합리적인 소비자 문제 해결 방법 찾기 - 수학: 확률을 이용한 합리적 추론법 - 국어: 합리적 소비와 관련된 글 읽고 질문 만들기 - 과학: 감각기관 신경계와 뇌의 작용 (국어+과학 융합) - 국어: 뇌사와 관련된 토론이나 주장하는 글쓰기 - 과학: 항상성 호르몬(뇌사) (과학+수학 융합) - 과학: 기권의 변화 관측 및 탐구 - 수학: 1차 그래프 그리기 (기술가정+영어 융합) - 기술가정: QR코드를 활용한 명함 만들기 - 영어: 영문 명함 만들기	1. 관계 개선을 위한 마음 리더십 대화(기술가정&영어) - 기술가정: 입으로 듣기와 내 마음 표현하기 - 영어: 가족의 아침형, 저녁형 성향 파악하기 2. 외국인을 위한 독도 UCC 만들기(국어&역사&영어) - 국어: 독도 광고 UCC 만들기 - 역사: 독도 광고의 내용과 독도가 우리의 영토인 주장 내용 - 영어: 독도 광고문 만들기 3. 낭독극(역사&국어) - 역사: 항일운동가(의열단과 한인애국단의 활동 등) - 국어: 항일운동가 또는 시인에 관한 대본 쓰기 4. 힘내라, 청소년!(영어&음악&체육) - 영어: 위로하기, 격려하기 - 음악: 뮤지컬 넘버곡 여러 곡 가창(중창), 표현하며 생활화 - 체육: 심미표현 창작, 구성, 발표 5. 꿈을 찾아 떠나는 따뜻한 여행(체험학습 프로그램) - 국어&영어&체육&기술가정&역사&수학 6. 전환기 프로그램: 학년 공동 프로젝트 - 마을 테마지도 만들기, 알뜰 장터, 손뜨개, 창작놀이 페스티벌, 등산의 날, 선학 영화제, 진로체험의 날, 등산의 날
학년 활동 교육 과정	- 매주 월요일: 신뢰 서클 - 3~4월: 학급별 한솥밥 먹기 - 5~6월: 학급별 프로그램(예: 단합대회)를 통한 공동체 세우기 - 7월: 나의 점검 1!(○○아~ 잘 살았니?) - 8~9월: 체험학습을 통한 공동체 다지기 - 10월: 내가 주인공인 축제 만들기(1인 1코너 참석을 통한 재능과 가능성 찾기) - 11월: 책으로 만나는 나의 멘토 - 12~1월: 나의 점검 2!(○○아~ 잘 살았니?)	- 조회 종례: 체크인, 체크아웃 - 연중: 학급별 점심 함께 먹기 - 4월: 학급별 학부모홍회 - 5월: 우리 마을 이야기 책 발간 (마을 탐방) - 6월: 학년 캠프(운동장 야영)를 통한 공동체 세우기 - 7월: 지격루만들기 프로젝트(전통문화의 이해), 수학여행 사전 공부 - 8~9월: 내가 만드는 수학여행을 통한 나와 공동체의 성장 - 10월: 공동체성을 살리는 축제 만들기(학년 단체 참여 프로그램) - 11월: 동아리 발표를 통한 나와 친구의 성장 - 12~1월: 신뢰 서클로 공동체 유지하기	- 매주 월요일: 음악 서클 관계 문제해결 서클 운영(학년) - 3~4월: 기초질서 지키기 캠페인 활동 - 8~9월: 체험학습을 통한 공동체 다지기 - 11~1월: 전환기 학년 프로그램 운영

서클 및 회복적 생활교육 등에 대한 연수, 또 학년 교무실에서의 추후 활동이 필요하다. 모든 것을 완벽하게 이해하고 진행하는 경우는 거의 없다. 모자라면 모자란 대로 아이들과 간단한 규칙을 정해 솔직담백하게 진행하면 된다.

오후 워크숍에서는 민주적으로 처리해야 할 안건을 모아 의논하는 시간을 마련했다. 다음은 2019년에 결정한 내용의 일부이다.

> • 호칭: 부장님 등의 호칭보다는 '선생님'으로 호칭을 통일한다.
> • 동아리: 창체동아리 활동과 자율동아리 활동을 일치시켜 운영하고 있는데, 자율동아리는 1시간인 데 비해 창체동아리는 3시간씩 하게 되니 운영의 질이 떨어지는 면이 있다. 자율동아리 활동 시간보다 너무 긴 것을 고려해서 2, 3학년 자율동아리 겸 창체동아리 시간을 2시간으로 줄여 운영한다.
> • 카톡방: 교사들의 원활한 소통을 위해 2019 교사 카톡방을 만든다. 다만 지나치게 사적인 대화는 좀 자제해 달라는 의견이 있었다.
> • 평가 방법: 수행평가에 루브릭 방식을 채택하여 강제하자는 의견이 있었으나, 관심 있는 교사들을 중심으로 1년간 운영해 보는 등 수행평가 전반에 걸쳐 연구하도록 하자.
> • 체험학습: 2018학년도에 2, 3학년에서 실시했던 서울형 체험학습 모델은 2학년에서 실시하는 것으로 한다. 1박 2일 이상 하되, 학생들의 모둠별 체험을 기본 모델로 진행한다.

안건을 논의하면서 당장 실행할 수 있는 일은 바로 처리했고, 그렇지 않은 것은 자유롭게 의견들을 들어 본 뒤에 나중으로 미루었다.

2월 교육과정 워크숍에는 참 많은 에너지를 쓰게 되지만, 우리는 워크숍을 통해서만 3월부터 힘차게 날아오를 수 있음을 알고 있다. 전입 교사의 이야기를 들어 보면 이런 과정이 있기에 훨씬 더 빨리 학교에 적응할 수 있었다고 한다.

한 가지만 더 보태자면, 교육과정 워크숍이나 안건 처리를 통해 결정된 사항은 교무실에 게시하거나 틈틈이 메신저로 알리면서 기억을 상기시켜야 한다. 그렇게 해야 계획이 계획으로만 끝나지 않게 된다.

학교의 비전을 소홀히 하지 말자

잘 알려진 학교들의 비전을 보라. 모두 훌륭한 말이다. 감탄이 절로 나온다. 우리 학교도 그에 못지않다고 생각한다.

'더불어 배우고, 함께 나누며, 꿈을 키워가는 학교.'

혁신학교 초기에 만든 말이다. 그런데 비전을 만든 것에서 그치면 안 된다. 배운다는 것의 의미가 무엇인가? 함께 나눈다는 것의 의미는 무엇인지 그 안에 숨은 의미를 고민하고 공유하는 것으로 발전해야 한다. 배움은 익숙한 것이 아니라 낯선 세계로 떠나는 것이고, 그 과정에서 성장하는 것이다. 그러니 우리가 어떤 아이들로 키우려는 것인지 등에 대해 깊이 논의하는 과정으로 연결 지어야 한다.

이 모든 것을 한 번의 워크숍에서 결정할 수는 없다. 교사 소모임을 통해 깊은 논의를 해야 하고, 이것이 전체에 소개되어 공유되는 과정이 있어야 한다. 결국 비전이라는 것도 해를 거듭할수록 구체화되는 것임을 알게 된다.

혁신학교 초기에 만든 비전이 담고 있는 의미에 대한 고민은 치열하지 못했다. 하지만 처음부터 그 의미를 완벽하게 이해하여 만들지 못했다고 실망할 필요는 없다. 결국 그 부족함은 이후 이 비전을 통해 우리 교사들은 우리 제자들을 어떤 아이들로 키우고자 하는가에 관한 고민으로 연결되어 '자존감이 있는 사람', '자율적인 사람' 등으로 합의해 나갔다.

우리 학교에는 바이올린 수업과 외발자전거 수업이 교육과정에 담겨 있는데, 이것은 비전에 대한 고민 과정에서 나왔다. 외발자전거 타기나 바이올린 연주에 도전하고, 이 도전에 성공한 아이들의 자존감을 한껏 끌어올리기에 적합하다고 판단했기 때문에 도입한 것이다. 결국 비전 만들기에 그치지 않고 비전을 교육과정에 어떻게 발현시켜 나갈지 고민하는 게 어떤 면에서는 더욱 중요한 것이다.

자, 교육과정 워크숍이 모두 끝났다. 이제 교무실 자리를 옮기고, 함께 청소하며 새 학기 새로 만날 제자들을 기다린다. 부족한 '한 사람의 개인'이지만 5일 동안 우리는 동료와 함께할 힘을 얻은 것이다.

학년별 교육과정 재구성

학년별 교육과정 발표

앞으로의 과제, 미래형 교육과정 개발

2019년 혁신학교 6년여의 시간이 지나면서, '선학중학교는 다른 학교와 무엇이 다르냐?'는 질문을 자주 받게 되었다. 학교의 특성은 그 학교의 교육과정이 어떻게 구성되고 운영되는지에 따라 차별화된다. '수업 혁신을 통한 학교 혁신'이라는 철학과 가치를 공유하며 달려왔지만 이를 구체적으로 교육과정에 어떻게 담아내고 운영하느냐는 어려운 문제였다. 교육부의 2022 개정 교육과정 논의가 시작되면서 교육청과 함께 미래형 교육과정 모델 개발에 관한 프로젝트를 진행하게 되었다.

미래형 교육과정 모델 개발은 학교에서 하지 않던 것을 새롭게 만들어 내는 것이 아니라, 우리 학교에서 다소 산발적으로 진행하고 있던 여러 교육과정을 잘 정리하고 부족한 부문을 채워 가는 것으로 아래와 같이 방향을 잡았다.

첫째, 학생 자율성 신장에 기반한 주제 중심의 교과융합 프로젝트 수업 모형을 개발한다. 기존에 학생 역량 강화 중심의 교육과정 재구성을 좀 더 구체화하여 주제 중심의 교과융합 프로젝트 수업으로 발전시키기로 했다. 이 과정에서 학생들의 자발성이 신장될 수 있도록 교육과정 설계 및 평가 과정에 학생들의 의견을 반영하고, 학생 상호 간 협력을 통해 더 깊이 있게 배워 나갈 수 있도록 노력하려 한다.

둘째, OECD에서 제시한 DeCeCo프로젝트(지적 도구 사용, 사회적 상호작용, 자율적 행동)를 학교 실정에 맞게 실시하는 디지털 리터러시 함양 수업 모형을 개발한다.

2019년부터 선택 교과인 보건을 대신하여 '소프트웨어와 생활'이란 과목을 신설하여 1학년을 대상으로 주 1회 디지털 리터러시 함양을 위한 수업을 진행하고 있다. 더불어 2021학년도에는 서울대학교 연구진과 함께 데이터 시각화를 이용하여 가설을 검증함으로써 귀추적 사고 능력을 향상시키는 교과융합 수업 모형 개발을 추진했다. 국어, 과학, 역사, 정보 교과의 융합 수업으로 진행했는데, 국어과는 코로나 관련 기사 및 다양한 그래프 분석, 과학과에서는 바이러스에 대한 학습과 모형 만들기, 역사과에서는 역사 속 전염병 사례를 찾아보았다. 이를 바탕으로 정보 교과 시간에는 데이터 시각화 툴인 태블로를 활용하여 인천시 중구에 코로나 환자가 많이 발생한 이유에 대한 가설을 세우고, 이를 증명하기 위해 모둠별로 자료를 찾고, 조사한 자료를 그래프로 시각화하여 결론을 도출했다. 이런 협력적 수업을 통해 학생들의 귀추적 사고가 향상되는 유의미한 결과를 얻었다.

가설 세우기

태블로 익히기

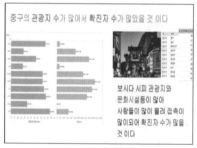

산출물 만들기

산출물 발표

셋째, 교육혁신지구 내 마을교육과정 운영을 통한 마을 연계 우수 모델을 개발한다. 2016년도부터 활동하고 있는 마을교사들과의 협력을 통한 방과후학교, 동아리 학생 지도 등을 통한 학생들의 특기·적성 능력 배양으로 이루어지는 진로 탐색의 기회 제공은 학교 교육과정 운영의 큰 축을 담당하고 있고, 앞으로도 계속할 예정이다. 그뿐만 아니라 교육과정 재구성을 통한 마을 이해 교육을 넘어 학생들이 마을 속에서 직접 배움에 참여하고 마을의 문제를 해결하기 위한 실천적 노력으로 마을교육을 확대할 예정이다.

우리 학교의 상황을 고려한 우리 학교만의 빛깔 있는 교육과정을 통해 학생들이 미래 사회에 건강한 민주시민으로 성장하도록 돕는 일, 그것이 우리가 추구하는 미래형 교육과정 모델 개발의 시작이요, 앞으로의 과제가 될 것이다.

민주적인 학교 운영 체제는 학교 혁신의 원동력
[교사문화]

배움의공동체 학교를 만들기 위한 업무분장

민주적인 학교문화를 만드는 것은 교사가 수업과 생활교육에 집중하기 위해 꼭 필요한 일이다. '우리 학교'라는 마음이 들지 않는다면 어떻게 자발성을 갖출 수 있겠는가. 혁신학교 초기에 젊은 선생님들이 아침 일찍 아이를 유치원 등에 맡기는 것이 힘들다는 의견이 있었다. 단 10분이라도 늦출 수 있으면 좋겠다는 교직원들의 의견을 수렴하여 우리 학교는 출근 시간을 10분 늦추었다. 구성원의 작은 목소리에 귀 기울임으로써 민주적이며 자발적인 학교를 만들고, 이를 통해 수업과 생활교육의 혁신으로 이어질 수 있다.

선학중학교도 2015년 학교 혁신을 시작한 이후 학교 차원에서 '배움의공동체'를 실천하고 있다. 배움의공동체는 한 명의 아이도 배움으로부터 소외되지 않고 모두에게 질 높은 배움을 실현하고자 하는 철학이다. 개인이나 소수의 교사 차원이 아닌 학교 전체가 이 철학을 실천하려 노력하는 '배움의공동체 학교'를 만드는 것은 쉬운 일이 아니다. 2월 교육과정 워크숍을 통해 학교의 교육 철학과 비전을 공유했다 하더라도 이를 구체적으로 실현하기 위한 업무 환경이 뒷받침되어야 한다.

선학중에서 정한 업무분장 원칙은 이렇다.

첫째, 담임교사에게는 수업과 생활지도에 전념할 수 있도록 최소한의 업무만 부여한다.

둘째, 담임교사는 학년부장과 함께 학년 교무실에서 근무하도록 한다.

셋째, 부장교사는 해당 부서의 업무를 전담한다.

넷째, 부장교사의 과중한 업무는 행정실무사, 근로장학 대학생, 공익근무 요원 등과 업무를 분담하여 실질적인 업무 전담팀을 운영한다.

실질적인 업무분장은 10월 말 시교육청 학교설립과에서 다음 학년도 예정 학급 수를 알리는 공문이 내려오면서부터 시작된다. 학급 수에 따라 교원 정원이 결정되고 이를 바탕으로 학급 담임과 업무 전담 부장교사를 결정하게 된다. 매년 인천시교육청에서는 중학교는 1학급당 교원 약 1.6명, 고등학교는 약 2.0명을 배정하고 있다. 현재 18학급으로 이루어진 선학중은 담임 18명과 부장교사 11명으로 비담임교사는 없는 상태로 운영하고 있다.

지역의 초등학교 학생 수가 줄어들면서 해마다 학급 수 감축으로 업무 부장들이 감당해야 할 몫이 커져만 가는 것이 학교의 문제가 되고 있다. 이는 선학중만이 아니라 대도시의 구도심 학교들이 겪고 있는 심각한 문제이다.

혁신학교 8년 차 부장교사의 업무 과중이 현실적인 문제로 대두되면서 학교의 지속가능성을 위협하고 있다. 혁신학교를 시작하면서 업무 경감 TF팀을 구성하여 기존의 학교 업무 중 덜어내어야 할 것을 폐지하거나 축소하는 등 많은 것을 조정했다. 그럼에도 혁신학교이기에 새롭게 운영하는 학생 배움 중심의 창의적인 교육과정 운영으로 인해 발생하는 업무가 만만치 않다. 학교의 업무 경감만으로 이를 해결하는 데는 한계가 있기에 현재 학급당 25명인 학생 수를 20명으로 줄이는 것, 그리고 중학교 1학급당 교사 수를 1.6명에서 고등학교 수준인 2.0명으로 증원해 줄 것을 요구하는 의견서를 작성하여 시교육청에 전달했고, 교사 서명을 통해 교육부에도 요구하고 있다. 하지만 현실은 늘 녹록지 않다. 그렇다고 현실만 탓할 수는 없으므로 현재 우리가 할 수 있는 최선의 시스템을 만들어야 한다.

학년 중심의 스몰 스쿨 운영

어린 시절 어떤 선생님을 만나느냐에 따라서 어른이 되었을 때의 삶이 엄청나게 달라질 수 있다. 이것을 알기에 모든 선생님이 학생들에게 의미 있는 삶의 변화를 만들어 줄 수 있는 좋은 교사가 되려고 노력한다. 그러나 교사로서 교과 전문성을 가지고 많은 학생에게 의미 있는 배움이 일어나도록 가르치는 것, 또 그들의 삶 속으로 깊이 들어가 좋은 관계를 맺으며 생활교육을 병행하는 일은 쉽지 않다. 혼자서는 할 수 없는 일이기에 같은 학년 학생들을 가르치는 교사들 간의 협력은 절대적이다.

업무 과중이나 교사 정원 부족과 같은 어려운 여건 속에서 우리가 찾은 대안은 '학교 속의 작은 학교'였다. 같은 학년을 맡은 담임교사가 같은 교무실에서 근무하도록 하는 것은 교사 간의 협력과 의사소통이 원활하게 이뤄지도록 시스템을 만드는 일이다. 결국 교사 간의 협력과 의사소통은 동료성을 바탕으로 건강한 교사문화를 만들고자 하는 것과 다름없다. 아래의 선학중 사용 설명서도 전입을 온 교사들이 좀 더 잘 적응하도록 돕기 위한 노력 가운데 하나이다.

선학중학교 사용 설명서

※다음은 2017년 2월 21일 연수에서 교사들이 만든 내용입니다.

- 점심시간엔 얼른 뛰어가야 줄을 안 서요.

- 우리 학교는 교직원회의가 한 달에 한 번이에요.

- 입학식 날 수업을 안 해요.

- 선학중 선생님들이 자주 가는 술집
  가. 투○○: 먹태가 맛있어요.
  나. 길○○당: 묵은지 닭볶음 짱 맛있음.
  다. 미○ 양꼬치: 양꼬치엔 칭따오.
  라. 홍○○○○: 선학초 골목에 있는 정육식당, 김치찌개가 맛있어요.

- 수학 교실은 2층에 있습니다.
  (3학년-오일러실, 2학년-가우스실, 1학년-페르마실)

- 책상 서랍 열쇠 없으신 분은 열쇠 구멍의 번호 4자리가 같은 열쇠를 가진 분을 찾으면 급할 때 좋아요. 행정실에도 책상 열쇠 복사본이 있어요. 찾아보시고 복사 요청하세요.

- 급식을 먹을 때에는 그날 메뉴를 먼저 확인한 후에 퍼야 남는 일이 없어요.

- 보건실에 쌍화탕이 있어요. 건강을 위해 필요하면 언제든 오세요.

- 선학 먹자골목에 주차가 어려우면 길 건너 공영주차장을 이용하세요.

- 3층 자료제작실에는 코팅기, 플로터, 전지와 포스트잇 등 문방용품이 있어요.

- 옥상에 텃밭이 있어요.

- 커피집은 연수병원 맞은편에 있어요. 연수병원 근처 편의점 골목으로 들어가면 또 다른 커피숍이 있어요.

- 평생학습실에는 노래방 기계가 있어요. 그리고 마루라서 단합대회 할 때 좋아요. 노래방 기계는 2016년 1월까지의 노래가 담겨 있어요.

- 인쇄실 비밀번호는 ○○○○입니다.

- 우리 학교의 출근 시간은 8시 40분, 퇴근 시간은 4시 40분입니다. 아침이 바쁜 직장 맘들의 의견을 고려한 결과입니다.

아울러 업무분장의 핵심도 학년 중심의 스몰 스쿨 운영 체제가 활발하게 운영될 수 있도록 온 학교가 함께 협력하는 것이다. 학교의 비전과 철학을 공유하고 이를 구현하기 위한 학년 단위의 목표, 중점 가치, 학생상 실현의 구체적인 실천 방안은 학년에서 결정하여 운영하도록 지원하고 있다.

모두가 동등한 서클식 교직원 회의

에이미 에드먼슨은 『두려움 없는 조직』이란 책에서 심리적 안정감이 있는 조직이어야 역동적인 조직 문화를 통해 공동의 목표를 달성하기 위해 함께 일하고, 구성원들이 지닌 역량을 최대한 발휘할 수 있다고 이야기했다.

한 달에 한 번 실시하는 교직원 회의가 심리적 안정감을 주는 분위기를 만들 수 있게 하려고 여러 가지 노력을 기울인다. 이를 위해 모두가 동등한 입장임을 상징적으로 보여 주는 서클식 교직원 회의를 진행하고 있다. 기존의 권위적이고 지시 전달 위주의 회의 문화를 벗어나 민주적인 회의 문화를 만들고자 하는 것이다.

민주적인 회의 문화 속에서는 자신의 목소리를 내기 쉽고, 실수했을 때 비난받지 않으며, 문제를 해결하는 상황에서 다양한 의견을 듣고 이를 종합하여 합의를 통한 결정을 하려 노력한다. 그러는 동안 어려운 문제 해결에 많은 시간이 걸리기도 하지만, 돌아보면 그것이 가장 빠른 길이었다는 생각을 하게 된다.

가끔 교사 회의 때 뭘 얘기해야 하느냐고 질문하는 경우가 있다. 아래의 '교사가 서로 지켜야 할 3무 3행'처럼 교사 간에 지켜야 할 약속,

잘 지켜졌는지, 어떤 점이 힘들었는지 등을 함께 얘기하기만 해도 민주적인 문화, 교사의 동료성은 단번에 찾을 수 있지 않을까?

서클식 교무회의   교사 3무 3행

3무	3행
1. 서로 비교하거나, 내 것만 챙기면서 경쟁하지 않습니다. 2. 언성을 높이는 등 상대를 무시하거나, 강요하지 않습니다. 3. 선입견을 갖지 않습니다.	1. 서로 소통하며 협조합니다. 2. 기쁘게 인사를 받아 주며, 서로 돕기 위해 노력합니다. 3. 편견을 버리고, 기회를 줍니다.

협력적 공동체의 힘을 보여 주는 사업별 TF협의회

선학중은 행사나 큰 사업을 추진할 때마다 TF협의회를 구성하여 함께 협력하는 문화가 있다. 입학식, 학부모 총회, 체육대회, 축제, 교육과정 발표회, 졸업식 등 학교의 행사가 있으면 사전에 TF협의회의 시간과 장소, 안건에 대해 교내 메신저를 이용하여 알린다. 협의회 당일 방송으로 안내가 나오면 어느새 관련된 부서 선생님들과 자발적으로 돕겠다는 선생님들이 모여 함께 협의를 진행한다.

업무분장으로 부서별 역할이 구분되어 있지만 대부분 부장교사 혼

자서 일을 처리하고 있다. 그래서 부서를 넘나들며 서로의 일을 돕는 협력의 문화가 자연스럽게 자리 잡게 되었으리라 생각한다. 이런 협의회에는 필요에 따라 교사뿐만 아니라 학생회, 학부모회, 마을교사들도 함께 참여한다. 회의에 참석하는 분들은 자신이 속한 그룹의 의견을 최대한 수렴하여 대표성을 가지고 참여한다. 다양한 입장을 지닌 사람들이 서로의 의견을 나누다 보면 더 좋은 결과가 나오는 경험을 하게 된다.

체육대회 준비 TF협의회 　　　　　　선학제 준비 TF협의회

이와 같은 교사문화가 불편하다는 지적도 있다. 참여를 안 했을 때의 미안함, 소외감 등이 생길 수 있다는 것이다. 작은 단위의 학교이기 때문에 생길 수 있는 문제인데, 이런 부분은 주의해야겠지만 '당신의 업무'라는 구분은 '고립감'을 낳을 수밖에 없다. 동료와 함께 수업을 혁신해 나가듯, 업무나 행사도 함께 고민할 때 '우리의 학교'가 되는 것이 아닐까.

신학기를 맞는 우리의 자세!
[신입생 맞이와 오리엔테이션]

학기 초, 신뢰 쌓기

첫인상이 매우 중요하다고 한다. 첫 데이트에 나가는 연인들이 거울을 자주 들여다보듯 수많은 아이를 맞이하는 학기 초는 학교의 첫인상을 결정하는 중요한 시기이다. 하지만 연인을 기다리듯 학교는 아이들을 기다리고 있는가? 사춘기 청소년의 특성을 잘 아는 사람이라면 2월과 3월에 얼마나 공을 들여야 하는지 잘 알 것이다. 그런데 학교는 '스스로 얼마나 엄격한지'를 학생들에게 보이느냐에 1년의 성패가 달려 있다고 믿는 것처럼 군다. 엄격함과 단호함이 필요 없다는 것을 말하려는 게 아니다. 과연 대부분의 학교에 그것 외에도 준비된 게 있느냐는 것을 말하는 것이다. 체벌이 금지되면서 많은 어른들이 교육이 해체될 것을 우려한다. 체벌의 효용론을 떠나 체벌 외의 교육적 방안이 전무하다면 너무 초라하지 않은가. 그 교육적 방안 중 하나가 학기 초 아이들의 마음을 얻어야 한다는 것이다. '어? 우리 학교는 뭔가 다르다'는 것을 의도적으로 알아채게끔 하고 싶었다. 우리가 아이들의 신뢰를 얻기 위해 학기 초에 아이들을 맞이한 이야기이다.

2월, 신입생 맞이는 학교의 잔치

해마다 1월 중순이면 인천의 모든 중학교에 배정받은 신입생들이 초등학교 선생님의 손을 잡고 처음으로 학교를 방문한다. 본인이 희망하는 1지망 학교에 배정받은 아이들의 얼굴에는 안도감에 환한 미소가 묻어나고, 그렇지 않은 아이들은 굳은 표정이고, 심지어 눈물을 훌쩍이는 아이들도 있다. 선학중은 혁신학교로의 전환 3년 만에 신입생 모두가 1지망으로 오는 학교가 되었다. 원도심에 위치한 학교 중에서 1지망 학생들로 신입생이 모집되는 유일한 학교로 변한 것은 놀라운 일이다.

2010년 이전에는 30개 학급이 넘고, 전교생도 1,000명이 넘는 거대한 학교였다. 학교에 대한 평이 좋지 않아서 1지망으로 오는 학생의 비율이 30%도 안 되었고 다른 학교를 희망했다가 밀려서 오는 아이들이 대부분이었다. 희망하지 않은 학교에 배정받은 학생과 학부모의 항의와 민원으로 학교뿐만 아니라 지역 교육청도 신입생 소집일이 1년 중 가장 힘든 날이었다.

그렇게 큰 학교이면서도 입학에 대한 불만을 견뎌야 했던 선학중학교가 2015년 인천에서 처음으로 혁신학교로 지정 신청을 하게 된 계기도 학생 수의 변화에 있다. 1,000명을 넘던 전교 학생 수가 400명으로 줄어들었다. 학생 수 감소는 원도심인 인근의 모든 학교가 겪고 있는 현상이기는 했지만, 학교에 대한 평판은 예전과 그리 다르지 않았다. 2015년은 혁신학교로 지정된 첫해이기도 했는데 신입생이 73명 입학했다. 대도시는 학생 수 300명이 안 되면 폐교 대상 학교가 된다. 실제로 같은 연수구의 어느 중학교는 학생 수가 300명을 넘지 않게 되면서 2017년 3월 1일 폐교되는 일이 있었다.

우리 학교도 신입생이 73명 입학을 한 상태라 폐교가 될 것이라는 소문이 지역에 돌았고 학교도 대책을 세워야 하는 상황이었다. 기존의 신입생 배정 방법은 연수구를 3개의 학군으로 나누어 해당 군에 있는 초등학교는 인근에 있는 중학교에 배정하는 방식이었다. 2016년부터는 지역 교육청과 협의하여 연수구에 있는 유일한 혁신학교이기에 혁신학교에 진학하고 싶은 학생은 학군에 구애받지 않고 모두 지망할 수 있는 학교로 배정 규정을 변경했다.

우리가 희망한다고 인근 지역 초등학교가 아닌 원거리 초등학교 학생들을 우리 학교에 배정받을 수 있는 것은 아니었다. 1학기 때부터 학군 조정을 요구하는 의견서를 지역 교육청에 제출했고, 교육지원청 차원의 공청회를 거쳐 사전에 공지가 된 후에야 가능한 많은 시간과 노력이 들어가는 일이었다. 그럼에도 2016년에는 입학생이 120명으로 조금 증가했으나 큰 변화는 없었다. 2017년부터는 지역 교육지원청 관내 남동구의 학생들도 입학할 수 있게 학교의 문을 더 활짝 열도록 하는 절차를 한 번 더 밟았다.

혁신학교로서 조금씩 변화하는 학교로 인정을 받아서인지 2019년부터는 모든 학생이 1지망으로 입학하게 되었다. 학부모의 항의와 민원으로 1년 중 가장 힘들었던 신입생 소집일이 이제 학교에 웃음꽃이 피어나는 날로 변모한 것이다.

이날은 학생회의 신입생을 맞이하는 행사로 교문 앞이 시끌벅적한 잔칫날이기도 하다. 방학인데도 학생회 일꾼들이 나와서 사전에 준비한 환영의 선물을 주고 신입생 배정 설명 장소인 강당으로 안내를 한다. 강당에서는 입학에 대한 간단한 전달만 교사가 진행하고 모든 일정은 학생회가 진행한다. 신입생을 위한 공연과 학생회 안내, 동아리 안내 등을 진행한다.

흔히 중학생들은 다루기 어렵고 가르치기 힘들다고 말한다. 이 시기의 아이들은 정서적 유대감이 있는 어른이어야 가르침을 받아들이곤 한다. 그렇기 때문에 '우리 학교는 달라. 너희들을 이렇게 존중하는 곳이니 함께 잘해 보자'는 인상을 주고 싶은 것이다. 실제 아이들은 학원이나 종교 기관 등에서 다른 학교 아이들과 입학할 중학교 얘기를 할 때 '우리 학교는 이런 것도 하더라'고 하면서 자부심을 느꼈다고 한다.

우리는 신입생 환영회에 머무르지 않고, 신입생 전원에게 우편으로 환영의 편지 보내기도 했다. 이는 신입생만이 아니라 학부모에게도 학교에 대한 신뢰를 쌓는 계기가 되었다. 신입생을 진심으로 환영하는 마음, 이제 이것은 우리의 전통이 되었다.

신입생 환영 편지

3월은 오리엔테이션으로 시작하자

흔히 3월 2일이 되면 대부분의 학교는 입학식을 마치자마자 곧바로 수업에 들어간다. 교과서 진도를 나가는 것이다. 물론 교과 교사의 재량으로 '자기소개하기' 같은 것을 하기도 하지만 학교 전체의 교육과정 속에서 이뤄지는 것은 아니다.

한편 2월 교사들의 교육과정 워크숍에서 나온 비전이나 교육과정에 대한 구상은 교사들만의 것이 아니다. 학생들과의 공유 시간이 필요하다. 우리는 여러분과 어떤 학교를 만들어 가고 싶은지, 그것이 어떤 점에서 좋은 것인지 충분히 설명하는 시간이 있어야 한다. 그래서 우리는 학기 초에 하루 또는 이틀 정도 오리엔테이션을 진행한다. 이는 대학교에서만 필요한 게 아니라 오히려 중고등학교에서 더 필요한 것이다.

정서적인 유대감, 신뢰를 쌓았을 때 교육활동이 더 잘 이루어짐을 잘 알고 있기에 신입생을 포함한 재학생들에게도 학기 초 오리엔테이션이 필요하다고 우리는 판단했다. 그래야 더 멀리 갈 수 있는 것이다.

비전을 공유하는 오리엔테이션

처음 오리엔테이션을 할 때는 막연하게 신뢰를 쌓는 데 도움이 될 것이라는 생각으로 진행했지만, 해를 거듭하면서 교사들의 의견이 아주 구체적으로 반영되었다. 예를 들어 선학중학교는 배움의공동체 수업을 하고 있는데, 왜 이런 수업을 하는지를 설명하고, 특히 모둠 수업에서 지켜야 할 점을 강조했다. 그래서 오리엔테이션 기간에 각 학년

3월 새 학년 적응 프로그램 운영 계획

3월 2일 (수)

시간	1학년	2학년	3학년
1교시 09:00~09:30	담임 소개 자리 배치 일정 안내 (담임)	담임 소개 자리 배치 일정 안내 (담임)	담임 소개 자리 배치 일정 안내 (담임)
09:45	강당 이동 완료		
2교시 09:45~10:40	입학식(한울터)		
3교시 10:50~11:35	학교 나들이 (1~3반) [비담임/담임] · 학급 공동체 놀이 (4~6반) [담임]	학급 공동체 놀이 [담임]	환경 조사서 / 단점 장례식 [비담임/담임]
4교시 11:45~12:30	학급 공동체 놀이 (1~3반) [담임] · 학교 나들이 (4~6반) [비담임/담임]	환경 조사서 / 단점 장례식 [비담임/담임]	학급 공동체 놀이 [담임]
점심식사(12:30~13:20)			
5교시 13:20~14:05	학급 도우미 및 소집단 봉사 도우미 정하기 (청소도구 배부) [담임]	학급 도우미 및 소집단 봉사 도우미 정하기 (청소도구 배부) [담임]	학급 도우미 및 소집단 봉사 도우미 정하기 (청소도구 배부) [담임]

3월 3일 (목)

시간	1학년	2학년	3학년
1교시 09:00~09:45	배움의 공동체 수업 철학 및 미래교육 (영상 및 활동 자료) – 혁신부	학급 서클	학급 서클
2교시 09:55~10:40	(배움의 공동체 수업 철학 및 미래교육) [비담임/담임]	학급 규칙 세우기 [담임]	학급 규칙 세우기 [담임]
3교시 10:50~11:35	학급 서클	배움의 공동체 수업 철학 및 미래교육 (영상 및 활동자료) – 혁신부	자기 소개 하기 (환경미화) [비담임/담임]
4교시 11:45~12:30	학급 규칙 세우기 [담임]	(배움의 공동체 수업 철학 및 미래교육) [비담임/담임]	인성검사 [비담임/담임]
5교시 13:20~14:05	인성검사 [비담임/담임]	자기 소개 하기 (환경미화) [비담임/담임]	배움의 공동체 수업 철학 및 미래교육 (영상 및 활동자료) – 혁신부
6교시 14:15~15:00	환경 조사서 / 단점 장례식 [비담임/담임]	인성검사 [비담임/담임]	(배움의 공동체 수업 철학 및 미래교육) [비담임/담임]

8월 2학기 적응 프로그램 운영 계획

8월 16일(수)				8월 18일(금)		
	1학년	2학년	3학년	1학년	2학년	3학년
1교시 09:00 ~ 09:30	봉사활동 (2학기 대청소) 담임			1교시 09:00 ~ 09:45	정상 수업	
2교시 09:45 ~ 10:40	학급 서클 담임	배움의 공동체 수업 철학 연구혁신부	학급 서클 담임	2교시 09:55 ~ 10:40		
3교시 10:50 ~ 11:35	2학기 학급 규칙 세우기 담임	학급 서클 담임	배움의 공동체 수업 철학 연구혁신부	3교시 10:50 ~ 11:35	− 2학기 자율동아리 구성 − 2학기 방과후수업 안내 (강당)	
4교시 11:45 ~ 12:30	배움의 공동체 수업 철학 연구혁신부	2학기 학급 규칙 세우기 담임	2학기 학급 규칙 세우기 담임	4교시 11:45 ~ 12:30	비담임	
점심식사(12:30~13:20)						
5교시 13:20 ~ 14:05	학급자치 활동 − 2학기 학교폭력 예방을 위한 교육 − 2학기 자율동아리 구성을 위한 안내 (강당) 비담임			5교시 13:20 ~ 14:05	− 생활협약 토론회 − 교사, 학생, 학부모 (강당)	
				6교시 14:15 ~ 15:00		
				7교시 15:10 ~ 15:55	비담임	

• 8월 17일(목)은 정상 수업입니다.
• 담임과 비담임으로 구분하였으나, 학생들이 어떤 교육을 받는지 공유하는 것은 중요합니다. 함께 하시면 더욱 좋겠습니다.
• 배움의공동체 수업 철학에서는 '우리가 함께 지킬 수업 약속'을 정하기도 합니다. 따라서 담임선생님들의 학급 규칙 세우기 시간에는 수업 약속보다는 학생들 서로 간의 평화로운 관계에 집중해서 규칙을 세우면 더욱 좋습니다.

수업 철학에 관한 내용을 포함하여 2시간을 할애했다.

- AI 시대 사람들의 가장 중요한 능력은 협동할 수 있는 능력이야.
- 모르는 것을 부끄러워하지 않고 물어보는 것이 제일 중요해.
- 친구의 질문에는 정답을 알려 주는 것보다 어디에서 막혔는지 묻는 게 더 좋아.
- 한 명도 포기하지 않는 수업을 우리 교사들은 매우 중요하게 생각해.
- 친구가 모른다는 이유로 비난하거나 무시하면 절대 안 돼.

그래서인지 아이들이 수업 시간에 이런 말을 하는 모습을 자주 볼 수 있다.

"어디에서 막혔니?"

"네 생각은 어때?"

"우리는 배움의공동체잖아. 혼자만 하지 말고, 함께 얘기하자."

교사들 역시 모둠 수업 등을 진행할 때, 학기 초의 오리엔테이션 시간에 진행한 '배움의공동체 수업 철학'에 관한 교육이 도움이 되었다고 말하곤 한다. 특히 학습 능력이 우수한 아이들이 보통 모둠 수업에 대한 저항감이 큰 편인데, 이런 시간을 통해 긍정적으로 바뀌게 되고, 그럼으로써 모둠 수업에서 아이들의 배움이 일어나는 방향으로 전환된다는 것이다. 이처럼 학교가 함께 갈 때 문화가 아주 빨리 바뀌는 것을 볼 수 있기에, 학기 초 오리엔테이션의 위력을 실감하게 된다.

신입생들에게는 학교 적응을 돕기 위해 학교 곳곳을 돌아다니며 시설을 보여 주고, 다양한 교직원들과 만나게 해 준다. 행정실에 들르면 행정실장님을 비롯한 직원들이 반갑게 맞이하며 행정실이 어떤 일을 하는지 알려 주는데, 아이들에게 시설물을 아끼고 잘 사용해야 꼭 필요한 곳에 예산을 집행할 수 있다는 당부의 말도 전한다. 교장실도 빠뜨릴 수 없는 곳이다. 교장 선생님은 아이들에게 줄 초콜릿 등을 미리 준비했다가 아이들이 오면 소파에도 앉아 보게 하고, 하고 싶은 말이 있으면 언제든지 놀러 오라고 이야기한다. 이를 통해 학생들은 자신들을 존중하고 있다고 느끼는데, 이 경험은 학교에 대한 신뢰로 이어져 갈등과 위기 상황에서 버팀목으로 작용한다. 동시에 학교의 직원들에게는 이곳이 교육기관임을 실감하게 만드는 효과를 얻는다. 학교 식당은 아이들을 위해 참 힘들게 일을 하는 곳인데도 아이들과 소통할 기회가 많지 않다. 이런 기회를 통해 아이들에게 식당에서의 어려운 점이나 지켜야 할 점 등에 대해 얘기함으로써 자신들의 노동이 '의미와 가치가 있는 노동'임을 돌아보게 만드는 시간이 되리라고 생각한다.

업무를 경감하는 오리엔테이션

이와 같은 오리엔테이션은 담임교사의 업무 경감이라는 효과도 거둘 수 있다. 학기 초에 얼마나 많은 것들이 홍수처럼 쏟아지는지 교사들은 잘 알고 있다. 청소도구 배부, 각종 도우미 선발, 가정환경조사서 등 여러 가지 안내문 배부와 걷기 등등. 이런 일 중 일부를 오리엔테이션에 배치하여 담임의 업무 경감과 함께 학생들을 이해하고 파악하는 데 큰 도움을 주고 있다. 아울러 학기 초 제공되는 엄청난 분량의 가정통신문, 안내문과 각종 교육자료 등을 한데 모아 수십 쪽에 이르는 〈행복한 학교 만들기를 위한 선학 디딤돌〉(안내문)을 발간하고 있다. 이 안내문은 교사용, 학생용으로 따로 제작하여 한꺼번에 제공한다. 오리엔테이션의 전부는 아닐지라도 창체활동으로 편성하고 생활기록부에도 관련 내용을 기록하고 있다.

학교 나들이 교장실 방문

학교 나들이 행정실 방문

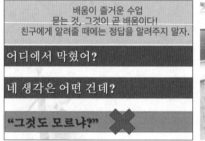
오리엔테이션 학생 교육자료

학급별 공동체 놀이

오리엔테이션은 학교의 첫인상을 결정한다

학기 초에는 학급이라는 공동체 형성이 중요하다. 그래서 오리엔테이션은 학급공동체 놀이, 학급 규칙 만들기, 학급 서클, 배움의공동체 수업 철학 교육 등에 대한 설명 등으로 이루어진다.

교사들은 2월 교사 워크숍 때 학급공동체 놀이를 배우는데, 한번 해 봤다고 놀이를 이끌어 가기는 쉽지 않다. 놀이 지도가 어려운 교사를 위해 강당으로 학급을 인솔해 오면, 공동체 놀이에 자신 있는 교사가 전체 진행을 하고, 담임교사는 아이들과 어울려 함께 논다. 학교에 놀이 지도를 할 수 있는 교사가 없다면 외부 강사를 하루 모셔 오는 것도 고려해 볼 만하다.

다음으로 아이들에게 어떤 것들이 학급에서 잘 지켜졌으면 좋겠는지 논의하고 이를 학급의 규칙으로 정하게 한다. 이때 교사는 추상적인 내용보다는 구체적인 내용으로 규칙을 정했으면 좋겠다고 안내하는 정도만 하고, 나머지는 자율에 맡긴다. 그래서 '패드립을 하지 말자'와 같은 규칙이 나오는 걸 볼 수 있었다.

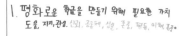

학급 규칙 만들기

학교 규칙 만들기

학기 초에 학생들이 만든 학급 내 규칙이 꾸준히 잘 지켜지는 것은 아니라고 한다. 당연하다. 한번 논의했다고 잘 지켜지지는 않으므로 자율활동으로 한 달에 한 번 정도 주어지는 학급회의 등을 통해 학급의 규칙이 잘 지켜지는지, 지켜지지 않는다면 이유는 무엇이고, 어떻게 해결했으면 좋겠는지 지속적으로 연관된 활동을 이어 가야 한다.

8월 여름방학 이후에도 하루 정도 오리엔테이션 시간을 마련하는데, 수업과 생활 두 가지 측면에서 1학기에 잘 안 지켜진 것을 중심으로 이야기를 나눈다.

우리가 함께 만들어 가는 학교, 이곳은 배움터이며 여러분을 존중하는 곳이라는 첫인상을 주는 것이 사춘기 아이들에게 무척 중요한 일이라는 데 공감한다면, 새 학기 오리엔테이션을 진행해 볼 것을 권한다.

동아리, 아이들의 자율성을 기른다

[자율동아리와 창체동아리]

자율동아리, 창체동아리의 합체!

아직도 대부분의 학교에서는 창체동아리 활동을 교사들이 만들고 모집한다. 인기 있는 동아리에 들어가려면 가위바위보를 잘해야 한다. 그리고 형식적으로 이뤄지는 경우가 많아 독서 동아리든 영어회화 동아리든 영화관에서 만나곤 한다. 원래의 취지대로 동아리는 학생들이 만들어 자율적으로 활동하게 해야 한다. 그 취지를 잘 살리면 아이들의 성장에 많은 도움을 줄 것이다. 교사들의 워크숍에서도 같은 의견이 모였는데, 이미 선학중에서는 희망자를 모아 '프로젝트 동아리', '독서 동아리' 등을 진행해 왔다. 고등학교에서 대입에 도움이 된다는 이유로 동아리 활동이 강조되었던 분위기는 중학교에까지 쉽게 퍼져 나갔으며, 동아리 활동에 관한 자료 또한 어렵지 않게 구할 수 있었다. 하지만 비교적 소수의 동아리만 활동했고, 동아리 구성과 진행 그리고 마무리가 체계적으로 이뤄진다고 볼 수는 없었다. 게다가 자율적인 태도가 필요한 아이들은 대부분 동아리 활동을 하지 않는 것도 문제였다. 그래서 동아리 구성에 관한 홍보를 더 적극적으로 하고, 진행 과정을 꼼꼼히 챙긴 결과 훨씬 더 많은 동아리가 활동할 수 있었다.

자율동아리 모집 안내

- 3명 이상 15명 이내로 구성할 수 있습니다.
- 간식이나 활동비를 지원합니다.
- 우수 활동 동아리는 생활기록부에 활동 내용을 기록해 줍니다.
- 각종 여행이나 행사에 우선권을 드립니다.
- 12월 동아리 발표회에서 활동 내용을 발표합니다.

그런데 자율동아리 활동과 함께 학교에는 이미 '창체동아리'가 있고, 지침에 따라 1년에 몇 시간이라도 꼭 해야만 한다. 게다가 '자유학기'가 생기면서 '자유학기 동아리' 활동도 운영해야 한다. 그러니 학교에는 세 종류의 동아리 활동이 생긴 것이다. 가끔 교내 방송으로 "자율동아리 대표 학생들 모이세요"라고 하면 창체동아리 대표나 자유학기 동아리 학생도 내려온다. 그때마다 "자율동아리 대표 모이라고 한 거야. 수요일 동아리 말이야"라면서 아이들을 올려보내는 촌극이 벌어진다. 교육부는 도대체 왜 아이들의 동아리 종류까지 만들어 간섭하는가.

고심 끝에 결국 자율동아리와 창체동아리를 합치게 되었다. 문제는 '3명 이상'이라는 조건은 교사의 정원에 비해 동아리를 구성할 수 있는 자율동아리 겸 창체동아리의 개수를 너무 늘리게 되는 점이었다. 그래서 성격이 비슷한 동아리를 묶어 한 명의 교사를 배정하되, 실질적인 운영은 각 동아리가 자율적으로 하는 방식으로 해결했다. 예를 들어 도서관에서 활동하는 독서 동아리는 주로 책을 읽고 감상을 표현하는 활동으로 이뤄지기 때문에 도서관에 들어갈 수 있는 여러 개의 독서 동아리를 한 명의 교사가 담당하고, 운동장에서 활동하는 축구 동아리와 농구 동아리를 교사 한 명이 담당하는 식이었다. 그리고 매주 수요일 6교시에 자율동아리 활동을 했는데, 월 1회 정도 이뤄지는 창체동아리도 자율동아리로 통합하여 운영했다. 선학중에서는 매주 수요일이면 5교시까지만 수업을 하고, 6교시는 모든 교사가 수업 디자인 또는 수업을 공개하는 시간이다. 그 시간에 모든 학생이 자율 동아리 활동을 하는 것이다. 이때 아이들의 안전을 돌보고 지원을 할 어른들이 필요했는데, 인근 인천대학교 사범대 학생들이 교육봉사 활동으로 교실을 순회하며 아이들을 돌보게 했다. 결국 선학중 학생들은 다른 학교 학생들보다 일 년에 약 20시간 이상 학교에 남아 동아리 활동을 하는 셈이다.

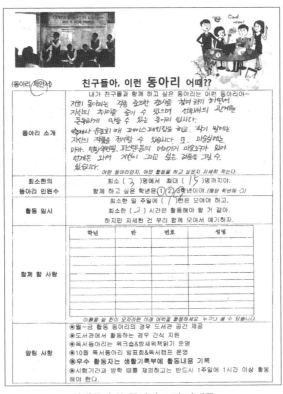

학생들이 쓴 동아리 모집 안내문

자율동아리, 이렇게 구성한다

학기 초에 동아리를 구성하고 싶은 학생은 누구나 위와 같은 동아리 홍보물을 만들어 붙일 수 있다. 이 과정에서 취미나 특기, 희망 분야 등을 중심으로 새로운 사람을 만나려 하기보다는 친한 아이들과 모이기 위해 동아리 홍보지를 대충 만들어 내는 경향도 눈에 띈다. 이런 점은 매년 동아리 활동을 설명할 때 다시 한번 주의하면서 강조하고 있지만 쉽게 극복하지 못하고 있다.

교사는 동아리 제안서를 보고, 비슷한 성격의 동아리를 묶어 주려 노력해야 하고, 연극반이나 풍물반처럼 아이들이 생각하지 못한 영역이지만 가치 있는 동아리 활동도 적극적으로 제시해야 한다. 또 이 과정에서 외톨이처럼 소외되는 아이들이 특정 동아리에 들어갈 수 있도록 개입해야 한다. 여기서 학년 부장교사의 역할이 특히 중요하다. 자율동아리가 잘 조직되면 이는 학급 내에서 소외된 아이들의 비빌 언덕을 만들어 주는 것이다. 소외되었던 아이가 밴드반 활동에서 활력을 얻고, 밴드반에서 밥을 함께 먹거나 쉬는 시간에 이야기를 나눌 친구를 얻게 된다는 점에서 자율동아리 활동은 학교폭력 예방의 지름길이기도 하다. 교사들도 적극적으로 개입하여 동아리 구성 과정에서 아이들이 소외되지 않도록 주의를 기울인다. 아이들은 어떻게든 적극적인 자세로 온갖 동아리를 만들어 온다.

동아리 구성이 어느 정도 이뤄지면, 동아리 활동 계획서를 만들어 내야 한다. 교사들은 이 과정을 상세히 보아야 하는데, 너무 허투루 만들어진 동아리는 해체의 압력을 받게 된다. 그저 놀기 위해 뭉친 동아리인 게 분명한 계획서가 나올 수밖에 없고, 이 경우는 계획서를 반려한다. 다시 작성하는 과정에서 결속력이 약하거나 꼼꼼하게 계획

자율동아리 현황

자율동아리	인원	대학생 멘토	지도 교사	장소
읽기혁명 독서 동아리	16		김○○	
나야미 독서 동아리	3	김○○		도서관
영화를 읽는 독서 동아리	6	최○○		
루비 독서 동아리	5	김○○		
소피 독서 동아리	5	김○○	김○○	
독서발랄시즌3 독서 동아리	5			
역사탐구 동아리	6	김○○		
에너제트 수학 동아리	13		양○○	페르마실
시네마천국영화 동아리	4			
영화영감 동아리	6	이○○	박○○	2-1 (2-2 이용 가능)
SH포토 동아리	13	안○○		
선학축구 동아리	24	이○○		
빨간농구공 동아리	9	이○○	김○○	2-3 (2-4 이용 가능)
선학NBA 농구 동아리	8	이○○		
프리민턴 동아리	12			
플로렌스 댄스 동아리	7	김○○	이○○	강당
정구 동아리	6			
탁구 동아리	6	최○○	박○○	탁구장
아티스틱 네일 동아리	5		조○○	3-1
고전게임 동아리	6	김○○		
만화창작 동아리	15		김○○	미술실
한국어 아르트 동아리(다문화)	12		박○○	3-4
영어독서 동아리	5			
방송 동아리	12		연○○	방송실
건강서포터즈 동아리	7	문○○	최○○	보건실
알쓸신수학 동아리	14	소○○	송○○	오일러실
욜로 동아리(통합반)	3		조○○	통합지원실
학교농장 동아리	5	김○○	성○○	목공실
계(29개)	238			

서를 쓰는 것조차 번거로워하는 아이들은 새롭게 헤쳐 모이게 된다. 세상에 호락호락한 일은 없다. 이런 과정을 통해 아이들이 성장하게 될 것이라 믿는다.

	월	활동 내용
월별 계획	3	만화책 읽기
	4	철학책 읽기(미움받을 용기, 어떻게 사람의 마음을 얻을 것인가)
	5	심리책 읽기
	6	소설 읽기
	7	지구과학·생물학책 읽기
	8	추리소설 읽기(히가시노 게이고)
	9	사회책 읽기(양극화), 역사책 읽기
	10	수필 읽기
	11	예술·자기계발서 읽기
	12	시집 읽고 시 쓰기(2016년을 마무리하며)

독서동아리 활동일지

차 시	(1)차시	담당교사 확인 (최민가)
일 시	4 월 6 일 수 요일 2 시 25분 ~ 3시 분	
장 소	도서관	
참가자	김민정, 가유겸, 최은아, 류윤아	

활 동 내 용 (책 내용, 토론 내용 등)

· 세계는 단순하다, 인간은 변할 수 있다, 누구나 행복해질 수 있다.
· 스스로의 의미를 부여한 주관적인 세계에 살고있지. 객관적인 세계에 사는것이 아니라네.
· 자네에게 그런 용기가 있을까?
· 인간은 변할 수 있어. 그뿐아니라 행복해질 수도 있지.
· 아들러 심리학은 고루한 학문이 아니라 인간 이해의 진리이자 도달점

" 자네가 불행한것은 과거의 환경 탓이 아니네.
그렇다고 능력이 부족해서도 아니고.
자네에게는 그저 용기가 부족한 것 뿐이야. "

동아리 활동 기록지

이렇게 스스로 세운 계획에 따라 학생들은 일 년 동안 꾸준히 동아리 활동을 하게 된다. 그리고 그 과정을 활동기록지에 남기고, 멘토 교사의 확인을 받는다. 교사는 연말에 동아리 발표회가 있으니 틈틈이 사진을 찍거나 활동의 결과물을 남기라고 얘기해 둔다. 이 과정에서 동아리 내부의 갈등으로 해체되기도 하고, 어영부영 활동을 하다가 혼이 나는 경우도 있다. 하지만 전체적으로는 자율성을 인정받고 있다. 다행히 안전사고는 일어나지 않았으며, 우수한 활동 모습을 보이는 동아리도 있었다.

발표를 통해 성장하는 자율동아리

연말이 되면 모든 동아리는 발표를 해야 한다. 원칙적으로 예외는 없다. 수백 명의 전교생 앞에서 발표하는데, 담당 교사에게 일주일 전까지 발표 자료를 제출해야 하고, 발표에 앞서 리허설을 하고 수정해야 할 사항들을 알려 준다.

"모든 발표 내용을 프레젠테이션에 담으면 안 됩니다."

"프레젠테이션을 국어책 읽듯 하지 말아요. 그럼 주의 집중이 잘 안 됩니다."

"앞을 향해서 또박또박 말을 해야 저 뒤까지 전달이 됩니다."

수십 개의 동아리가 오전 서너 시간 동안 발표하는 힘든 일정인데, 친구와 선후배의 발표이다 보니 경청하는 태도가 비교적 좋은 편이다. 코로나 시기에도 온라인을 통해 발표회를 진행했는데, 이런 발표의 과정을 꼭 거쳐야만 동아리 활동도 성숙해질 수 있고, 내년의 동아리 활동이 좀 더 알차게 진행될 수 있기에 발표하는 자리는 매우

동아리 발표회

중요하다.

　동아리 활동이 탄탄할 때 한층 강화된 인간관계를 새롭게 맺을 수 있다. 동아리 활동을 통해 아이들은 일머리를 갖게 되고 자립심을 얻는다. 궁극적으로 배움의 폭이 넓어진다. 그럼에도 아이들이 만드는 동아리의 종류와 영역은 매우 좁은 편이다. 낯선 아이들과 동아리에서 만나는 것을 지극히 꺼리는데, 이것은 어른들도 마찬가지다. 그렇더라도 이러한 문화를 만드는 것이 학교의 과제이다. 아이들은 그렇게 도전하는 주변 친구들의 모습을 보고 삶의 자세를 새롭게 가다듬는 것이다.

작은 별이라 더 빛나는 선학의 문화예술교육

[바이올린·외발자전거 수업, 수요음악회, 신문지 패션쇼]

자존감 있는 아이들을 키우기 위해

몇 년 전 '비자살성 자해'라는 듣도 보도 못한 자해 충동이 학교를 공포로 몰아넣었다. 이러한 사례가 전국의 수많은 학교에서 관찰되었다. 이것은 심리적 고통에서 벗어나고자 신체적 고통으로 도피하는 행위라고 알려져 있다. 우리 학교에서도 이 같은 사례가 있어 그 해결책을 논의했다. 아이들에게 강조하는 덕목이 '자존감이 있는 사람', '자율적인 사람'으로 결정된 것도 이 영향 때문이기도 했다.

문제는 '자존감', '자율성'을 어떻게 키울 수 있느냐였다. 자해 사건 등의 문제로 여러 차례의 회의를 하면서 특히 자존감을 키우는 데는 신체적 유능감이나 악기를 다루는 능력이 매우 중요하다는 의견이 모였고, 문화예술교육에서 그 해결책을 찾기로 했다. 실제 우울증을 앓는 사람의 경우 신체 활동의 부족과 연관이 있다고 하지 않는가. 그래서 선학중에서는 외부 강사의 도움을 얻어 주 1회 체육 시간 1시간을 이용하여 외발자전거를 연습하고, 역시 1시간의 음악 시간에는 바이올린 수업을 하게 되었다.

바이올린 수업에는 악기가 최소한 한 반 25명 분량은 준비되어야 하기 때문에 악기 지원 사업에 응모했다. 2년 만에야 바이올린 25대 구입비와 약간의 운영비를 받을 수 있었다. 외발자전거 역시 한 학급 25대를 준비해야 했고, 자전거 구입비와 강사비는 혁신학교 운영비를 사용했다.

여러 악기와 운동 종목 중에서 바이올린과 외발자전거로 결정한 것은 성패가 분명하고 가급적 생소한 것을 기준으로 하는 게 좋겠다는 의견 때문이었다. 그래야 도전의식이 생길 것이라는 일차원적인 생각이기도 했는데, 성패가 분명해서 어떤 아이들은 포기하지 않았지만, 그 때문에 쉽게 포기한 아이들도 있었다.

"넘어질 거 같아서 무서워요."

"노력한 만큼 더 멀리 갈 수 있어서 성취감도 느끼고 뿌듯해요."

교실에서 학습하는 태도와는 전혀 다른 모습을 보이는 아이들도 있었다. 하지만 대부분 처음 접해 보는 운동이고 처음 접하는 악기였기 때문에 서로 돕고 잡아 주는 모습을 보였다. 아이들은 힘든 과정에서 오히려 협력한다는 말을 실감할 수 있었다.

처음에는 트럼펫 같은 관악기를 선택하고자 했으나 여러 사람이 입을 대는 문제, 악기 관리 문제 등의 해결 방안이 보이지 않았다. 그래서 바이올린으로 결정한 것인데, 다행히 바이올린을 쉽고 재밌게 가르치는 선생님을 모실 수 있었다.

외발자전거는 수소문해서 선생님을 모셔 왔는데, 아이들이 자전거에서 떨어지는 걸 무서워하다 보니 체육관의 벽을 힘껏 잡아당겨 벽에 붙어 있던 충돌방지 쿠션이 전부 떨어질 지경이었다. 이 년째 접어들면서는 외발자전거 연습용 지지대를 구입했다.

바이올린과 마찬가지로 외발자전거도 한두 명씩 약간의 움직임에 성공하면 학급 전체가 비약적으로 성공했다. 주변의 친구가 성공하는 모습을 눈으로 보았을 때 '나도 할 수 있겠다'는 도전의식이 작동하는 게 아닌가 싶다. 물론 운동 신경이 어느 정도 받쳐 줘야 한다고 생각할 수도 있겠지만, 능력보다는 배움을 두려워하지 않는 태도도 매우 중요하다. 그래서 우리는 아이들에게 이렇게 강조한다.

'배움은 두려움과 함께 춤출 수 없다.'

아이들의 배움은 '발표'라는 형식과 결합할 때 한 걸음 더 성장하는 것임을 우리는 자주 깨닫는다. 발표가 지나치게 부담이 되어 독이 될 때도 있겠지만, 비경쟁적인 방식의 발표는 대체로 학생들의 성장을 이끌어 내는 경우가 많다. 그래서 바이올린과 외발자전거 수업이 한 학기 정도 진행되고 나면 학기 말에 전교생 앞에서 '교육과정 발표회'를 했다.

모든 학급의 아이들이 차례대로 무대에 올라 학급별로 연습한 곡을 연주했다. 동요나 아주 짧은 대중가요 등이지만 이런 연주도 그리 쉽지 않다는 것을 아는 선후배와 동급생들은 한 학급의 연주가 끝날 때마다 아낌없는 박수를 보냈다. 선배들은 후배들의 연주를 보며 자신들도 해 보았다는 연대감을 느꼈고, 후배들은 앞으로 우리도 배우게 되리라는 생각에 더 열심히 보았다.

외발자전거는 많은 학생 앞에서 해야 하므로 '안전' 문제를 이유로

외발자전거 발표회   바이올린 발표회

일부 학생만 참여해서 아쉬웠지만, 이런 발표를 통해 전체 학생들이 배움의 동질감을 느끼는 계기가 되었음이 분명하다.

문화예술, 학교를 하나로 만든다

외발자전거와 바이올린을 교육과정 안에서 다룬 것은 여러 가지로 훌륭한 일이었다. 이 외에도 우리 학교에서는 미술 선생님의 열정적인 지도로 복도나 교실 등의 학교 공간을 이용하여 설치미술을 계획·전시하고, 밴드부와 풍물 등의 예술동아리 활동과 공연 등을 실시하는 등 문화예술교육이 잘 이뤄지고 있다.

특정 동아리나 교과, 또는 학년이 아니라 전체 아이들이 함께하는 예술활동은 없을까? 이를 통해 '우리는 하나'라는 연대감을 지니게 될 수는 없을까? 학교에서 문화예술의 중요성을 모르는 사람은 없다. 그만큼 문화예술교육은 중요한데, 입시 위주 교육에 밀려 뒷전이기도 하고 무엇을 어떻게 해야 할지 몰라 찬밥 신세이기도 하다. 우리 학교의 수요음악회와 신문지 패션쇼는 문화예술 분야가 학교 전체를 뜨겁게 달구었던 흔하지 않은 사례여서 여기 소개한다.

수요음악회, 점심시간을 달구다

수요음악회는 점심시간을 활용한 음악회다. 점심시간은 가장 긴 휴식 시간인데 어떤 아이들에게는 '밥을 함께 먹을 친구가 없다'는 부담에 고통의 시간이기도 하다. 동시에 빨리 밥을 먹고 친구들과 나가 놀고 싶은 마음에 밥을 먹는 즐거움이 멀리 달아나 버리기도 한다. 밥을 먹는 것과 음악을 결합해 보자는 제안에 따라 일주일에 한 번, 학급 별로 돌아가며 순서를 정했다. 이럴 때는 담임교사의 부담이 늘 걱정 이다. '우리 반 순서'라는 말에 부담을 느끼지 않을 담임이 어디 있겠 는가? 그걸 감안해 담임교사에게 이와 관련한 부탁이나 전달은 없었 다. 담당 교사와 학급 대표의 소통만 있었을 뿐이다. 담임교사들에게 도 아이들의 행사요, 아이들이 만들어 갈 문화라고 강조했다.

학급 반장을 불러 모았다. 수요음악회의 취지를 말하고, 협조를 부 탁했다. 점심시간에 음악이 흘러 더 즐거울 것이고, 친구들의 예술적 잠재력을 키울 수 있다는 것, 또 우리 학교가 하나 되는 것도 느낄 수 있으리라고, 이런 것이 문화라고 역설했다. 이제 순서를 정하는 시간. 어느 학년, 어느 학급이 제일 처음에 하느냐가 가장 중요하다. 어떤 일 이든 회의 시작 전에 이 부분을 조율해야 한다. 사전에 학생회 임원들 과 수요음악회의 취지를 얘기하고, 제일 처음에는 학생회 집행부 임원 들이 하기로 했다. 처음 순서가 해결되면 그다음은 일사천리로 진행된 다. 이제 학급 반장들이 할 일은 각 학급으로 가서 수요음악회의 취지 를 이야기하고, 누가 할 것인지, 어떤 내용으로 할 것인지 결정하여 알 려 주는 것이다.

2016년 수요음악회 발표 일정대로 일 년 내내 진행했다. 당시에는 음악 시간에 리코더를 사용해서인지 리코더 연주가 매우 많았다. 드문 드문 피아노나 플루트 연주가 있었는데, 음악회가 진행될수록 학급 전 체가 합창하는 경우가 늘어나기 시작했다.

앞서도 말했지만 이와 같은 결과물이 나올 때 전체 구성원의 지지 를 어떻게 이끌어 낼지가 매우 중요하다. '협조를 가장한 지시'는 결코 오래가지 못한다. 무엇보다 담당 교사가 지치지 않아야 한다.

수요음악회 발표 계획

	참가팀	참가자	참가 내용	날짜
1	학생회 집행부	집행부 일동	리코더 연주	5/11
2	1-3	김○○ 외 4명	봄봄봄(키보드 연주와 노래)	5/18
3	2-3	임○○ 외 2명	피아노 및 노래	5/25
4	3-3	홍○○	피아노 연주	6/1
5	1-5	성○○, 박○○	플루트, 오카리나 연주	6/8
6	2-2	장○○ 외 13명	피아노, 탬버린, 리코더 등의 연주와 노래	6/15
7	3-6	유○○ 외 4명	기타, 바이올린 연주와 노래	6/22
8	1-2	오○○, 설○○	플루트와 피아노 연주	8/31
9	3-4	장○○, 이○○	피아노, 첼로 연주	9/7
10	1-4	한○○ 외 3명	바이올린, 피아노, 드럼, 플루트 연주	9/21
11	3-5	전체	리코더 연주(라이온킹)	10/12
12	2-4	전체	노래	10/19
13	1-1	이○○, 장○○	팝송	11/2
14	1-6	미정		11/9
15	3-1	여학생 전체	리코더 연주와 합창	11/23
16	2-1	미정		11/30
17	3-2	전체	리코더 연주	12/7
18	밴드부	이○○ 외 5명	밴드 연주와 노래	12/21

식당, 점심시간 수요음악회

공연장, 점심시간 수요음악회

수요음악회는 학생과 교사가 함께 밥을 먹는 식당에서 진행했다. 영양사 선생님의 협조를 얻어 식당 한쪽 구석을 치우고, 무대 배경으로 쓸 현수막을 걸었다. 그리고 이동식 스피커와 필요한 마이크를 구비하거나 방송실에서 대여한 게 준비의 전부였다. 음악회를 번잡한 식당에서 시작한 데에는 이유가 있다. 밥을 먹으며 누구나 들을 수 있다는 점, 특히 식당에서 밥을 먹는 모든 선생님이 들을 수 있다는 점, 그리고 행사를 길게 할 필요 없이 5분 내외의 발표로 끝나기 때문에 준비하는 사람이나 발표하는 사람, 듣는 사람 누구나 부담이 없다는 점이었다. 이렇게 진행하면서 가끔은 교사나 교생 등의 특별 공연이 있어 더욱 즐거운 점심 음악회가 열렸다.

2018년부터 수요음악회에 큰 변화가 있었다. 식당이 아닌 공간 혁신을 통해 만들어진 공연장에서 음악회를 열게 된 것이다.

거기에는 몇 가지 이유가 있는데, 먼저 식당이 공연장은 아니므로 배식이나 밥을 먹는 소리 등으로 시끄럽고 집중도 잘되지 않아서 발표하는 사람에게는 최악의 조건이라는 게 가장 큰 이유였다. 게다가 발표 시간은 5분 남짓이니, 특정 학년은 식당에 오기도 전에 끝나 버렸다. 그 대신에 잃을 점도 분명했다. 모든 학내 구성원이 공연장에 들어갈 수 없다는 점이었다. 발표한 아이에게 '수고했다. 참 잘했다'는 말을 들려주는 사람이 다양할수록 학생은 더 큰 성취감을 느낄 텐데, 공연장에서 하게 되면 공연장에 들어가는 일부의 구성원만 보게 되는 것이다. 특히 교직원들은 업무로 바빠서 공연장에 잘 가지 않을 것이고, 특정 학생의 발표로만 채워질 수밖에 없을 것이다.

그럼에도 불구하고 이제 매주 1회 점심시간은 음악이 흐르는 문화의 시간이 되었다. 단순히 아이들이 노래 한 곡 부르는 것이 아니라 학교의 곳곳에서 전통과 문화가 바로 서는 계기가 되었다. 학교는 수업과 함께 '문화'라는 이름의 날개가 필요하다.

신문지 패션쇼, 전환기 교육과정의 모범이 되다

　학기말 시험이 끝나고 새 학기가 시작되기 전을 요즘에는 '학기말 전환기'라는 이름으로 부르는데, 어쨌든 이 시기가 되면 생활지도가 참 어렵다. 성적 처리 기간에 교사는 바빠도 아이들은 방학만 손꼽아 기다린다. 수업 시간에 영화 틀지 말라거나 '임장 지도를 꼭 해 달라'는 교장 선생님의 당부가 나오기도 한다. 학교가 이 시기를 어떻게 계획하느냐에 따라 좀 더 알찬 전환기를 보낼 수 있다.

　문제는 성적 처리로 바쁜 교사들이 이와 같은 행사를 신경 쓸 겨를이 있느냐는 것이다. 그래서 선학중에서는 학생회 임원들과 함께 부장 교사들이 전환기 프로그램의 기획을 담당하는 경우가 많다. 그 가운데 신문지 패션쇼를 매년 진행하는데, 그 내용은 이렇다.

- 전체 학급을 3개의 모둠으로 나눈다. 한 모둠은 대략 6~8명 정도. 선학중은 약 50개의 모둠이 나온다.
- 학기말 시험 이후의 하루 오전 1교시부터 4교시가 행사에 필요한 시간이다.
- 모둠별로 동화, 소설, 전설이나 영화 속 인물을 선정하여 재활용 신문지로 의상을 만든다.
- 음악과 음향을 방송반 협조로 준비하고, 인물에 대한 간단한 퍼포먼스를 준비한 뒤 자신들의 모둠 차례가 되면 '패션 워킹'을 하는 것이다.

시험이 끝난 7월 어느 날, 미리 모은 신문지 수백 부를 강당에 준비한다. 전교생이 강당에 모이면, 신문지 패션쇼에 대해 간단히 설명하는데, 이때 채점 기준도 발표한다. 신문지를 재활용하더라도 섬세하게 표현할 수 있다는 점을 강조하면서 창의적이고 섬세한 표현, 적절한 퍼포먼스를 바탕으로 심사한다고 알린다. 물론 심사는 하지만 우수 학급을 따로 뽑지는 않는다. 다 함께 즐기면 좋은 시간이다.

이제 모둠끼리 강당 바닥에 모여 앉아 즐거운 회의를 시작한다. 아이들은 모여 앉아 어떤 캐릭터를 만들지, 어떤 퍼포먼스를 할지, 등장 음악은 무엇으로 할지, 어떻게 의상을 만들지 등을 의논하고 곧바로 배부된 신문지로 옷을 만들어 모델에게 입힌다.

순식간에 강당은 거대한 의상 제작실로 탈바꿈한다. 아이들이 만든 캐릭터는 다양했다. 뽀로로, 미녀와 야수, 백설공주 같은 애니메이션 캐릭터부터 조커나 킹스맨 같은 영화 속 인물, 이순신 장군 같은 역사 속 인물까지 매우 다양하다.

신문지 패션쇼 1

신문지 패션쇼 2

이와 같은 전환기 교육과정을 운영하면서 아쉬움도 있다. 국가교육과정에 따라 창의적체험활동을 자율, 진로, 봉사, 동아리의 4개 영역으로 구분하다 보니, 자율활동의 시간이 너무 부족하다. 단위 학교의 재량으로 자율활동 시간을 늘릴 수 있다고 해도 한계가 뚜렷하다. 마침 2022 교육과정이 개정되면서 창의적체험활동에 대한 학교 자율성이 좀 더 주어질 수 있을지 기대해 본다.

신나고 즐겁게 노는 일처럼 중요한 게 또 있을까? 그런 점에서 신문지 패션쇼는 학기말 시험을 치른 뒤 방학을 맞이하기 전 우리 아이들이 가장 좋아하는 행사의 하나가 되었다. 음악, 미술 시간의 예술적 체험도 무척 중요하다. 하지만 체육대회가 학교 전체 구성원을 '체육'이라는 주제로 하나로 만드는 시간이라면, 수요음악회나 신문지 패션쇼 같은 활동은 학교 전체를 '예술'로 하나를 만들었다.

학교의 문화예술교육은 교육과정의 안과 밖에 두루 배치되어야 한다. 집에서 밥을 먹는 일상과 더불어 근사한 식당에서 외식하는 특별한 날이 공존하듯이, 수업 속에서 이뤄지는 문화예술교육활동과 함께 '작은 축제'가 어우러질 때 문화예술교육의 가치는 더욱 잘 드러날 것이다. 결국 문화예술은 고민을 거듭할 때 그 형태가 발전하고, 동시에 그 가치를 드러낸다.

다양한 배움의 연결

[대학생 공부방과 도전30]

혁신학교는 공부를 안 한다?

무너진 공교육을 혁신하기 위해 전국에 혁신학교가 세워지고 있지만 혁신학교에 대한 불신의 벽도 높아지고 있다. 혁신학교에 대한 오해가 어디서 비롯되는지 모르겠으나, 혁신학교가 공부나 학력과는 조금 거리가 있다고 생각하는 게 대표적인 오해인 듯하다. 혁신학교는 '공부', '학력'의 참된 의미가 어떤 것인지를 묻고 있지만, 우리가 흔히 말하는 '학력'으로부터 자유로울 수 없는 것도 현실이다. 특히 선학중에도 기초학력이 부족한 학생이 적지 않아 이에 대한 고민이 진작 시작되었다. 2018년 연말의 교사 평가회에서 나왔던 이야기다.

"1학년에서 기초학력 부족한 학생들을 교육하는 게 중요하다. 자유학년제 주제 선택 시간을 활용하여 공부를 돕는 게 어떤가?"

물론 자유학년제 취지에 맞지 않기에 불가하다고 결론을 냈지만, 이런 의견도 일단은 받아 둬야 한다.

"3학년이 1학년 학생들과 멘토·멘티의 관계로 공부하게 하면 롤 모델 역할도 하고 좋을 것 같다."

"지속적인 공부방이 필요하다. 언제든 그곳에 가면 나의 학습을 도와줄 교사나 멘토가 있는 공부방을 운영해 보면 어떻겠는가?"

"학년별 공부방 단톡을 열자는 의견이 있는데, 공부는 온라인으로 하는 게 아니다. 그리고 단톡방이 문제가 될 수도 있다."

"매시간 간단하게라도 수업에서 배운 점, 소감, 학습 내용 정리, 느낀 점 등을 써 봐야 한다."

거의 매해 교사 평가회에서는 '기초학력 부족' 문제에 대한 고민과 해결 방안 마련에 관한 의견이 쏟아졌다. 그러다가 공부방 운영에 관한 이야기가 나온 2018년을 계기로 연구부에서 본격적으로 고민한 것이 '대학생 공부방'의 시작이었다.

기초학력에 관한 대책이 나올 때마다 교육부나 교육청에서는 '방과후교육'을 전제로 정책을 펴곤 한다. 기초학력 관련 대책이 마련되면 예산이 내려오는데, 그 예산에서 가장 큰 비중을 차지하는 게 방과후교육을 진행하는 교사 인건비이니 말이다.

선학중에서도 방과후에 아이들이 언제든 질문할 수 있는 공부방이 있어야 한다는 의견에 따라 담당 부서에서 이를 추진했다. 이때마다 문제가 되는 것이 교사들이 이를 담당할 수 있겠느냐는 것이었다. 안 그래도 수업의 혁신을 요구하면서 교사들이 다른 학교에 비해 수업 준비에 힘을 쏟는 시간이 더 길어졌다. 수업 준비 외에도 공개수업이니 수업 디자인이니 하면서 매주 한 차례는 모임을 하고 있는데, 여기에 더해 방과후 공부방을 책임지라고 하는 것은 굉장히 조심스러운 일이었다. 하지만 아이들이 언제든 '자기주도형 공부'를 하다가 '질문할 어른이 있는 공부방'을 둔다는 취지는 꽤 괜찮은 형태가 아니겠는가. 더구나 사교육을 받지 않는 아이들이라면 물어보면서 공부를 할 수 있는 곳이 어디 있단 말인가. 방과후 아이들의 휴식권과 별개로 말이다.

대학생과 중학생을 연결하다

마침 인천대학교 사범대학과 협약을 맺게 되면서, 교사들의 도움을 받지 않고 사범대생들의 도움을 받아 공부방을 열게 되었다.

선학중 대학생 공부방 운영 안내

1. 모집 기간 및 인원: 3~4월, 5~7월, 9~10월, 11~12월 분기별 15명 내외
2. 운영 일시: 매주 월, 목(주 2회) 15:30~16:30(60분)
3. 운영 방법
   1) 지도 내용: 영어, 수학 과목의 과제 해결 및 복습, 예습 질문 해결
   2) 지도 방법: 국립인천대학교 수학교육과 및 영어교육과 대학생 문답 교실 운영
   3) 출결 관리: 출결 메시지 전송(학부모)
      사전 연락 없이 지각 또는 결석하거나 태도가 불성실할 경우 교체될 수 있음
   4) 인원 초과 시 선발 우선순위: 분기별 선발
      ① 사교육을 적게 받는 학생
      ② 해당 학년 지도교사(영어, 수학)의 추천을 받은 학생
4. 참가 비용: 무료(학교 예산), 간식 제공

이와 같은 계획을 세워 아이들을 모집했다. 20여 명이 희망했다. 전교생이 400명이니 첫 반응치고는 나쁘지 않았다. 아이들의 면면을 살펴보니 상위권보다는 중하위권 아이들이 많았고, 다문화 학생들도 몇몇 눈에 띄었다. 그다음에는 인천대 사범대의 협조를 받아 월요일에 공부방을 담당할 수학교육과와 영어교육과 학생 5명, 목요일에 담당할 대학생 2명을 추천받았다.

자기주도학습을 하는 것인 만큼 아이들에게도 안내하고, 대학생 선생님들께도 아래와 같이 부탁을 했다.

- 아이들이 자기주도학습을 하는 것인데, 질문이 들어오면 적극적으로 설명해 달라.
- 혹시 자기주도학습을 하지 못하는 학생이 있을 때는 교과서나 학습지를 풀이하도록 안내해 달라.

질문 해결을 위한 대학생 공부방

대학생들에게는 연말에 교육봉사 시간을 부여했고, 교생 실습을 요청할 때도 가급적 우선권을 부여했다. 그래서인지 대학생들도 더욱 열심히 참여해 주었다. 서로 낯설어 질문과 답변이 쉽지 않을 텐데도, 적극적인 아이가 먼저 질문을 하고 대학생 선생님이 친절하게 설명해 주는 모습을 보면서 다른 아이들도 점차로 질문하는 빈도가 늘기 시작했다. 가끔 개인 사정으로 공부방을 중도에 그만두는 아이가 생기면 다른 아이가 들어왔다. 참여한 아이들과 부모님들의 입소문을 타고, 또 아이들로부터 긍정적인 반응을 들은 선생님들이 추천하면서 다음 학기에는 더 많은 수가 참여했다. 학교로서도 방과후에 아이들이 자기 공부를 하도록 배려하고, 또 적극 지원할 수 있는 의미 있는 프로그램이었다.

코로나에도 공부는 이어진다

문제는 코로나였다. 2020년 코로나바이러스로 대면 수업을 제대로 하지 못하는 상황이니, 아이들이 없는 대학생 공부방은 상상조차 할 수 없었다. 인천대 사범대의 연락으로 대학생 공부방을 다시 생각하게 되었다. 그동안 대학생들도 아르바이트, 과외, 봉사활동 등 많은 활동을 하고 있었는데 코로나로 모든 것들이 일시 정지된 상황에 교육봉사를 할 수 없겠느냐는 문의였다. 우리로서도 도와줄 방법이 없었다. 2020년 초 몇 개월 만에 '드라이브 스루' 형태로 아이들이나 부모님께 교과서를 배부할 때 눈물이 났을 정도이니 공부방이 가당키나 한 소리인가. 그런데 원격으로 개학식을 진행하고, 수업을 진행하면서 대학생 공부방도 원격으로 가능하겠다는 생각이 들었다.

원격으로 대학생과 함께 공부할 아이들을 모았다. 반드시 카메라를 켜고 수업에 참여하되, 일 대 일 또는 일 대 이의 공부방 형태라고 알렸다. 아이들로서는 개인 과외를 받게 된 셈이었는데, 그만큼 하겠다는 아이들이 넘쳐났다.

인천대에서 추천받은 대학생들을 모아 사전 오리엔테이션을 진행했다. 대학생들은 교육봉사 시간을 인정받는 것이므로 봉사 시간의 기준을 물어보았다. 그런데 수업을 듣는 학생으로선 대면이 아니라 원격이기 때문에 60분 수업은 무리가 있었고, 게다가 이제 막 공부를 시작하려는 기초학력 학생은 수업 시간을 훨씬 더 줄여야 했다. 대면으로 만날 때 자기주도적 학습으로서의 공부방과 일 대 일 개념의 공부방은 완전히 다른 형태였다.

- 원격의 특성상 30분 이상 수업을 하면 1시간으로 인정한다.

- 학생의 학력이 기초 수준일 때는 담당 교사에게 상황을 설명하고 시간을 더욱 줄여서 수업을 진행할 수 있다.

원격으로 이뤄진 대학생 공부방

• 기록: 대학생 박○○

• 일시: 10월 24일 3:30~4:30
- 화요일 수업 시간을 5시로 바꾸기로 했고, 이를 당일에야 결정하게 되어서 부득이하게 이번 한 번만 토요일에 수업을 하기로 일정을 바꾸었습니다.
- 줌으로 수업을 진행했습니다.
- 저번 시간에 배운 일차함수의 기본형에 대해 짧게 복습하고서, 이를 평행 이동한 그래프를 관찰하고 식을 써 보는 시간을 가졌습니다.
- 평행 이동한 일차함수의 특징에 대해 공부했습니다.
- x절편, y절편, 기울기의 정의에 대해 공부했습니다.
- 평행 이동한 일차함수의 식을 x절편, y절편, 기울기를 통해 구하는 방법을 공부했습니다.

• 일시: 11월 2일 4:00~5:00
- 줌으로 수업을 진행했습니다.
- 수학 교과서를 풀면서 어렵거나 모르는 문제를 사진으로 찍어서 학생이 보내주고, 그 문제를 해결해 보는 시간을 가졌습니다.
- 시험 전날이어서 시험 범위에 해당하는 내용 중 어렵거나 모르는 문제에 해당하는 내용의 질문을 받았습니다.
- 외심에 관한 문제와 저번 시간에 질문한 문제 중 이해가 가지 않았던 문제, 축 방정식, 세 점이 한 직선에 있을 때 등과 같은 내용에 대해 설명했습니다.

참여를 희망하는 아이들에게도 대학생 선생님이 직접 연락할 것이며, 서로 편한 시간을 이용해서 원격으로 공부하면 된다고 안내했다. 대학생 선생님들과 담당 교사의 소통이 필요해서 SNS를 개설하여 의견을 주고받았고, 대학생들은 어떤 내용으로 아이들을 교육했는지 간단히 기록을 남기도록 했다.

코로나 이전에는 특정 교실에 여러 아이가 모여 각자 자기주도학습을 하며 질문을 했다면, 코로나 이후에는 일 대 일 방식의 원격 수업이어서 일종의 과외 형태가 되었는데 문제는 그 부분이었다. 대학생 선생님이 가르치는 게 되다 보니, 교재가 있어야 하는데, 원격 수업이어서 양쪽에 같은 교재를 보내 줘야 했다. 아이들은 학교에 와서 가져가면 되는데, 대학생들은 대학교로 보내면 될까 싶어 사범대 측에 문의했더니, 대학생들도 집에서 원격 수업 중이라고 했다. 이 많은 대학생의 가정으로 일일이 배달을 해야 하나? 그랬다. 인터넷 서점에서 일일이 배송지를 달리하여 대학생 선생님들에게 발송했다. 쉽지 않은 일이었지만, 교무실무사 선생님의 도움으로 해결되었다. 배움의 길에 서려는 아이들에게 지원을 아낄 수는 없었다. 코로나도 배움의 열정을 꺾을 수는 없다고 외치면서 진행한 '대학생 공부방'이 기초학력의 대안이 될 수는 없겠지만, 단위 학교에서 진행해 볼 만한 실천 사례는 될 수 있지 않을까.

물론 대학생 공부방에도 한계는 있었다. 먼저 기초학력이 크게 부족한 학생이 들어오지 않았다. 그 학생들은 자신감이나 자존감이 많이 떨어진 상태인 데다가 공부로 인한 상처마저 있다. 그래서 대학생 공부방과 같은 형태로는 해결하기 어렵다. 오랫동안 관계를 유지할 수 있는 사람에 의해 진행되어야 한다. 좀 더 세밀하고 조심스럽게 접근해야 할 것이다.

기초학력이 크게 부족한 학생만이 아니라 대학생 공부방에 참여한 학생들에게도 '관계'의 문제는 중요한데, '질문을 한다'는 것은 '관계'가 형성이 되었을 때 더욱 활발히 일어난다. 학생 입장에서는 갑자기 모르는 사람한테 질문을 해야 하는 상황이 된 것이다. 기초학력이 부족한 학생이라면 사전에 대학생 선생님들과 함께 어우러지는 시간을 배치하는 등 세심한 배려가 미흡했던 점을 반성한다.

자기 자신과 중학생을 연결하다

대학생 공부방을 통해 학교의 외부 구성원과 배움을 연결했다면, 학생 스스로 배움을 이어 가게 하는 것도 매우 중요한 일이다. 스스로의 배움을 통해 존재를 단단하게 만든다면 '배움' 자체에 즐거움을 느낄 수 있을 것이다. 학교의 교육활동이 지향해야 할 바를 잘 알려 준 '도전30'이라는 행사를 소개한다.

도전30은 30일 동안 자신이 세운 목표에 도전해 보는 활동인데, 학생, 교직원 등 학교 구성원 전체가 자신이 세운 목표에 도전하는 모습은 상상만 해도 아름답지 않은가? 자기가 세운 저마다의 목표에 집중할 때 세상의 평화도 함께 다가올 것만 같다.

전체 메시지 등을 통해 도전30의 취지를 알리고, 희망자를 모았다. 물론 교직원도 함께할 수 있다고 알렸다. 도전은 함께할 때 성취율도 좋은 법이니까. 희망자가 30일 동안 자신의 목표를 설정하고, 매일매일 그 목표 달성 여부를 제공한 양식에 체크한다. 30일 뒤에 담임교사나 부모가 이를 확인하면, 학교는 작은 기념품과 함께 간식을 제공한다.

목표는 하루의 성공 여부가 분명하도록 작성할 것을 강조했다. '열심히 공부하겠다'가 아니라 '매일 영어 단어 10개를 외운다'와 같이 구체적으로 적어야 그날그날의 목표 달성 여부를 알 수 있고, 이것이 30일 이상 지속되었을 때 성취감도 생길 수 있다. 이렇게 희망자를 모아 각자의 목표를 중앙현관에 게시했다.

- 매일 20분 동안 운동하기
- 배경 보고 그림 그리기
- 게임 캐릭터 그리기
- 6시 30분에 일어나기
- 매일 중국어 단어 10개씩 외우기
- 하루 30분 이상 자습하기
- 매일 20분씩 내 방에 앉아 공부하기

도전30 활동 기록지

학생들만이 아니라 교직원들의 목표도 함께 게시했는데, 하루 100쪽씩 책을 읽겠다는 선생님, 매일 하루 만 보 걷기를 실천하겠다는 선생님도 있었다.

한 달 뒤, 도전에 성공한 아이들은 뿌듯한 마음으로 확인서를 가져왔다. 프레젠테이션을 준비한 아이들은 이를 바탕으로 자신들의 한 달 도전 과정을 발표했고, 준비하지 못한 아이들은 자신이 어떤 목표에 도전했는지, 그 소감은 어떠한지 등을 중심으로 간단하게나마 발표했다. 그 과정을 함께한 사람들이기에 자기 일처럼 기뻐할 수 있었다.

도전에 성공한 아이의 학급 담임선생님에게는 방과후에 이뤄지는 발표회에 잠시 참여를 부탁드렸다. 담임선생님들의 축하와 격려 속에 도전 발표회가 진행되었다. 도전에 성공한 사람에게는 기념 배지를 달아 주고, 학교 매점의 간식 상품권을 함께 주었다.

"가족들과 함께 도전할 수 있어서 좋았어요."

"다음에도 이런 기회가 있으면 다시 한번 도전하고 싶어요."

"귀찮고 힘들었지만 하다 보니 재미있었고, 계속할 수 있을 거라는 마음이 생겼습니다."

"한 달 동안 요리를 하면서 가장 힘들었던 점은 주변 정리를 하는 것이었어요."

대체로 아이들은 힘들면서도 뿌듯했다는 소감을 남겼다. 국립경주박물관에 임신서기석이라는 돌이 소장되어 있다고 한다. 말 그대로 돌에다가 신라의 청년 두 사람이 함께 학문을 닦고 실천할 것을 맹세한 내용이라고 전해지는데, 그만큼 목표한 바를 이루기가 힘들기 때문에 그 단단한 돌에 글자를 새겨서 남기는 것이 아니겠는가. 학교는

도전30 참가 학생 프레젠테이션 　　　　　 도전30 배지 수여식

'배움'을 존재 목적으로 하는 곳이다. 그런 점에서 '도전30'과 같이 서로의 배움을 위해 애쓰고, 또 성공이든 실패든 서로 격려하는 문화를 실천했다는 점에서 학교의 교육활동이 나아갈 방향을 알려 준 활동이었다.

교사만이 아니라 마을교사나 대학생 등 외부와의 연결을 통한 배움, 그리고 도전30처럼 자신과 목표를 향한 배움을 연결하는 등 내외부의 다양한 배움을 연결하는 학교, 그것이 우리 학교가 나아갈 방향이다.

2장

수업이 바뀌면 학교가 바뀐다

배움의공동체 실천

수업이 바뀌어야 학교가 바뀐다

[수업의 혁신과 전학공]

교사들에게 제일 중요한 것은?

한참 전 일이다. 자살하겠다며 어느 아파트 옥상에 올라간 아이를 경찰이 출동하여 설득해서 학교로 데려온 적이 있었다. 아이를 넘겨받은 상담 선생님이 담임교사에게 상담실로 오셔야겠다고 간단하게 상황을 설명하고 상담을 시작했다. 30분쯤 지나도 안 오자, 상담 선생님이 빨리 오셔야겠다고 다시 얘기했는데도 안 오더란다. 시간이 더 흐른 뒤 또다시 전화를 걸자 '급한 공문 처리가 있다'며 말꼬리를 흐리더라는 이야기. 교사에게 제일 중요한 것은 생활지도나 수업이 아니었다. 아이의 목숨이 위태로운 지경에 이르러서도 공문이 제일 중요한 학교의 모습에 쓴웃음만 나온다. 중학교 학생들은 한 해 1,000시간이 넘는 수업을 한다. 수업을 빼고 어떻게 학교를 혁신할 수 있겠는가? 선생님들에게 이런 얘기를 하면 하나같이 이렇게 말한다.

"수업이 중요하긴 하지요."

하지만 '수업'을 화두에 올리고 연구하는 학교는 많지 않다.

"우리 학교는 아이들이 공부를 너무 못해요. 그래서 수업 연구를 해도 소용이 없어요."

"우리 아이들은 생활지도만 신경 쓰기에도 힘에 부쳐요."

학교 관리자도 교사의 복무나 업무와 관련해서는 지나칠 만큼 세세하게 지시하면서 수업에 관해서는 모르쇠다. 심지어 수업의 혁신에 관한 연수가 있으면 편안하게 들으라는 이유를 들며 참여하지 않는 관리자도 있다. 결국 한국의 학교에서 수업은 각자도생이다. 하지만 예전처럼 교과서 수업만으로 아이들이 잘 따라오던가? 세상은 무서울 만큼 변하고 있고, 학생들도 과거의 그 학생들이 아니다. 각자도생만으로 교사의 수업을 해결할 수 없는 시대가 되었다. 그래서 우리는 수업을 '학교에서 다뤄야 할 가장 중요한 영역'으로 보아야 한다. 그것이 혁신학교의 취지이다. 너무나 당연한 소리이기에 혁신학교가 별다른 게 아니라 '공교육을 정상화한 학교'라고 말하는 것이다.

우리는 왜 배움의공동체인가?

선학중은 '배움의공동체' 수업을 실천하고 있다.

'배움의공동체'('배공')는 일본의 사토 마나부 교수가 제안하여 1998년 후쿠오카 하마노고 소학교를 시작으로 현재 일본 공립학교의 약 20%가 실시하고 있는 21세기형 학교의 비전이다. 우리나라에서도 매년 사토 마나부 교수와 함께 여름방학 중 실시하는 전국 세미나에 1,000명이 넘는 교사가 참여하고, 2021년 전국의 65개 지역 연구회에서 매달 수업 연구회가 이루어지고 있다.

최근 우리나라에서 배움의공동체에 많은 선생님이 참여하는 이유는 첫째, 학교현장의 교사들이 주축이 되어 추진하는 밑으로부터의 학교 개혁이라는 점이다. 누구의 강요가 아닌 교사들의 자율적인 의

배움의공동체 전국 세미나(인천)　　　　배움의공동체 세미나 참석

지로 수업을 바꾸고 학교를 바꾸고자 하는 노력이 교사들로부터 긍정적인 반응을 얻고 있다. 둘째, 교사가 얼마나 잘 가르치느냐가 아니라 학생이 무엇을 어떻게 배우는가에 중심을 둔 수업을 학교 개혁의 중심에 두고 있다. 셋째, 동료 교사로부터 배우고 함께 성장하는 현장 중심의 교육 실천 운동이기 때문이다.

2020년 이후 코로나 팬데믹이 학교에 몰아치는 상황이 아직 끝나지 않았다. 온라인 수업과 대면 수업을 오가는 학생들에게 깊이 있는 배움이 일어나도록 돕는 게 쉽지는 않다. 그래도 수업을 중심에 두는 배움의공동체 실천 학교들은 위기 상황에서 남다른 힘을 발휘하고 있다. 혼자서는 감당할 수 없기에 교사들 간의 수업을 위한 협력 체계는 더욱 강화되었으며, 온라인 수업에서도 서로 묻고 배우는 협력 수업을 만들어 내려고 노력했다.

이러한 노력이 결실을 맺은 것인지, '배움중심수업'에 대해 물어보았을 때 아이들에게서 긍정적인 반응이 나오는 것을 보면 우리가 가는 길의 방향이 맞다는 것을 확신하게 된다.

"친구들에게 모르는 것을 물어보기 쉬워요."
"친구와 얘기를 하면서 내가 몰랐던 것을 더욱 잘 알게 되었어요."

"다른 친구를 통해서 나와 다른 의견에 대해 알 수 있습니다."

"내가 빠트리고 넘어간 부분을 다른 친구가 되짚어 주어 도움이 됩니다."

"공부를 안 할 것 같은 애들도 자기도 모르게 수업에 참여해서 좋은 것 같아요."

"선생님이 설명하는 걸 가만히 앉아 듣는 것보다 서로 토의하고 가르치며 듣는 게 더 기억에 오래 남아서 좋아요."

전문적학습공동체를 처음 시작할 때는 어떻게 하나요?

'전문적학습공동체'('전학공')라는 말이 사용되기 시작한 게 벌써 10년째이다. 교사는 전문가라고 하지만 '배움'을 주제로 함께 모여 연구하지 않는 것이 현실이다. 이에 대한 반성을 담아 만든 것이 '전문적학습공동체'이다. 전학공은 수업을 잘한다고 생각하는 사람보다 수업에 아쉬움을 느끼고 배우려는 사람들이 모여 서로의 수업을 말하는 것에서 시작된다. 이른바 수업 동아리를 만들어, 각자 자신의 수업활동지를 꺼내고 아이들과 어떻게 수업하고 있는지 얘기를 나눈다. 거기에서 출발해야 한다. 그러면서 공개수업을 하고자 하는 사람이 나오면 전학공이 점점 활발해진다. 전학공에 정해진 형식은 없다. 다만 전학공 모임의 원활한 진행을 위해 '학습지'라는 활동지 맨 앞에 동료 교사들의 이해를 돕기 위한 내용을 담는 일정한 형식을 갖추고 있다. 예를 들어 몇 차시로 기획한 수업인지, 성취기준은 무엇인지, 이번 공개수업의 흐름은 어떠한지 등을 제시한다.

기술·가정	III. 청소년의 자기관리 2-1. 청소년의 소비 특성과 소비 환경	차시	10/12	일시	2018. 4. 12(목).
주제	내가 산 물건이 세상을 따뜻하게 만들 수 있다고?				
성취 기준	가9132-1. 청소년기의 소비 특성 및 소비 환경에 대해 알고, 이를 통해 소비 생활과 관련한 문제를 설명할 수 있다.				
단원 구성	1차시: 배움의공동체 수업 철학 및 수업 약속 및 교과 소개 2~3차시: 나는 24시간을 어떻게 보내고 있지? 4~5차시: 나의 공부를 방해하는 것은 무엇인가? 6~7차시: 갈등을 평화롭게 해결하는 방법은? 8~9차시: 우리도 어른들처럼 물건을 잘 살 수 있을까? 10차시: 내가 산 물건이 세상을 따뜻하게 만들 수 있다고? 11~12차시: 소비자에게 보장되어야 하는 기본 권리는?				
수업 흐름	생각열기: 건강매점 3월 판매 현황표 분석하기(전체활동) 활동 1: 합리적소비를 위한 구매 의사결정 과정 알아보기(모둠활동) 활동 2: 윤리적소비의 의미 및 종류 알아보기(모둠활동) 활동 3: 윤리적 관점에서 새우짱 구매가 사회에 미치는 영향 알아보기 (모둠활동)				
수업자 수업관	이번 단원은 2009교육과정의 'III. 청소년의 자기관리- 2.청소년의 소비 생활' 단원으로 성취기준은 "가9132-1. 청소년기의 소비 특성 및 소비 환경에 대해 알고, 이를 통해 소비 생활과 관련한 문제를 설명할 수 있다" 이다. 무엇을 수업의 소재로 가져올까? 생각 중에 우리 학생들이 매일 접 하는 학교 건강매점(사회적협동조합)을 떠올리게 되었고, 건강매점에서 일반 회사 제품만 잘 팔리고, 생협 제품은 판매 부진으로 유통기한을 넘 겨 폐기하는 제품이 발생하는 문제를 함께 생각해 보았으면 좋겠다는 생 각에서 수업을 디자인했다. (중략)				

처음 시작하는 학교라고 해도 다양한 교사들이 모여 있기 때문에 전학공 모임은 금세 활력을 찾는다. 활동지를 만드는 방법 등에 대한 작은 노하우부터 수업 시간의 돌발 상황에 대처하는 교사들의 다양한 대처 방법까지 수많은 이야기가 봇물 터지듯이 나온다. 수업으로부터 자유로운 교사는 단 한 명도 없다. 지나치게 경직되고, 서로의 수업을 외면하는 교사문화의 벽이 너무 두터워서 전학공을 시작조차 하지 못하고 지지부진할 뿐이다.

시작만 한다면 일사천리로 진행될 것 같은데, 수업 공개라는 부담의 벽이 너무 높다. 하지만 수업을 연다는 부담이 누구는 없겠는가?

우리는 공교육의 교사들이다. 전학공은 권리가 아닌 의무라고 말하고 싶다.

배움의공동체, 매뉴얼은 없나요?

2015년부터 꾸준히 배움의공동체 철학을 바탕으로 공개수업을 진행하고 있는 선학중의 이야기를 듣고 나면 이런 질문을 듣는다.

"배공의 매뉴얼은 없나요?"

배움의공동체는 정확하게 말해 '수업 임상 연구'이다. 병원의 의사들이 환자의 상태를 놓고 서로 의견을 나누듯이 교사들이 어떤 수업을 하든 그 수업을 관찰하고, 아이들의 배움이 어느 지점에서 활발해지는지, 어느 지점에서 주춤거리는지 서로의 배움에 대해 얘기하는 연구회다.

학생들과 만나는 교실의 상황은 모두 다르다. 학교가 처한 환경이 다르고 학년별, 학급별 상황이 다르고, 심지어 오늘과 내일이 또 다른 것이 교실이다. 배움의공동체 수업은 예전의 연구수업처럼 각본이라고 할 만큼 철저한 계획에 맞추어 수업을 진행하는 것이 아니고, 교사가 디자인한 수업을 학생들이 잘 배울 수 있도록 끊임없는 상황과의 대화 속에서 이루어진다. 그러니 그것을 매뉴얼로 만든다는 것은 불가능하다. 그래서 배움의공동체 학교는 교사들도 늘 수업을 중심에 두고 서로 묻고 배우며 성장하는 학교다. 이와 함께 공개수업의 흐름에 따라 이루어지는 활동 시스템은 가지고 있지만, '수업의 기술을 전달하는 연구회의 성격은 거의 없다'고 할 수 있다.

결국 방법이나 기술적인 면에서의 수업 이전에 수업의 철학을 강조하는 편이라는 말이다. 당신의 수업은 무엇을 추구하는가? 배움의공동체는 공공성, 민주성, 탁월성을 추구하고 있다. 다른 사람과 함께 살아가는 법, 민주주의의 삶의 방식을 익히기 위한 곳이 학교이다. 이렇게 철학을 강조하는 이유는 한 시간의 수업에서 교사가 선택해야 하는 다양하고 복잡하며 예측하기 어려운 상황에 방향을 제시하기 때문이다. 예를 들어, 배공에서는 대체로 모둠의 의견을 통일하는 것보다 각자의 생각을 발표하도록 한다. 또한 배공에서는 모둠에 점수를 부과하여 선의의 경쟁을 유도하는 방식을 지양한다. 왜 그런가? 배움이 느린 학생들이 소외되기 때문이다. 우리 사회는 배움이 빠른 사람이든 느린 사람이든 서로 공존하며 살아가야 한다. 그런데 수업에서 모둠의 의견을 통일하거나 모둠 간 경쟁을 유도할 경우에 어떤 아이들은 소외될 수밖에 없다. 민주주의 사회는 소수의 의견을 존중하는 사회라고 말할 수 있다. 배움이 느린 사람을 존중하는 교실이어야 한다. 이렇게 배공은 매뉴얼이나 기술보다는 철학을 강조한다.

배움의공동체 활동 시스템
[수업 디자인과 공개수업]

수업 준비를 위한 시작, 활동지 만들기

교과서만으로 아이들을 가르치려 할 때 부딪히는 문제는 삶의 모습에 대응하기가 힘들다는 점이다.

예를 들어 국어 교과서는 가급적 살아 있는 사람의 글은 싣지 않는다. 글쓴이가 정치적인 문제 등에 휘말릴 수 있기 때문이다.

물론 고전의 중요함을 모르는 바는 아니지만, 다양성 측면에서는 문제가 생길 수밖에 없는 게 교과서다.

아울러 너무 단편적인 질문으로 이루어져 있다. 그래서 적지 않은 교사들이 자신만의 활동지를 만들고 있는데, 활동지 만들기가 쉽지는 않다.

활동지는 대개 HOP, STEP, JUMP로 이뤄진다. 여는 활동, 기본 활동, 도전 활동 정도로 이해하면 된다. 교사의 취향에 따라 생각열기, 생각쌓기, 생각날개 등으로 달리 이름을 붙이기도 하는데 비교적 간결하게 만드는 편이다.

HOP에 해당하는 부분은 수업의 주제로 아이들을 이끌 수 있는 것을 제시하는 경우가 많다.

STEP에서는 이번 시간에 배울 내용에 대한 기본 개념을 익히는 내용을 담고, 만약 교과서의 내용을 연계한다면 교과서를 읽고 교사의 물음에 대해 아이들이 정리하도록 하는 단계이다.

마지막으로 JUMP에서는 삶과의 연계를 고려하거나 비교적 낯선 활동을 넣어 협력이 이뤄지게 만든다. 점프라는 이름이 그렇듯이 아무래도 난이도가 높은 편이다.

몇 가지 예를 살펴보자.

1. HOP

[국어]
다음 사진은 최근 부산의 어느 커피숍이 매장 입구에 붙여 논란이 벌어졌던 안내문이다. 청소년을 받지 않겠다는 방침에 대해 어떻게 생각하는가?

[도덕]

콜럼버스는 1492년에 아메리카 대륙을 '발견'했어. 자기가 찾은 땅이 인도라고 굳게 믿었던 콜럼버스는 그곳 사람들을 '인디언'이라고 불렀지. 우리가 아메리카 원주민을 인디언이라고 부르게 된 이유야. 아무것도 없다고 생각했던 곳에서 새로운 대륙이 나타났으니 정말 놀랐겠지. 하지만 콜럼버스는 배가 다닐 수 있는 새로운 길을 찾은 것뿐이라고 말하는 사람도 있어. 분명히 그 땅에는 거기서 계속 살아왔던 사람들이 있었으니까. 너는 어떻게 생각해? 콜럼버스는 정말 새로운 세상을 '발견'한 걸까?

윗글의 마지막 물음에 대해 어떻게 생각하는지 이야기해 봅시다.

2. STEP

[사회] 선거의 의미와 기본 원칙(교과서 257쪽)

구분	내용
선거	의미: (직접, 간접) 민주주의 아래에서 시민을 위해 일할 대표를 뽑는 과정
민주 선거의 기본 원칙	일정한 나이에 이른 모든 시민에게 선거권을 줌 (↔ 제한 선거)
	모든 유권자에게 투표권의 개수와 가치를 동등하게 인정하는 것(↔ 차등 선거)
	유권자가 대리인을 통하지 않고 본인이 직접 투표하는 것 (↔ 대리 선거)
	유권자가 어느 후보자에게 투표했는지 다른 사람들이 모르게 투표하는 것(↔ 공개 선거)

[과학] 염색체
다음은 어느 생물의 염색체이다. (가)와 (나)는 같은 생물이다.

(가)

(나)

1) (가)와 (나)의 염색체 수는 각각 몇 개인가?
(가):   (나) :

2) 옆의 자료를 참고할 때 이 생물은 누구라고
생각하는가?

생물	염색체 수
말	64
개	78
사람	46
개구리	26
침팬지	48

3) 용어사전을 참고하여 상동염색체의 의미를 알고, 상동염색체에 동그라
미(검정색)를 해 보고, 몇 쌍인지 세어 보자.

3. JUMP

[국어]
다음은 우리 선학중학교에서 이뤄진 외부 강사님의 '요즘 아이들'을 분석하여 강의한 내용이다. 몇 번에 제일 공감하는가? 혹은 몇 번에 제일 공감하지 못하는가? 이유는 무엇인가?

요즘 아이들
1. 침울해하고 말을 하지 않는다.
2. 교사에게 소리 지르며 대든다.
3. 사람들과 함께 있는 것을 피한다.
4. 담임의 옷 입는 스타일을 비난한다.
5. 가족보다는 친구들과 지내고 싶어 한다.
6. 말을 버릇없이 막 한다.

어른들을 대상으로 여러분이 강의를 하게 되었다. 여러분이 '요즘 어른들'을 분석한 프레젠테이션을 만들어 보자.

요즘 어른들
1.
2.
3.
4.
5.
6.

[음악]
세마치장단을 치며 진도아리랑을 외워 부르세요(모둠별 장구 2개).
1. 두 명은 장구를 치고 두 명은 노래 부른다.
2. 장구 치는 사람을 교대하여 노래 부른다.
3. 두 명이 장구를 치며 노래 부를 때 다른 팀원을 친구의 노래를 들으며 잘된 점과 부족한 점을 이야기해 준다(교대로 연습).
4. 서로 보완이 잘되면 손을 들어 선생님을 부른다.

메기는 부분의 가사를 바꿔보세요.

문-	경		새	재-	는		웬	고-	-		갠	가	

구부	야		아	구부	구부	가		눈-	물	이		로	다	

[수학]
터널 입구에서는 터널에 진입하는 차량의 높이
에 따른 통행제한 표시를 볼 수 있는데, 이는 차
량이 터널에 부딪히는 사고를 방지하기 위해서
이다.
다음 그림과 같이 최대 폭과 높이가 각각 10m,
6m인 포물선 모양의 터널이 있다. 터널 내 도로
는 왕복 2차선이고 통행제한 높이는 폭이 3m
인 화물차를 기준으로 정한다고 할 때, 이 터널
의 통행제한 높이는 몇 m로 해야 하는지를 논
리적으로 설명하라(단 차선의 폭, 간격은 생각
하지 않는다).

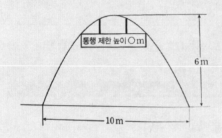

차시 계획이 세워지면 차시별로 활동지를 만드는데, 교과서 수업에
의존하던 사람이 어느 날 갑자기 자신만의 활동지를 만드는 것이 쉽
지는 않다. 첫술에 배부를 수 없으니 차근차근 발전시켜 나가자. 활동
지를 만들 때 고려하면 좋을 점을 정리해 본다.

첫째, 여러 교과서를 참고하면 좋다. 학습 활동이나 자료 중에서 좋
은 것을 골라내면 된다. A 교과서의 학습 활동과 B 교과서의 자료를
연결시키는 방법도 있겠다.

둘째, 성취기준을 제대로 읽어야 한다. 학생들의 문해력만 중요한 것
이 아니다. 교사들의 성취기준에 대한 문해력도 중요하다. 가르쳐야
할 내용을 빠뜨려서는 안 될 일이다. 예를 들어 중학교 국어 성취기준
에 이런 내용이 있다.

[9국03-07]
생각이나 느낌, 경험을 드러내는 다양한 표현을 활용하여 글을 쓴다.

이 성취기준을 잘못 읽으면 '아이들이 자신의 경험 등을 다양한 방식으로 글을 쓰는 것'으로 이해하기 쉽다. 그래서 성취기준을 읽을 때 평가기준과 함께 읽는 것이 좋다. 이 성취기준의 평가기준은 다음과 같다.

상	속담, 관용 표현, 격언, 창의적인 발상을 활용하여 생각이나 느낌, 경험을 적절하면서도 참신하게 표현하는 글을 쓸 수 있다.
중	속담, 관용 표현, 격언, 창의적인 발상을 활용하여 생각이나 느낌, 경험을 적절하게 표현하는 글을 쓸 수 있다.
하	속담, 관용 표현, 격언, 창의적인 발상을 활용하여 생각이나 느낌, 경험을 표현하는 글을 쓸 수 있다.

평가기준을 보면 속담, 관용 표현, 격언 등을 활용하여 표현하는 글을 쓰는 것이어야 한다. 그렇다면 속담과 관용 표현에 대한 수업이 계획되어야 한다. 교과서 수업을 하는 교사든 활동지를 만들어 수업을 하는 교사든 성취기준의 의미를 잘 이해하는 것은 꼭 필요한 부분이다.

셋째, 빅 아이디어를 고려하라. 수업의 자료는 무궁무진하다. 교과서에서만 자료를 구하지 않는다. 따라서 어떤 자료를 제시하느냐는 교사의 철학이기도 하다. 민주주의, 다양성, 생태와 지속가능성, 평화, 성과 외모, 돈과 정의 등 교사의 철학을 담을 기준을 만들어 둔다면 자료를 찾을 때 조금은 도움이 될 것이다.

넷째, 삶과의 연결을 고려하라. 교과에서 배운 지식이나 개념 등은 현재의 삶과 연결할 때 배움의 도약이 일어난다고 한다.

3. 다음 글을 읽고 아래 문제에 답해 봅시다.

A. Volunteering makes you happy. By measuring hormones and brain activity, researchers found out that being helpful to others gives us great pleasure. The more we give, the happier we feel.

새로운 단어: hormones researcher

B. Volunteering eases stress and anger. It also improves mood and reduce anxiety. It can help forget your own worries and add more passion to your life. Also,

⇩

5.8-magnitude shock strikes Gyeongju

The government ordered people in Gyeongju to evacuate to safe areas on September 12th. As of 1 a.m., six people had been injured. An elderly woman was injured by her television that fell from its shelf. The government said there were more than 30 property damage cases like cracks in walls. People in the affected areas called their family and friends but some regions had communication disruptions, including on KakaoTalk.
"I ran out of my office after feeling violent shaking," a worker living in Pohang told The Korea Times. He said the tremors were "more powerful than the previous one."

이것은 2016년 영어과 공개수업 자료 중 점프의 내용이다. '봉사'와 그 의미에 관한 일반적인 내용으로 활동지를 만들었던 교사가 수업 디자인 과정에서 이후 점프의 내용과 관련해 현실의 삶에서 있음 직한 사건을 수업의 텍스트로 변경했다. 당시 경주에서 일어난 지진으로 인한 피해와 자원봉사자들의 이야기를 활동지에 담았는데, 경주에서 실제 일어난 일이다 보니 아이들이 상당한 흥미와 관심을 보이며 글을 읽었다. 이처럼 이 시대의 다양한 소식이나 사건 등은 수업의 좋은 재료이다. 따라서 지금 일어나고 있는 뉴스, 드라마, 노래 등 수업과 관련한 자료를 잘 저장해 두면 나중에 수업에 활용할 수 있다. 특히 최신 자료가 담긴 논문도 수업의 주제와 관련하여 검색하면 비교적 좋은 자료를 찾을 수 있다.

다섯째, 평가와 관련하여 수업의 결과물을 무엇으로 할 것인지를 고려해서 학습지를 만들어도 좋다. 이번 대단원에서 최종적으로 아이들에게 어떤 결과물을 요구할 것인가에 따라 한 시간 한 시간의 수업이 달라질 수 있다. 논술로 마무리할 것인지, 모둠별로 발표하는 것으로 이 단원을 마무리할 것인지에 따라 전체적인 차시 계획이 달라지고, 그에 맞추어 이번 차시의 수업이 달라질 수 있으니 말이다.

공개수업 전 모두가 함께하는 수업 디자인 협의회

우리 학교에 근무하는 모든 교사는 1년에 한 번은 공개수업을 해야한다. 우리 공교육을 거론할 때 초등학교 교사는 교실에 갇히고, 중등학교 교사는 과목에 갇혀 각자가 섬으로 존재한다는 이야기가 있다. 공교육 교사가 자신의 수업을 공개하는 것은 교육의 공공성을 실현하기 위해 당연한 일이다.

공개수업에 앞서 1~2주 전에는 수업을 공개하는 교사가 준비한 활동지를 보며 수업 디자인을 하는 시간을 갖는다.

'함께 성장하는 수업 디자인 모임'을 위한 진행 안내문

※수업 디자인 모임은 우리 모두가 수업의 전문가로 성장하기 위한 모임이므로 다음 사항을 가급적 지켜서 진행하면 좋겠습니다.

① 수업자는 공개 예정인 '학습 주제' 또는 '차시'에 대해 안내한다.
성취기준, 전 차시에 아이들이 배운 것 등에 대해 공유하되, 지나치게 세세히 안내하지 않는다. 지나친 안내는 '수업 디자인 모임 참여자'가 '학생의 입장'에 서는 것을 방해할 수 있기 때문이다.

② 수업자는 '활동1'에 대해 교실의 학생들에게 얘기하듯 간단히 안내한다.

③ 참여자는 '활동1'을 옆의 동료와 함께 해결해 본다.

④ 참여자는 필요할 경우 질문을 할 수 있으며, 이때에도 수업자는 학생에게 대답하는 정도로만 말한다. 지나치게 자세히 안내하지 않는다.

⑤ 활동1-활동2-활동3 순으로 차례대로 진행하되, 수업자나 진행자의 판단에 따라 활동의 단계를 구분하지 않고 전체를 해결한 뒤에 다음으로 진행할 수 있다.

⑥ 수업자들의 풀이를 참고하여 수업자와 자유롭게 이야기를 나눈다. 이 경우 '학습지의 수업 디자인'에만 함몰되지 않도록 주의한다. 수업은 활동지로만 이루어지는 게 아니므로 '수업의 흐름이나 교사의 발문 등'도 함께 논의한다.

※위의 내용은 권장 사항이므로 모임의 특성에 알맞게 변형하여 진행할 수 있습니다. 다만 '우리 모두가 수업에 대해 의논하며 성장하는 자리'라는 원칙은 변함이 없으니, 좌석이 의논하기에 적합한지, 발언권이 소수에게만 집중된 것은 아닌지를 염두에 두고 진행하여 주십시오. 또한 디자인 모임 참여자들은 훌륭한 '학생-교사'이니 사전 안내가 지나치게 자세할 경우 오히려 디자인 모임에서 수업자가 배울 지점을 놓치게 될 수 있음을 유의하여 주세요. 안내문은 더 나은 최신판으로 발전시켜 나가도록 합시다.

수업 디자인에서는 어떤 이야기를 하면 좋을까? 타 교과의 수업 디자인에 참여할 때, 디자인에 참여하는 교사들은 '학생의 입장'에서 풀면 된다. 그 과정에서 느낀 점, 흥미로웠던 지점, 이해하지 못한 지점 등에 대해 이야기를 들려주면 된다.

수업 디자인에 같은 교과로 참여하는 교사는 '성취기준'을 바탕으로 교과의 본질을 잘 살리고 있는지, 타 교과 선생님들이 제안하는 것들이 같은 교과에서 보았을 때는 어떠한지 등에 대해 서로 이야기를 나누면 된다. 수업 디자인에서는 모두가 '교사-학생'의 입장에서 발언하는 것을 원칙으로 한다. 그렇지 않으면 특정 교사의 발언으로 디자인이 좌지우지될 우려가 있다. 수업 디자인 참석자는 모두 교사들이며, 이들은 수업을 하는 사람이기 때문에 각자 공개수업의 전 과정에 참여함으로써 스스로도 성장해야 하는 존재이다. 다음은 2022년 이루어진 선학중 수학과 공개수업의 수업 디자인 기록이다.

6월 22일 성○○ 선생님의 수학과 학년 공개수업 디자인이 6월 15일 6교시에 이뤄졌습니다. 먼저 수업자 선생님이 디자인에 앞서 수업에 대한 소개를 하였습니다.

이번 학습 주제는 얼마 전까지 초등학생이었던 중1 학생들이 문자와 식을 통해 '추상의 세계'로 진입하는 '등식의 성질'에 관한 내용이었습니다. 수업 디자인을 통해 가장 확연히 바뀐 내용만 살펴보겠습니다.

민수는 그 옆에 생선가게에 갔다. 평소 좋아하는 생선의 가격을 알아보기 위해 물어보니 아주머니가 다음과 같이 말하였다. 갈치 한 마리의 가격은 8,000원이라고 한다.

① 민어 한 마리 가격에 1,000원을 빼면 갈치 한 마리 가격이다.
② 꽁치 한 마리 가격에 2,000원을 더하면 갈치 한 마리 가격이다.
③ 문어 한 마리 가격을 반으로 나누면 갈치 한 마리 가격이다.
④ 조기 한 마리 가격의 두 배를 하면 갈치 한 마리 가격이다.

(1) 꽁치(w), 민어(x), 문어(y), 조기(x)의 가격을 설명한 아주머니의 말을 갈치를 주어로 문자를 사용한 식으로 나타내 보자. 그리고 각 문장을 각각의 물고기를 주어로 다시 설명하고, 그것도 문자를 사용한 식으로 표현해 보자. 주어가 바뀔 때마다 식이 어떻게 바뀌었는지 설명해 보자.

① 민어의 가격에서 1,000원을 빼면 갈치 한 마리 가격이다.
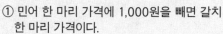

②
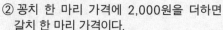

〈등식의 성질 1〉

② 꽁치 1마리에 2,000원을 더하면 갈치 한 마리 가격이다.

---

(1)의 ①의 경우, 문자를 사용한 식으로 표현하면 다음과 같습니다. 갈치의 가격은 8,000원으로 제시된 상태이므로,

$x - 1,000 = 8,000$

따라서 민어 한 마리의 가격은 $x = 9,000$원이라고 참석자들은 답을 했습니다.

그런데 디자인 참여자들은 결국 수업자의 의도대로 등식의 성질을 이해하지 못한 것이었습니다.

등식의 성질은 "등식의 양변에 같은 수를 더해도 등식은 성립한다. 등식의 양변에서 같은 수를 빼도 등식은 성립한다. 등식의 양변에 같은 수를 곱해도 등식은 성립한다. 등식의 양변을 0이 아닌 같은 수로 나누어도 등식은 성립한다"라는 것입니다. 이를 바탕으로 '이항'이라는 것을 배워 가는 중요한 내용인데, 참여자들은 이항의 '원리'는 생각하지 못했던 것입니다.

그러니 수업자의 의도대로라면 다음과 같이 나왔어야 하는 것이죠.

$x - 1,000 + 1,000 = 8,000 + 1,000$

이에 대해 참여자들은 문제의 발문이 혼란스럽다고 이야기했습니다. '갈치를 주어로 나타내라'고 한 곳이 있는데, 그 밑에서는 '민어 한 마리의 가격은~'이라든지 하는 말이 나와서 이해가 잘 안 된다는 것이었습니다. 결국 학습지는 다음과 같이 바뀌었습니다. 그 부분만 비교해 보겠습니다.

수박, 귤, 애플망고, 메론의 가격을 설명한 아주머니의 말을 문자를 사용한 식으로 나타내 보려고 한다. 이때 수박, 귤, 애플망고, 메론의 가격을 각각 a, b, c, d라 두고 식을 세워 풀어 보자(단, 등식의 성질을 이용하여 풀기).

① 수박 한 통(a)의 가격에서 2,000원을 빼면 복숭아 한 팩의 가격이다.

식 세워 풀기	등식의 성질 1

---

② 귤 한 팩(b)의 가격에서 10,000원을 더하면 복숭아 한 팩의 가격이다.

식 세워 풀기	등식의 성질 2

　1차 수업 디자인의 활동지보다 간결해졌음을 알 수 있습니다. 수업에서 항상 어려운 점은 어느 정도의 난이도를 유지할 것인지 결정하는 부분일 것입니다. 너무 쉬워도 안 되지만, 또 너무 어려워도 안 되겠지요. 그런데 특히 교사가 무엇을 묻는 것인지 분명해야 한다는 점은 틀림없는 듯합니다.

디자인 전	민어의 가격에서 1,000원을 빼면 갈치 한 마리 가격이다. ⇨ 민어 한 마리의 가격은 갈치 한 마리 가격에서 1,000원을 더하면 된다. ⇨
디자인 후	수박 한 통(a)의 가격에서 2,000원을 빼면 복숭아 한 팩의 가격이다.

　수업자는 수업 디자인 후에 아이들에게 좀 더 친숙한 '수박'으로 소재를 바꾸었다. 사실 '민어'를 아는 아이는 드물 것이다. 그리고 민어 가격과 갈치 한 마리의 가격 차이를 문자로 표현하고, 그 뒤에 어떻게 하면 등식이 유지되는지 문자로 다시 표현하면서 '등식의 성질'을 이해하기를 바랐던 것인데, 그것이 오히려 혼란을 부추길 수 있다고 판단했는지 '하나의 질문'으로 처리했다.

　이처럼 수업 디자인에서 나온 이야기를 바탕으로 교사는 자신의 수업을 학생의 입장에서 다시 한번 바라보게 된다. 수업 디자인을 통해 교사는 자신의 수업을 대체로 몇 가지 지점에서 반성한다. 이때는 너무 많은 학습의 양을 좀 줄이거나 간결하게 만들기 위해 노력하게 되며, 성취기준을 다시 보면서 이 수업의 방향이 맞는지 생각하게 되고, 마지막으로 학생들에게 친숙한 것인지, 현실의 삶과 어떻게 연계할 것인지 좀 더 고민하게 되는 것으로 보인다.

이와 같이 수업 디자인을 한 이후에 수업자는 참여한 교사들의 의견을 수용하여 내용을 일부 수정하는데, 의견의 수용 여부는 당연히 수업자의 몫이다. 이렇게 수업 디자인에 다른 교사들이 참여하고 공개수업을 참관하는 것과 수업 디자인에 참여하지 않고 공개수업을 참관하는 것은 크게 다르다. 수업 디자인이 없는 일반적인 연구수업은 참여하는 교사들이 공개수업 교사를 평가할 수밖에 없는 구조가 된다. 하지만 수업 디자인에 참여한 교사들이 공개수업을 할 때는 지난번에 의논했던 내용이 어떻게 반영되었는지도 볼 수 있고, 그 부분에서 아이들이 어떻게 반응하는지를 살펴볼 수 있다. 쉽게 말하면 '우리의 수업을 보느냐' 혹은 '그의 수업을 보느냐'의 문제이다. 동료성을 지닌 교사들이 참관하느냐, 평가자들이 참관하느냐는 수업을 하는 교사에게도 부담의 강도가 크게 다르다.

학년별 수업 디자인

교실 속 상황과의 대화, 공개수업

이제 이 수업 디자인을 바탕으로 수업을 공개한다. 이처럼 배움의공동체 학교를 만들어 가기 위해 모든 교사가 모여서 몇 가지 합의를 하고 이를 실천하고 있다.

첫째, 매주 수요일은 전문적학습공동체의 날을 운영한다. 연중 특별한 학교 행사가 있을 때를 제외하고는 매주 6교시에는 수업 디자인을 하거나 공개수업 참관 및 협의회를 진행한다.

둘째, 모든 교사가 반드시 참여한다. 수요일은 출장 등 어떤 학교 행사도 만들지 않아 모두가 참여할 수 있도록 한다.

셋째, 모든 교사가 1년에 1회 이상 공개수업을 한다. 다만 새로 전입한 교사는 배움중심 공개수업에 어려움을 겪는 경우가 많다는 의견이 있어서 전입 첫해에는 본인이 희망하면 공개수업을 제외하고 있다.

넷째, 학년별 수업 디자인도 전체 학년이 한 장소에 모여서 함께 진행한다. 학년 교무실에서 협의회를 진행하다 보면 걸려오는 전화와 각종 업무의 압박 속에 수업 협의회에 집중하기가 어렵다. 다 함께 모이는 시간이 매주 한 번씩 있다 보니 특별한 안건이 없으면 별도의 직원회를 열지 않고 이 시간에 긴급 사항들만 짧게 전달한다.

다섯째, 교실을 참관자들에게 개방한다. 1년에 네 번 한국배움의공동체 손우정 교수의 수업 컨설팅이 있는 날에는 4, 5교시 학교 전체 교사의 수업을 개방한다. 손우정 교수, 교장, 교감, 그리고 혁신부장 등이 함께 전 교실의 수업을 참관하며 학교 수업의 변화와 발전 방향을 함께 논의한다.

공개수업은 학년 공개수업과 전체 공개수업으로 나뉘는데, 전체 공개수업은 6교시 한 개 반을 도서실 등에 남겨 별도로 수업을 함께 보

2021	일시		학년별 수업 공개			수업연구회 진행자/협의록 기록자		
			1학년	2학년	3학년	1학년	2학년	3학년
1학기	3/31	수	성○○ (기가)	김○○ (영어)	정○○ (국어)	도○○ 이○○	류○○ 한○○	고○○ 손○○
	4/7	수		차○○ (수학)			성○○ 박○○	
	4/21	수	박○○ (영어)	유○○ (수학)	한○○ (과학)	도○○ 손○○	한○○ 박○○	정○○ 주○○
	6/2	수	김○○ (미술)	류○○ (국어)	김○○ (음악)	박○○ 김○○	박○○ 이○○	차○○ 연○○
	6/16	수		연○○ (기가)			성○○ 이○○	
2학기	9/1	수	이○○ (체육)	한○○ (과학)	고○○ (국어)	성○○ 박○○	이○○ 성○○	한○○ 문○○
	9/15	수		주○○ (영어)			성○○ 손○○	
	10/20	수	전○○ (사회)	이○○ (역사)	손○○ (체육)	이○○ 손○○	류○○ 성○○	연○○ 차○○
	11/24	수		도○○ (국어)			성○○ 한○○	
	12/8	수	손○○ (한문)	박○○ (체육)		박○○ 박○○	유○○ 김○○	

고 협의회를 진행한다.

수요일에 선학중은 5교시까지만 진행하고 있고, 6교시는 수업 디자인 또는 수업 공개 시간으로 운영 중이다. 6교시에는 공개수업이 있는 학급만 남고, 나머지 학생들은 동아리 활동을 한다. 이때는 외부학교 선생님들에게도 수업을 개방하여 참관할 수 있도록 한다. 공개수업을 참관하는 교사들은 특정 모둠을 정해서 모둠 내에서의 배움의 관계를 중심으로 관찰을 한다. 어느 부분에서 배움이 일어나는지, 어느 부분에서 배움이 주춤거리는지 등을 관찰하며 공개수업을 참관한다.

전체 공개수업   학년별 공개수업

그러면서 이를 통해 배운 점, 내 수업에서 고민되는 부분이 이 수업에서는 어떻게 나타나거나 해결되는지 등을 고민한다.

배움의공동체에서 배움이 있는 수업은 다음과 같은 흐름을 보인다.

결국 배움은 대화이며, 대상 세계와의 대화와 질문으로 시작해서 모둠이라는 타자와 대화를 나누고, 이는 다시 전체 공유로 이어지면서 협동과 표현이 교차되어 나타나게 된다. 그리고 이를 통해 사고를 확장하고 깊어지게 한다. 그래서 배움은 개인으로 시작해서 개인으로 끝난다고 말하는 것이다. 이제 실제 수업에서의 대화는 어떤 양상으로 나타나는지 선학중의 수학과 공개수업에 대한 관찰 내용을 소개한다.

2022년 4월 6일 6교시 3학년 1반 수학과 공개수업

[탐구 1]
건물의 높이를 알 수 있을까

수업 교사의 '그림을 보면 작년이 떠오르지 않는가, 문제를 꼼꼼히 읽고 시작하자'라는 발문과 함께 학생들의 탐구1에 대한 모둠활동이 시작되었습니다.

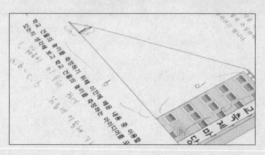

수업 디자인에서 교사들이 저마다의 경험 등을 바탕으로 다양한 방법을 생각한 것과 달리 학생들은 지난해에 배웠던 개념을 중심으로 생각했습니다. 실제 문제를 꼼꼼히 읽어 보면 '이전에 배운 내용 중 이용할 수 있는 수학 개념'이라고 명시되어 있었습니다. 수업 디자인 때는 그것이 잘 안 보였던 것이지요.

학생들은 대체로 지난해에 배웠던 '닮음'을 떠올리며 이야기를 나눴습니다.

"작년에 빗자루 들고, 길이 구해 가지고 (했었지.)"

"근데 그때는 눈부터 쟀잖아. 그러면 자기 키만큼 빼고, 선 그은 다음에 하면 되잖아."

"작년에 닮음을 이용해서 배웠잖아. 그러고는 더 없는 거 같은데? 아, 피타고라스 이용할 수 있나?"

10분 정도의 모둠활동이 끝나고 전체 공유를 시작했습니다.

역시 첫 번째 학생은 닮은비를 이용할 수 있다고 발표했고, 그 뒤를 이어서 또 다른 학생은 '피타고라스 정리'를 이용해서 할 수 있다고 발표했습니다.

"빗변의 제곱은 나머지 두 변의 제곱의 합과 같다고 배웠는데, (건물의 모서리가) 직각인지 몰라서 애매했습니다." (웃음)

모둠의 활동은 전체 공유로 이어져야 함이 여기서도 드러납니다.

피타고라스를 적용할 수 있을지 조심스러운 모둠이 있는 반면에 '틀리든 맞든' 적극적으로 그런 것까지 생각해 내는 모둠이 있습니다. 그렇기에 서로 배워 나갈 수 있는 것이라고 생각합니다.

[탐구 2]

빗변과 밑변이 이루는 한 예각의 크기가 같은 직각삼각형 세 개를 그려 보고, 발견할 수 있는 공통점을 논의하기

탐구 2의 활동이 시작되었습니다. 교사는 모둠활동 도중에 아이들이 삼각형을 그릴 수 있도록 자를 나눠 주었습니다.

"너, 뭐랑 같다는 건지 알겠니?"

"'얘랑 얘가 같으면'이라는 건가?"

"(삼각형을 그리며) 이렇게 하는 거 아냐?"

아이들은 끊임없이 서로에게 확인받고 싶어 합니다. 내가 하는 것이 맞는지를요. 방향이 어느 정도 맞는지 확인해야 그다음으로 넘어갈 힘을 얻게 되는 듯합니다.

"몇 개 그리는 거야?"

"세 개. (웃으며) 문제 안 읽어?"

성향도 달라서 문제를 읽고 활동을 하는 아이, 문제를 대충 읽고 덤비는 아이 등이 하나의 모둠을 이뤄 진행되는 것입니다.

10분여의 시간이 지나고, 전체 공유가 시작되었습니다.

교사가 한 아이를 지목하자, 아이의 눈이 뚱그레졌습니다.

"왜요?"

수업 후 수업 교사에게 확인한 바로는 평소에 발표를 잘 안 하는 아이였기 때문이라고 했습니다. '잘하는 아이'만 시키는 것이 아니라, 이런 기회에 발표를 통해 성장할 것이라는 교사의 태도가 엿보입니다.

이 아이가 포함된 모둠에서는 이등변삼각형을 그렸습니다. 또 다른 모둠에서는 일반적인 직각삼각형을 그려 발표했습니다.

"이 삼각형과 이 삼각형이 닮음이기 때문에 각이 같다고 생각했어요."

그러자 교사가 이등변삼각형은 각 45도로 같다고 볼 수 있을 텐데, 이와 같은 닮음 삼각형은 각의 크기가 같다고 얘기할 수 있는지 되물었습니다. 그리고 나서 모둠에서 다시 한번 이야기를 나누도록 했습니다.

"저것이 닮았나, 닮았다면 각의 크기가 같다고 할 수 있는지 모둠에서 논의해 보겠습니다."

 피타고라스와 기울기의 개념을 통해 증명할 수 있지 않은지, 아이들은 굉장히 조심스럽게 의논을 하기 시작했습니다.

 "두 칸 갈 때마다 한 칸 가는 거니까…. (주춤거림) 아, 평행…. 얘가 말한 것처럼 이렇게 되면 동위각 크기가 같고, 직각으로 겹치는 크기가 같고, 여기는 동위각이고, 셋이 다 닮은 거니까 닮음 조건을 충족하지."

 교사의 되돌리기 끝에 수업 디자인에서 얘기되었던 증명이 확실한 그림도 결국 나왔습니다.

 이등변삼각형의 성질을 이용해 증명한 아이들에게는 다른 모둠의 직각삼각형을 증명해 보라는 새로운 도전을 제시한 것이고, 이미 비슷한 세 개의 직각삼각형을 그린 아이들에게는 '어떻게 증명할 수 있겠느냐'는 깊이 있는 도전을 제시한 것이었습니다.

 다시 5분 정도의 모둠활동이 끝나고 전체 공유가 시작되었습니다.

 역시 위의 그림과 같이 동위각을 이용한 그림들이 발표되었습니다. 여기저기서 "그렇지." 하는 말들이 나왔습니다. 다시 한번 아이들은 '내가 한 게 맞는구나.' 하며 안심하지 않았을까요?

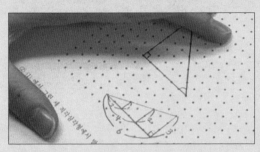

 그런 점에서 배움이라는 건 '끊임없는 두려움과의 맞섬'이라는 생각이 들었습니다.

전체 공유가 끝난 뒤, 세 직각삼각형에서 발견할 수 있는 공통점에 대한 모둠활동이 시작되었습니다.

"무조건 한 각은 90도이다."

"직각삼각형이니까 당연한 거 아냐?"

이런 말에 대해 어떻게 생각하시나요?

교사는 아이들 몇 명을 시켜 칠판에 적도록 했습니다. 그 모습을 보던 어떤 아이의 말입니다.

"아, 저런 걸 써도 되는 거구나."

당연한 것에서 배움이 있는 법임을 전체 공유에서 다시 배우는 모습입니다.

아이들이 칠판에 적은 내용은 아래와 같습니다.

기울기가 같다, 빗변과 밑면이 이루는 한 예각의 크기가 같다, 높이와 밑변의 길이의 비가 1:2이다, 직각을 제외한 두 예각의 크기가 같다, 빗변의 비가 같은지 알 수 없다.

이 과정에서 '빗변의 비가 같은지 알 수 없다'는 이야기에 대해, 한 아이가 "닮음의 조건을 충족시켰기 때문에 빗변의 비가 같다는 걸 확인할 수 있다"라는 말을 발표했습니다. 시간상 탐구활동 3까지 나아가지는 못했지만, 작은 단위의 배움과 큰 단위의 배움이 서로 긴밀히 연결되며 끝난 수업이었습니다.

배움과 성찰의 시간, 공개수업 협의회

공개수업 전 모둠별 참관표를 만들어 사전에 안내하고 공개수업 장소에도 부착하여 수업을 참관하는 선생님들의 동선이 겹치지 않도록 한다. 공개수업을 참관한 후에는 참가한 모든 선생님이 자신이 관찰한 모둠에 앉아 약 30분 정도 협의회를 진행한다. 협의회의 주요 내용은 학생의 배움에 있다. 학생들이 어디에서 어려움을 겪었고 그 어려움을 해결하기 위해 어떻게 협력했는지, 교사는 '연결짓기', '되돌리기' 등을 어떻게 활용하여 학생들의 배움을 돕고 있는지, 모둠 내의 대화는 잘 이루어지고 있는지, 배움으로부터 소외되는 학생은 없는지, 교사의 수업 의도는 학생들에게 잘 전달이 되었는지 등 본인이 배운 내용을 관찰한 사실에 근거하여 이야기 나눌 수 있도록 한다.

모둠별 협의회를 마치면 다시 30분 정도 전체 공유를 통해 다른 모둠에서 나눈 이야기를 공유하는 시간을 갖는다. 이 시간을 통해 수업에 참관한 교사들은 자신이 관찰한 모둠 이외에 교실 전체에서 어떤 배움이 일어났는지를 알게 된다. 또한 내 수업에서 고민되는 부분이 이 수업에서는 어떻게 나타나거나 해결되는지 등을 성찰하게 된다. 수업 참관을 통해 부단히 자신을 성찰하여 자신의 배움으로 가져가는 시간을 얻게 되는 것이다.

전체 공유가 끝나면 손우정 교수님이 공개수업 전 2시간 동안 각 교실 수업을 참관하면서 알게 된 내용을 중심으로 학교 전체 교실의 수업을 진단하고 발전 방향을 제시한다. 더불어 공개수업에 대한 전반적인 컨설팅이 이루어진다. 우리의 눈으로는 잘 보지 못했던 학교 수업 개선의 방향이나 내용에 대해 컨설팅을 통해 들려주신다. 학교 밖 외부인을 통한 수업 컨설팅의 의미가 바로 여기에 있다. 교수님이 수업 관찰로 나타난 문제점이나 개선점을 제안하면 학교 단위에서 이를 개선하기 위해 노력하고 있다. 때론 따끔한 충고도 해 주신다. 이 모든 것이 학생들의 배움과 교사들의 수업 혁신을 위한 것이기에 기꺼이 수용하고 개선하기 위해 노력하며 교사들도 배우는 전문가로 조금씩 함께 성장하고 있다.

배움의공동체에서의 공개수업은 일반적인 연구수업과 다르다. 연구수업은 이미 짜인 시나리오에 따라 진행되어 형식적으로 흐르는 경향이 강하다. 그래서 배공에서는 수업자와 참관자 모두의 성장이 이뤄지게 하는 공개수업 협의회를 매우 중시한다.

	연구수업	배공 공개수업
사전 결재	있음	없음
공개수업 계획서	비교적 길고 형식적이다	차시 계획과 활동지로만 구성
수업 디자인 모임	없음	있음
참관 방법	교실 뒤에 앉아서 참관함	정해진 모둠 옆에서 관찰
주요 관찰 내용	교사의 발문, 태도 등 교사 중심	학생들의 배움 등 중심
평가 방법	체크리스트 중심으로 교사의 장단점 평가	참관자의 배움을 중심으로 논의할 것을 강조
자발성	낮음	높음
비유	'그'의 수업	'우리'의 수업

공개수업 협의회

수업 컨설팅을 하는 손우정 교수

배움과 성찰의 기록, 공개수업 협의록 작성

공개수업은 모두 촬영한다. 이후 협의회를 통해서 다시 임상을 하면서 배울 기회를 마련한다. 같은 수업이라도 볼 때마다 전에는 볼 수 없었던 새로운 사실을 발견하고 배울 수 있기 때문이다. 또한 협의회 진행 시에는 반드시 진행자와 협의록 기록자를 정하여 수업이 끝나면 바로 협의회를 진행할 수 있도록 한다. 협의회의 기록들은 1년 단위로 모아서 해마다 자료집의 형태로 제작하여 선생님들에게 제공하고 있다. 이 자료집에는 1차 수업 디자인과 최종 수업 디자인, 수업 활동지, 수업 장면 사진, 협의 내용을 담아서 제작하고 있다.

협동적 탐구가 일어나는 배움의공동체 학교 만들기
[지속가능한 수업 성장]

모두의 성장과 배움을 위한 노력

배공은 협동적인 탐구를 매우 중시한다. 그 과정에서 대화를 통해 배움이 깊어지는데, 이때 사물(대상 세계)과 대화하고, 타자(친구)와 대화하고, 자기 자신과의 대화를 통해 배움이 실현된다고 한다. 이 과정에서 교사의 언어는 대화를 촉진시키는 역할을 한다.

수업 과정에서 교사의 언어는 크게 두 가지로 나뉜다.

먼저 연결짓기는 학생과 학생, 학생과 사물을 연결하는 역할을 한다.

"○○야, A는 주인공의 잘못을 인정할 수 없다는데, 이 생각을 어떻게 봐?"

"얘들아, 지금 전통의 중요성을 다들 이야기하고 있는데, 앞에서 배운 문화적 상대주의와 관련 지어 생각한다면 어떻게 얘기할 수 있을까?"

연결짓기는 배움의 확장이다. 내가 알고 있던 것을 타자와 연결지어 생각하게 함으로써 배움을 더 크게 가져갈 수 있다는 이야기다. 하지만 연결짓기는 그리 쉽게 이뤄지지 않는다. 교사의 부단한 노력으로만 가능한 것이다.

1. 연결짓기를 통한 배움의 확장

[사례] 최승호의 「북어」라는 시를 배우는 국어 시간

"선생님, '말의 변비증'에 나오는 변비증이 뭐예요?"
교사는 직접 대답하는 대신 모둠 내의 다른 학생에게 연결시켰다.
"○○아, 변비증이 뭐지?"
"똥이 안 나오는 거죠."
교사는 그렇게만 연결을 시킨 뒤 다른 모둠으로 이동했는데, 잠시 뒤 교사는 반성했다. 교사는 처음의 그 학생에게 다시 물었어야 했다. 그러면 '말의 변비증'의 의미가 뭐지? 아마 학생이 변비증만 물었기 때문에 그냥 넘어간 것이지만 조금만 주의를 기울여 '말의 변비증'으로 배움을 확장시켜야 했던 것이다.

다음으로 되돌리기. 되돌리기는 학생들이 배움의 과정에서 주춤거릴 때 교사가 다시 그 문제의 본질을 짚어 주고, 이에 대해 학생들이 다시 생각해 볼 수 있게 하는 활동이다.

2. 되돌리기를 통한 배움의 심화

[사례] 최승호의 「북어」라는 시를 배우는 같은 국어 시간

당시 미얀마의 군사독재와 민간인 학살이 일어났기에 학생들이 시에 나오는 북어의 의미를 미얀마나 광주의 사건 속에서 이해하길 바라는 마음으로 북어에 해당하는 사람들은 누구인지를 묻는 학습 활동을 계획했다. 이에 대해 모둠활동과 전체 공유를 통해 북어는 '어떤 상황에 침묵하는 사람들'이라고 잘 정리되고 있었는데, 한 학생이 북어는 '시위하다가 쓰러진 사람'이라고 했다. 비판의 대상이 된 북어를 '자유를 부르짖다가 쓰러진' 인물로 잘못 파악한 것이었다. 아마 그 아이는 죽게 되어 아무런 말도 못 하니 북어가 된 게 아니냐고 생각했을 것이다.

시의 의미를 잘 파악하다가 다른 곳으로 흘러가는 아이들을 보고, 교사는 당황한 나머지 학생들에게 계속 발문을 하며 다시 생각해 보게 했다. 하지만 이때는 '되돌리기'를 통해 다시 모둠의 논의 과제로 돌렸어야 한다. '되돌리기'는 학생들이 배움의 과정에서 주춤거릴 때 교사가 다시 그 문제의 본질을 짚어 주고, 이에 대해 학생들이 모둠에서 다시 생각해 볼 수 있게 하는 활동이다. "들었지? ○○가 북어는 시위를 하다 쓰러진 사람이라고 하는데, 다들 어려워서인지 별말이 없구나. 모둠에서 이것만 논의해서 다시 얘기합시다. 북어는 시위를 하는 사람인가요, 아닌가요? 자, 다시 모둠에서 의논해 보세요."

협력적인 수업에서 교사의 가장 큰 문제는 무엇일까? 여러 해에 걸쳐 공개수업을 참관한 경험으로 볼 때, 교사들의 연결짓기, 되돌리기가 잘 안 되는 편이다. 연차가 오래된 사람일수록 아이들에게 정답을 빨리 말해 주고 싶어 하고, 그것이 효율적이라고 생각한다. 다양한 사고의 과정을 중요시하는 현대 사회에서 '정답'이라는 말도 어색하지만, 배움의 주체는 학생이라는 점을 고려한다면 '효율성'이라는 이름이 설자리를 줄여 가야 하지 않을까? 더군다나 '정답'이라는 말을 교사가 입 밖에 쉽게 내뱉다 보면 아이들은 사고의 과정을 중요하게 생각하지 못하고 정답만 확인하고 배움을 중단하는 모습을 보이곤 한다. 그래서 우리는 수업에서 지켜야 할 교사의 역할에 대한 선학중 안내 사항을 곰곰 되새겨 볼 필요가 있다.

모두의 성장과 배움을 위한 수업 안내문

1. 선학중은 전 교실이 'ㄷ' 자 모양입니다. 이는 모둠활동과 전체 공유 활동을 원활하게 하기 위함이니, 가급적 이 모양을 유지한 상태에서 수업 진행을 부탁드립니다. 모둠원은 4명일 때 가장 좋습니다. 그 이상이면 양 끝에 앉은 학생들은 소통에 어려움을 겪을 수밖에 없습니다. 그리고 4명일 때 다시 'ㄷ' 자로 자리를 돌려 모둠에서 의논한 얘기를 공유하기 좋습니다. 4명 이상이면 책상을 쉽게 돌리기도 어렵습니다.

2. 다음은 모둠활동에 관한 것입니다.
① 모둠 간 경쟁이 있을 경우, 모둠에서 배움이 느린 아이들은 '공격의 대상'이 되기 좋습니다. 모둠 내의 비교와 경쟁은 최대한 주의하여 진행해야 하며, 가급적 지양해 주십시오.
② 모둠원들에게 역할을 주는 경우가 있습니다. 이때 역할이 고정되는 측면이 있으니 주의해야 합니다. 발표자도 모둠 내에서 결정할 수 있으나 특정 학생만 발표하지 않도록 유의해야 합니다. 침묵하는 다수의 아이에게도 고르게 기회를 제공해야 합니다. "발표해 볼 사람?"이라고 묻는 것도 필요하지만, "○○, 얘기해 줄 수 있을까요?"라고 묻는 것도 필요합니다. 그래야 용기가 나지 않는 학생도 발표할 수 있게 됩니다.
③ 초콜릿이나 간식을 보상으로 줄 경우, 단기적으로는 활발해질 수 있으나 이런 일이 지속되면 더 큰 보상을 요구하는 등 부정적인 모습이 나타날

수 있으니 제한적으로 사용하는 게 좋습니다.

④ 모둠활동의 경우에도 가급적 학생에게 개별로 활동지를 제공하는 것이 좋습니다. 의논은 모둠 단위로 하되 결국에는 내 생각을 정리해야 합니다. 자신의 의견을 정리할 때 성장하는 법이니까요. 모둠의 의견을 통일해야 할 때도 마찬가지입니다. 모둠 내에서 충분히 의논하되, 자기 생각을 말하는 것이 기본입니다. 물론 친구의 의견을 그대로 얘기할 때도 있겠지만, 그건 친구의 생각이 좋다고 생각한 그 학생의 판단입니다.

⑤ 아이들이 질문을 할 때는 곧바로 교사의 생각을 얘기해 주기보다는 모둠 내, 또는 전체 공유 속에서 생각을 끌어낼 수 있도록 해 주십시오. 그래야 아이들이 서로 배워 가는 관계로 성장할 것입니다.

⑥ 수업 계획 단계에서부터 모둠활동을 전제로 수업을 디자인해 주십시오.

⑦ 모둠활동은 70%쯤 끝났을 때 전체 공유의 시간으로 전환해 주십시오. 모든 모둠을 기다리게 되면 먼저 끝난 모둠은 너무 오래 기다려야 합니다.

⑧ 모둠활동이 시작되면 교사의 말을 가급적 줄여 모둠활동이 충분히 이뤄지도록 하는 것이 좋습니다.

⑨ 활동이 잘 안 이뤄지는 모둠이나, 특별한 도움이 필요한 학생을 먼저 살펴 주세요. 모둠활동이 잘 안 이뤄지는 곳에서는 대화를 이끌어 주셔도 좋습니다. 필요할 경우 학년협의회에 특정 모둠의 상태에 대해 안건으로 올려 주세요.

⑩ 잘하는 학생 혼자 해결해 나가지 않도록, 두 번째 활동지가 있다면 나중에 주거나 활동지의 발문 일부분을 생략하는 방식 등으로 모두의 배움에 큰 차이가 일어나지 않도록 디자인해 주십시오.

3. 교사가 자주 하면 좋은 말

① "잘했어"라는 말보다는 "말해 줘서 고마워", "앞부분이 굉장히 인상적이었어" 등 구체적으로 얘기해 주면 좋습니다.

② "모둠에서 아직 안 한 사람이 먼저 해 줄래?"

③ "조용히 해"보다는 "○○의 이야기에 경청해 줄래?"

④ "괜찮아. 조금 늦었지만 지금이라도 생각 난 걸 얘기해 줄래?"

⑤ "틀려도 괜찮아. 친구들에게 생각할 기회를 주고, 발표할 용기라는 선물을 주는 것이기도 하니까 말이야."

⑥ "○○이의 생각에 대해 ○○이는 어떤 생각이 들었어?" (아이들의 생각을 서로 연결해 주세요)

⑦ "이 부분이 어렵구나. 이 부분에 대해 앞에서 배운 내용과 관련지어 생각해 보면 어떨까? 다시 한번 모둠에서 논의해 볼까?" (아이들이 주춤거릴 때 되돌려 주세요)

모둠활동이 시작되면 모둠활동을 가장 방해하는 사람은 수업을 하는 교사다. 교사는 대체로 기다리지 못한다. 모둠활동을 꼭 끊어야 할 지점이라면 과감하게 중단시켜야겠지만, 대체로 불필요한 개입이 많다는 것이 오랫동안 수업을 관찰한 교사들의 공통된 의견이다.

수업 협의회를 통해 배운 점

수업 협의회는 각 모둠에서 관찰한 교사들의 배움을 서로 나누는 자리이다. 이때야말로 교사로서의 전문성이 가장 발현되는 시간이다. 이것을 통해 교사는 전문가로 성장한다. 앞에서 말한 것처럼 이번 수업을 통한 각자의 배움을 중심으로 나눔을 펼쳐야 함을 강조하지만, '평가 지향 사회'에 살던 우리는 그런 면을 벗어나기가 힘들다. 이번 시간의 배움에 대해 얘기하라는 것을 수업자에 대한 칭찬만 하라는 것으로 오해할 수 있지만, 공개수업을 통해 내 수업의 어려움이 이 수업에서는 어떻게 해결되었는지, 또는 어떤 모습으로 나타났는지, 내가 관찰한 학생의 배움은 어떠했는지 등에 대해 이야기를 해야 한다. 이런 것을 여러 차례 강조해야 수업자나 참관자 모두 불필요한 오해를 줄이고 수업의 문제에 집중할 수 있다. 다음은 선학중 교사들의 의미 있는 수업 참관의 배움을 정리한 내용이다. 참관한 교사들이 공개수업에서 배운 내용을 읽을 수 있어 옮긴다.

수업 참관 교사들이 공개수업에서 배운 점
• 수연이는 영어 문장 표현을 잘 못해, 문장 표현 대신 그림으로 하나하나 친구의 특징을 표현하다 보니, 학습 진행이 더디었습니다. 그러나 중

간에 포기하지 않고 끝까지 잘 해냈고요, 해석이가 발표한다고 손 들었을 때, 수연이는 자기를 소개하는 발표라 내심 좋아하는 모습이 보기 좋았습니다.

• 수학 수업이랑 크게 다르다고 생각했습니다. 수학 시간에 보이는 학생들의 적극성이 반대더라고요. 수학 시간에 조용한 친구들은 문제를 거의 못 맞히는데, 이 학생들이 국어 시간에 적극적으로 활동하는 것을 볼 수 있었습니다. 학생들의 새로운 모습을 발견했습니다.

• 혜연이는 주로 '이게 뭐야?' 등으로 질문하고, 상진이가 대답. 지민이는 수업을 대체로 파악한 상태였어요. 창호는 활동 1에서 제대로 된 답을 썼습니다. '나 전달 대화법'에서 "네가 혼날까 봐 그랬구나"라고 썼는데, 아무도 창호의 것을 보지 않았습니다. 창호가 궁금한 것을 조용히 물어보는데, 다른 아이들이 대답을 안 하니까 소통이 안 되고, 질문도 못 하게 되었어요. 자기가 모르는 걸 들키고 싶지 않은 거죠. 배움을 방해하는 것은 두려움이라는 걸 깨달았고, 그래서 관계의 편안함이 중요하겠다는 생각이 들었습니다.

• 수완, 수현, 태희, 종찬 모둠을 관찰했습니다. 배움과제 1, 2에서 아이들 간 상호작용보다는 한 아이가 적은 답을 베끼는 식으로 진행되었는데, 종찬이가 수학 시간과 달리 활동지를 완성하는 모습을 보여 주어서 과목별로 아이들이 이렇게 다르구나 생각했습니다. 캠코더를 의식하고 손가락으로 계속 V 자를 보이던 종찬이가 배움과제 3에서 창의적인 아이디어를 적극적으로 개진하는 모습이 돋보였고, 주제와 방법의 차이가 있을 때 수업에 집중하지 못하던 아이가 달라질 수 있다는 점을 알게 된 것 같습니다. 수완이는 수학 시간에는 말이 없었으나 사회 시간에는 활발히 토론에 참여했고, 배움과제 3에서 수완이가 낙하산에 관해 이야기할 때 말이 느리고 더듬거리기도 했지만, 끝까지 의견을 전달하려 노력했고 여학생들이 계속 받아들이지 않았을 때 종찬이가 일리가 있다고 지지해 주었습니다. 종찬이가 낙하산은 말아서 보관할 수 있고 이불로도 사용할 수 있을 것 같다고 이야기하자 여학생들이 인정하게 되었습니다. 나중에 공유 시간에 낙하산이 있는 것을 발견하고 수완이와 종찬이가 환호하고 배움의 기쁨을 만끽하는 모습을 보면서, 누구든 의견을 제시했을 때 지지를 받는다는 것이 매우 중요하며 교사의 지지에 아이가 힘을 얻을 수도 있겠다고 생각했습니다.

교사들은 협의회에서 이루어진 다른 교사들의 배움을 통해 수업을 바라보는 철학과 방법 등을 얻으며 스스로 수업의 전문가로 성장하게 된다. 그런 점에서 수업 공개 자체보다 수업을 바라본 참관자를 통해 자신의 수업을 성찰하는 것이 더 중요한 게 아닐까 생각할 정도로, 공개수업 이후의 수업 협의 시간은 매우 소중한 배움의 시간이다.

지속가능한 연수 실천

수업 디자인이나 수업 공개 외에도 혁신학교를 지속적으로 성장, 발전시키는 데 꼭 필요한 것 중 하나가 교사 연수이다. 그런데 교사로서 의무적으로 받아야 하는 연수만으로도 수업 연구와 생활지도에 필요한 시간을 확보하는 것이 불가능할 정도다. 그나마 최근에는 온라인 연수가 활성화되어 학교 일과 이외의 시간을 이용해서도 연수를 들을 수 있어 다행이다. 이런 현실 속에서 수업과 생활교육에 필요하다고 판단하여 연수 준비를 한다 해도 선생님들이 달가워하지 않는 것은 당연한 일이다.

혁신학교를 시작하면서 수업 혁신을 통해 학교 혁신을 만들어 보자는 의지는 있었지만 어떤 연수를 어떻게 만들고 참여시키는가 하는 일은 쉽지 않았다. 바쁜 학교생활에서 안정적이면서도 지속적인 연수를 만들 수 있는 시간은 언제일까. 이것을 고민하다가 방학 전 시험문제를 출제하고 방학을 할 때까지, 그리고 방학을 시작하고 2~3일을 주요 연수 시간으로 활용했다.

연수 진행 시간이 방과후와 방학인 점을 고려하여 두 가지 원칙을 정했다.

첫째는 희망자에 한해서 실시한다. 어떠한 연수도 자발적이지 않으면 참여 자체가 부담이 되고 강사나 함께 연수를 듣는 선생님들의 힘을 뺄 수 있기 때문이다.

둘째, 학기 중 연수는 일과 시간 내에 진행한다. 간혹 길어져 연수 시간이 일과 시간을 넘길 때는 잠시 휴식하면서 바쁜 선생님은 퇴근할 수 있도록 안내한 후 희망자만 남아서 연수를 계속했다. 불가피한 약속이나 어린 자녀를 둔 선생님에 대한 배려이기도 했지만 자발성을 바탕으로 한 연수 진행을 원칙으로 삼았기 때문이다. 그리고 연수는 가급적 직무연수로 만들어 운영했다. 직무연수로 운영하면 연간 선생님들의 기본 연수 이수 시간을 채우는 데도 도움이 되고, 직무연수라는 책무성에 연수 시간을 더 철저히 지키는 효과가 있다.

연수의 내용도 크게 수업 혁신과 생활교육 두 가지를 중심으로 진행했다. 수업 혁신은 주로 배움의공동체 수업에 대한 현장 경험이 많은 전국의 혁신학교 교사를 강사로 초빙하여 교과별 전문성 신장에 실질적인 도움을 주기 위해서였다. 교과별 배움의공동체 연수는 우리 학교뿐만 아니라 인근 학교 선생님들에게도 개방하여 함께 함께 들을 수 있도록 안내했다. 홍보는 주로 매달 열리는 배움의공동체 월례회를 통해서 했다. 지금 생각해 보면 타 시도에서 먼 길 마다하지 않고 달려와 함께해 주신 배움의공동체 선생님들이 계시기에 가능했던 연수였다. 이 기회에 선생님들께 다시 한번 감사의 인사를 전한다.

배공 연수 1

배공 연수 2

배움의공동체 8년, 우리는 무엇을 얻었는가?

21세기는 창의적이면서도 협동할 줄 아는 인재를 원한다. 기업에서도 혼자가 아니라 팀 단위로 일을 한다. 기업의 인재 채용에서도 이제 개인의 능력보다 얼마나 협동할 줄 아느냐가 더 중요한 기준이 되었다. 배움의공동체는 4명이 모둠으로 서로 묻고 협력하고 표현하며 배우는 수업을 진행한다. 선생님은 학생들의 모둠활동에 귀 기울이고, 문제 해결에 어려움을 느낄 때는 연결짓기와 되돌리기를 통해서 스스로 해결할 수 있도록 도움을 준다. 학생들이 수업 속에서 창의력과 서로 돕고 협력하는 능력을 자연스럽게 향상시킬 수 있으리라 믿는다.

전교생이 강당에 모여 전체 모임을 진행할 때 모둠별 토의를 진행하면 1학년이 가장 소란스럽고, 3학년이 가장 조용한 가운데 진지하게 논의를 진행한다. 기존에 근무했던 경험으로 보면 전교생이 모이는 자리에서는 저학년은 고학년 눈치를 보느라 상대적으로 조용한데, 우리 학교는 반대의 모습을 보인다. 또한 선생님들의 수업 만족도도 학년이 올라갈수록 높게 나온다. 외부에서 강의를 오는 분들도 똑같이 느꼈다는 이야기를 종종 듣는다. 학생과 학부모의 학교 만족도나 각종 교육활동 참여도 학년이 올라갈수록 높게 나온다. 1학년 때부터 경청하는 방법을 익히고 모둠 수업을 꾸준히 진행하면서 배운 학생들의 긍정적인 변화가 만들어 낸 결과일 것이다.

수업할 때면 1학년은 서로 이야기하는 것이 어색해서 말을 잘 안 하는 학생, 친구의 이야기는 잘 들으려 하지 않고 자기주장만 큰 소리로 이야기는 학생이 많다. 2학년은 마주 보고 앉은 친구와 수업과 관련 없는 이야기를 하며 연신 웃고 수업에 집중하지 못하는 학생들로 교실이 어수선하기도 하다. 그런데 3학년이 되면 중2병을 앓던 친구들도 언제 그랬냐는 듯 모둠 수업이 원활하게 이루어진다. 학교의 모든 교사가 협력하여 배움의공동체 수업을 실천하면서 아이들이 변화하는 모습이 진정한 학교의 변화란 생각을 하게 된다.

변화와 성장을 이룬 것은 학생만이 아니다. 한 해를 평가하는 자리에서 선생님들에게 가장 보람 있었던 일을 물어보니, 많은 선생님이 전문적학습공동체 활동을 꾸준히 해 왔던 것이라고 대답했다. 일주일에 한 번씩 모여서 함께 수업을 디자인하고, 수업을 참관하고, 학생들이 어떻게 배우는지에 대해 의견을 나누며 가르칠 때 교사로서의 정체성을 찾아갈 수 있었다고 한다.

학년말 교육과정 평가에서 나온 선생님들의 이야기

- 매시간 수업에 대해 고민하지만, 내가 생각하는 것들은 정해져 있거나 한계가 있기에 늘 고만고만한 수업에 스스로 질리기도 하고, 아이들도 그렇게 느끼는 것 같아 지치기도 했어요.
  다른 선생님들과 공유하고 싶어도, 수업에 대해서는 자존심 문제이기도 하고, 자신 없기도 해서 공개를 꺼리니까 한계가 있었지요.
  이제 함께 수업을 나누면서, 수업을 즐겁게 하면서, 유익하게 배워 나갈 아이들을 생각하며 행복합니다. 그 수업이 성공하는 것을 보면 함께 뿌듯했고요. 내 수업이 공개될 때 스스로 부족함에 작아지기도 하고 부담감에 힘들기도 하겠지만, 내 수업이 재밌어지고 모두에게 배움이 일어날 것을 기대하며 용기 내어 보려고요. 저는 범교과 수업 동아리가 우리 학교에 있어 행복합니다.

- 영어 교사로서 그동안 학생들이 영어로 생각하고, 듣고, 말하고, 글을 쓸 수 있게 지도하고 도와줘야 한다는 생각에 초점을 맞추었다. 그런데 수업을 디자인할 때부터 다른 교과 선생님들의 조언을 듣고 학생들의 관계나 정서적인 면을 배려할 수 있었다. 특히 수업자가 보지 못한 학생들이 서로 배려하는 모습, 느리고 많이 부족한 친구를 돕는 모습 등 세심하게 여러 가지 면에서 수업을 관찰한 여러 선생님의 소중한 의견이 정말 감사하고, 수업을 더 열심히 잘해야겠다는 책임감을 느끼게 되었다.
  학생들도 수업 전에는 공개수업의 부담감이 있었을 텐데, 끝나고 나서 여러 교과 선생님과 담임선생님의 격려와 칭찬에 뿌듯해하고 만족스러워하는 모습을 보니 행복하다. 학생들 역시 평소의 수업 분위기보다 더 집중하고 자신들의 다른 모습을 보여 주었던 기회를 소중히 간직할 것이다.

• 이번 공개수업에서 얻은 가장 큰 수확은 공개수업의 대상이 절대적으로 학생들이란 점이다. 교사의 발문이나 태도, 수업의 내용, 시간 등의 형식에 초점을 맞춘 게 아니어서 수업할 때나 끝나고 협의회를 할 때도 교사들이 마치 공동으로 수업을 한 듯한 공동체 의식을 느끼게 되었고, 경쟁심을 유발하거나 유치한 지적과 평가를 받는 것이 아니어서 다행이라고 생각된다.

올해로 8년째 학교 단위의 배움의공동체 철학을 기반으로, 수업 혁신을 중심으로 한 혁신학교를 만들기 위해 노력하고 있다. 학생들에게 더 많은 배움이 일어나는 수업을 만들기 위해 지금도 여러 사람이 협력하고 노력을 기울이고 있다. 그 길 위에서 가장 큰 수혜를 입는 것은 교사들이다. 많은 교사가 수업을 화두에 올리고 수업의 어려움을 동료와 함께 나누기를 바란다. 각자 알아서 수업해야 하는 학교가 당장은 편할 것 같지만 이제 아이들도 변했고, 시대도 변했다. 모든 학교가 함께 학교 혁신의 중심에서 수업을 연구하는 문화를 꽃피우길 바란다.

역사의 물결 위에 출렁거리는 문학의 나룻배

[교과통합 : 뮤지컬 수업]

현대 역사와 문학의 만남

"한국사를 배울 때 5·18에 대한 내용을 되게 감명 깊게 배웠고, 이런 역사가 우리나라에 있다는 것이 가슴 아팠다. 그런데 이 5·18 역사를 국어 시간에 대본으로 써서 시민군 버스로 표현한 게 새로웠다. 그렇지만 역시 대본을 쓰는 것과 자료를 찾아 그에 맞게 수정하는 게 힘들었다. 조연의 역할과 해설을 맡아 최선을 다했다. 새롭고 의미 있는 경험이었다."

어느 학생이 쓴 국어와 역사 교과통합 활동 소감이다. 국어와 역사 수업이 만나는 활동을 한 학생은 만족스러워했지만, 교과통합에 대해 부정적으로 생각하는 교사도 있다. 자신의 교과 수업만으로도 버거운데, 다른 교과와 함께 무엇을 하는 게 힘들고, 또 어떻게 해야 할지도 모르겠다는 반응이 많다. 어떤 면에서는 수긍이 간다. 그러니 처음부터 너무 무리하지 않게 계획을 세워야 한다. 자신의 교과 수업의 깊이를 추구하는 길 위에서 다른 교과와의 통합수업을 추구해야 한다. 그렇지 않으면 깊이 없는 수업이 되는 경우가 종종 있다. 특히 중등에서의 교과통합 수업에 깊이가 없거나 교과의 본질에서 벗어난 경우가 많아서, 교과통합에 관한 사례 제시는 조심스럽다.

먼저 역사 수업은 수업할 내용이 많다. 1학기에 조선과 근현대 역사를 모두 배우고, 2학기에는 세계사를 전부 배워야 하는 식이다. 그렇다 보니 역사에 대해 음미할 겨를이 없다. 아울러 국어에는 시대적·사회적 배경이 문학 작품 속에서 어떤 역할을 하는지 감상하는 성취수준이 빠짐없이 담겨 있다. 지난 2월 교내 교육과정 워크숍에서 역사 교사와 국어 교사가 항일운동가 내지 일제 강점기 지식인의 삶이 담긴 이야기를 연극으로 만들기로 합의했다. 그런데 역사과 1학기 후반부에야 근현대사를 배우기 때문에 기말고사를 앞두고 국어과에서 연극 만들기 수행평가를 할 수는 없으므로, 2학기로 옮겨 진행해야 했다.

역사와 국어, 독서활동으로 만나다

모둠을 구성하여 현대사의 인물이나 사건 중에서 관심 있는 주제를 고르게 했다. 훌륭한 사람으로 꼽히는 인물을 고른 학생이 많았고, 문제적 인물이나 논란의 여지가 있는 인물을 선정한 학생도 있었다. 비슷한 주제가 나오지 않도록 교사는 조정하는 역할만 했다. 주제가 결정된 다음에는 도서관 사서 교사에게 각 학급에서 고른 주제를 알리고, 관련 도서에 대한 대출을 중지할 것을 부탁했다. 그리고 매주 1회씩 도서관에서 주제 독서활동을 진행하겠으니 관련 도서만 따로 모아 한쪽에 전시해 달라고 요청했다. 첫 주 독서 시간에 학생들에게 "여러분의 주제에 맞는 책들을 여기에 모아 두었다. 이 책들을 읽은 뒤에 독서 평가를 할 것이고, 공연을 할 것"이라고 예고했다. 학생들은 공연, 뮤지컬이라는 말에 한숨을 내쉬었다. 하지만 금세 자기가 속한 모둠 주제에 맞는 책을 여러 권 가져와서 모둠 친구들과 함께 읽기 시작했다. 늘 그렇듯이 교실 수업 시간에 책을 읽는 시간은 평화롭고 행복하다.

역사와 문학의 만남 −근현대 역사를 대본으로 쓰기 모둠별 주제		
	모둠원	주제(인물)
1반	성예주	박정희
	손은지	4·19
	최귀용	6·25
	고현민	위안부
	이가은	전두환
	문지원	5·18
2반	정승아	5·18
	이수민	안중근
	김태호	4·3
	박수연	위안부
	김정민	6·25
	천기쁨	김구

학생들이 모둠별로 고른 주제 사서 교사가 주제별 도서를 전시한 모습

한 달 넘게 매주 1시간씩 꼬박 5시간을 읽었고, 그다음에 독서 평가를 했다.

"여러분이 고른 인물 또는 사건이 가장 잘 드러나는 '어느 날의 일기'를 쓰십시오."

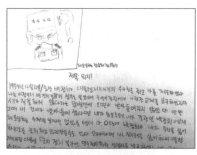

정승화 육군참모총장의
이등병 강등을 다룬 일기

5·18의 어느 날,
친구의 죽음을 목격한 사람의 일기

연극이나 뮤지컬과 같은 공연 장르는 소설과 달라서 장면이 구체적으로 형상화되어야 한다. 그래서 장면이 잘 드러날 수 있도록 특정한 날의 모습을 일기로 쓰게 한 것이다.

일기와 대본으로 역사를 재조명하다

역사를 배우고, 그 역사를 눈앞에서 벌어진 일처럼 다루어 보는 것은 깊이 있게 역사를 배우는 출발점이 될 것이다. 학생들은 마치 사건을 직접 본 것처럼 '그날의 일기'를 써 내려갔다. 이것이 단순히 평가의 영향 때문이라고는 생각하지 않는다. 책들을 읽으면서 '그 문제에 대한 전문가'로 우뚝 서야 한다고 강조한 담당 선생님, 동시에 그런 책들을 잘 골라준 사서 교사를 비롯한 주변의 많은 선생님의 도움 때문이었다고 생각한다. 또한 그들이 고른 주제는 아직 곳곳에서 현재 진행 중인 사건이기 때문이고, 그만큼 책임 있게 다뤄야 하는 주제이다.

학생들 모두 일기를 쓴 뒤에 그중에서 가장 다루어 보고 싶은 일기를 뽑았다. 그 일기를 바탕으로 이야기를 써 보게 했다. 한 사람의 주도로 이야기가 흘러가지 않도록 해야 모두가 적극적으로 참여할 것이라고 생각했다. 먼저 모든 학생에게 포스트잇을 세 장씩 주고 다음과 같이 안내했다.

"자, 이제 여러분이 고른 일기를 바탕으로 뮤지컬을 만들 거예요. 포스트잇 첫 장에는 이 연극의 첫 장면에 나왔으면 하는 내용을 쓰세요. 예를 들어 왕이 죽어 왕비가 슬퍼하는 장례식을 첫 장면으로 했다면, 그다음에 어떤 일이 일어났는지, 또는 왜 일어났는지 두 번째 장면을 쓰고, 이 연극의 마무리는 어떻게 했으면 좋겠는지를 마지막 포스트잇에 쓰면 됩니다. 물론 꼭 시간순으로 써야 하는 건 아니에요. 다 됐으면 나눠 드린 A4 용지에 처음, 중간, 끝의 순서로 붙이세요. 그 다음에는 모둠별로 의논해서 가장 적절한 세 장의 포스트잇에 별표를 하세요. 꼭 같은 사람의 포스트잇만을 선택할 수 있는 건 아니라는 것, 선택되지 않은 이야기도 나중에 어느 장면에 포함시킬 수 있다는 것을 염두에 두세요. 자, 그럼 시작합시다."

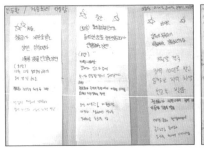 

전두환과 정승화의 충돌을 중심으로
이야기 재구성

4·19 시위에 참여한 김주열의 죽음을
목격한 친구의 이야기를 중심으로 재구성

포스트잇에 쓰인 내용을 보고 학생들이 만든 이야기를 바탕으로 대본을 작성하게 했다. 중학교 3학년 기말고사를 약 2~3주 앞둔 때라 마음이 조급해졌다. 대본을 작성하고, 공연 연습을 시키면 동료 교사와 학부모의 원성이 들려올 것이다. 또 아이들의 시험공부를 방해하게 될 것이 분명하니, 대본에 집중하고 간단한 연습을 거쳐 입체낭독을 하는 것으로 만족해야 했다. 3학년 기말고사 이후의 학업전환기에 대본을 좀 더 다듬고 연습해서 뮤지컬 공연을 하는 것으로 계획을 수정했다. 어쨌든 학생들의 대본 작업이 원활하게 이뤄지도록 아주 구체적인 예시 대본을 제시했다.

우선, 학생들에게 인물이 처음 등장할 때 간단하게 자기소개를 할 것을 강조했다. 이것은 연극 상연을 염두에 두고 요구한 것이다. 분장이나 의상, 연기력이 부족한 '학생-출연자'가 '서자로 태어나 호부호형을 못하니 마음이 터질 것만 같은 홍길동'이라고 소개하고 연기를 이어 가야 관객들이 좀 더 빨리 이해하고, 연극에 몰입할 수 있기 때문이다. 그리고 장면에 어울리는 사진을 프레젠테이션으로 띄워 발표하라고도 말했다. 4·3 사건을 주제로 고른 모둠에서는 제주의 들녘 사진을, 안중근을 선택한 모둠에서는 재판정의 모습을 찍은 사진을 준비하여 화면에 띄우고 공연을 했다. 또한 뮤지컬이니만큼 합창이나 독창 등이 적절히 들어가야 한다고 점도 알려 주었다. 이로써 아이들의 발표를 더욱 풍성하게 함과 동시에 관객들이 몰입하여 감상할 수 있게 되었다.

명성황후(예시 대본)

나오는 인물

명성황후: 고두사(30604)   고종: 고두삼(30603)   해설: 고두오(30605)

미우라, 이또오: 고두두(30602)

일본검사, 대원군: 고두한(30601)   일본판사, 백성: 고두영(30600)

(서곡과 함께. 히로시마 원폭투하 당시의 버섯구름이 영사막에 투사되면 '1945'라는 자막. 숫자가 명멸되며 50년을 거슬러 올라간다. 1945 1944 1943--1894 1895 1896 1896에서 년도 멈추면 히로시마 지방 법원. 무대 위에 명성황후 시해 사건의 주범들이 재판을 받고 있다)

1장. 일본법정 장면-석방 장면

미우라: **와따시와 미우라데쓰! 저는 조선 반도에서 근무하고 있는 대일본제국의 공사관 미우라입니다.** 덴-노 반자이!! 천황 폐하 만세!! (노래) 일본은 선택했다. 대동아의 길. 일본의 번성이 대동아의 번영. 일본의 승리가 대동아의 평화. 운명은 결정되었다. 조선의 운명은. 일본의 보호국이 조선의 운명.

검사: **오늘 조선 왕비 살해 사건의 피고 미우라 고로오를 심문할 저는 검사로서 묻겠다!** 미우라 고로오, 당신은 1895년 일본국 한성주차 공사로 재임시 조선 정부에서 친일 관리들을 해임하려는 조선 왕실의 움직임에 반발하여 조선 왕비를 제거하고 조선 정부를 개혁할 계획을 세우고 이에 대한 모의를 위해 일본 영사관에서 일본 장교 및 청년들과 모임을 가진 바 있다. 미우라 고로오. 이것이 사실인가?

교사가 제시한 예시 대본

3장. 조선의 평범한 소녀

해설: 벌써 옥선이가 끌려간 지 일주일이 지났다. 일주일이라는 시간은 옥선에게는 일 년과 같았고 하루하루가 고되고 힘들던 옥선인 일본군의 말에 참지 못 하고 흐느끼며 말을 한다. 그리고 맞춘 듯 옥선이가 아리랑을 부르자 위안부소녀들은 부르기 시작한다.

일본군: この雜巾め !! (코노 조오킨메) 이 걸레년아!!

위안부 소녀 옥선: 나는.. 걸레가 아닙니다.. 우리를 그런 취급 하지 마세요.. 조선의 평범한
　　　　　　　　소녀일뿐..
(흐느끼며) 아직 학교도 다니지 않았어요... 그러니 부디 절 함부로 대하지 말아주세요.. 제발.. 제발..

일본군: この雜巾め !! (코노 조오킨메)

위안부소녀들: (옥선이를 시작으로 아리랑 슬프게 부르기)

일본군: (머리 끄댕이를 잡으며) 黙れ!!!!!!!!! (다마레) 닥쳐!!!!!!

해설: 옥선이는 소리 없이 울면서 맞았다. 소리 내며 울고 싶지만 조선이 약하지 않다는 걸 보여주기 위해 그러지 않았다. 그렇게 일본군을 한참을 잔혹하게 때린 뒤 채찍을 바닥에 던지고 나갔다. 옥선이는 재빠르게 채찍을 주워서 치마자락에 숨긴 뒤에 움켜지고 한참을 울었다. 그리고 나서 화장실 변기통 주변에 숨겼다.

2장. 참모총장공관으로 들이닥친 군인들

해설 : 1979년 12월 12일 50명의 군인들이 난입하여 경비원들에게 총격을 가하는 소리가 육군 참모총장공관 전체에 울려 퍼진다.

합창: 물러거라 우리 역사 우리가 보듬고 나간다
　　　우리 가슴에 피 솟네

정승화: 야 이 새끼들아 지금 뭐하는 짓이야!! 쏘려면 나를 쏴!!!

군인 : 그럼 명대로 하겠습니다. 사령관님

정승화 : 이게 무슨 짓이냐 나는 참모총장이다 너희들의 상관이란 말이다!
　　　　지금 이 짓거리 누구의 명이냐 전두환이 명이냐?

군인 : 정승화 사령관님이 주도권을 장악하기 위해서 김재규로부터 돈을 받았다는 주장이 들려오고 있습니다. 이제부터 제가 사령관님을 모시겠습니다.

정승화 : 예의를 지켜 이놈아 어디다 손을 대고 그래! 나는 장군이야

군인: 가시죠.

학생 대본 사례

입체낭독 평가 기준

학생들이 대본을 쓸 때는 배경 사진을 찾는 사람, 대본의 앞부분을 쓰는 사람, 뒷부분을 쓰는 사람, 사실관계를 검색하는 사람 등으로 과정 평가를 중시했다. 결국 학생들은 3시간 만에 역사와 문학, 허구와 진실이 적당히 버무려진 대본을 제출할 수 있었다.

학생들이 제출한 대본을 사람 수만큼 인쇄해 주고서, 10여 분의 입체낭독 연습을 거쳐 한 모둠씩 나와서 발표를 했다. 음악과도 함께 협의하여 준비했다면 훨씬 더 완성도 있는 낭독극이 되었을 것이다. 어쨌든 발표에 걸린 시간은 두 시간. 꽃다운 나이의 유관순, 젊은 나이의 안중근 등이 역사적 숙명에 따라 스러지는 모습을 학생들의 목소리를 통해 들으니, 교사로서 가슴이 살짝 먹먹해졌다. 역사는 결국 이렇게 배우는 것이라고 생각했다.

제주 4·3 사건을 다룬 공연

안중근을 다룬 공연

수업의 결과물로 뮤지컬을 만들다

3학년 2학기 기말고사가 끝나고, 학업전환기가 돌아왔다. 담임교사들은 성적 처리와 원서를 쓰기 바쁜 시간. 학생들에게 애초에 안내했듯이 여러분의 낭독극으로 뮤지컬을 만들어 무대 공연을 하자고 제안했다. 환영하는 학생도 있었고 시험도 끝났는데 왜 귀찮게 하느냐는 표정인 학생도 있었지만, 가장 어려운 무대 공연에 도전해 보자고 이야기했다. 그러면서 또 성장할 것이라고. 물론 아이들의 불만은 쉽게 사그라지지 않았고, 특히 코로나 시기에는 더욱 그랬다. 너무 부담스러워서 코로나 핑계를 대고 공연 당일에 안 나오겠다고 협박한 학생도 있었으니.

한 학급의 6개나 되는 작품을 모두 무대에 올릴 수는 없었다. 다른 학급의 내용과 중복되지 않는 선에서 한 학급을 두 개의 모둠으로 재편성했다. 선택된 대본은 해당 모둠의 아이들에게 수정을 부탁했다. 이제 인원이 많이 늘었으니, 낭독극 수행평가 때 넣지 못한 인물들을 넣도록 했다. 그리고 대본을 사람 수대로 인쇄해 주고, 배역과 스태프를 정했다. 그러고 나서 기말고사 전부터 섭외한 뮤지컬 강사를 초청해서 한 학급에 세 번씩 지도를 부탁했다. 한 학급이 두 개의 모둠이니까 교실 양쪽에서 학생들이 연습하면 강사가 돌아가면서 처음부터 '대본 리딩'을 했다. 다음 날은 블록 수업으로 동선을 살려 연습했다. 강사료 문제 때문이기도 했지만, 학업전환기에 다른 일정도 있어 일주일에 서너 시간 연습으로 만족해야 했다. 무선마이크 업체에서 품질 좋은 무선마이크도 대여했고, 근현대 역사에서 가장 많이 쓰이는 소총, 경관 모자, 저고리 등을 일부 대여했다.

결과는? 학생 연극에 실패는 없다고 한다. 학생들은 대부분 대사를 외워 왔다. 2021년 코로나 상황에 무선마이크를 빌린 것도 참 잘한 일이었다. 마스크를 써서 대사가 안 들릴 것을 우려했는데, 아이들의 숨소리까지 잘 잡혔다. 무엇보다 무대에 올라가면 무대 체질들, 쉽게 말하면 끼 있는 아이들이 연극의 재미를 더해 주곤 한다. 이번에도 가슴 시린 이야기들이 많았다. 김구 선생의 조국에 대한 걱정, 전태일 어머니의 아들을 잃은 슬픔이 나올 때 마음이 뭉클했다.

"여러분이 자랑스럽습니다."

공연을 마치고 이렇게 이야기했다. 이제 곧 졸업을 앞둔 학생들이 동료, 선후배, 선생님들에게 역사 속 인물이 주는 감동을 선물해 주고 가는 게 아닐까. 다소 감상적인 느낌에 빠진 날이었다.

뮤지컬 공연 장면

국어와 역사의 만남을 마치며
교육과정 재구성, 할 수 있을까?

대한민국의 현대 역사는 비극이다. 그리고 지금도 우리에게 직간접적으로 영향을 주고 있다. 그럼에도 불구하고 역사 교사는 진도에 쫓겨 수박 겉핥기로 수업을 할 수밖에 없고, 국어 교사는 해마다 비슷

학생 소감

비슷한 사회적·역사적 아픔이 담긴 작품을 가져오지만 학생들의 외면을 받기 일쑤이다. 그런데 이번 수업 활동은 학생들에게 현대 역사를 책임 있게 표현해야 할 의무를 안겨 주었다. 실존하는 인물들이 지금 여기 있기 때문이 아닐까? 그런 점에서 역사와 국어의 만남은 근사했다.

교사가 제시한 작품을 읽고 이에 대한 학습 활동을 하는 것은 의미가 있다. 역사 선생님이 들려주는 현대 역사 이야기도 의미가 있다. 그리고 학생들이 배운 역사가 국어 시간에 생생하게 다시 살아나게 만드는 통합활동도 의미가 있다. 교과통합활동이든 주제통합활동이든 교사와 교사가 긴밀하게 협의하는 수업은 무척 훌륭한 결과물을 만들어 낼 수 있다.

물론 학생들이 내 교과 이외의 수업 시간에 무엇을 배우고 있는지만 파악하고 있더라도 좋은 수업 재료가 생기는 것은 분명하다. 따라서 각 학년 교무실에는 교과별 수업 주제 등을 일목요연하게 정리해 두는 것이 필요하다. 좌우, 앞뒤를 살피지 않고 앞으로만 달리는 것은 경주마가 할 일이다. 말이 아닌 우리는 좀 더 많이 준비하고 공부해야 한다.

체험, 삶의 현장으로!
[교과통합체험학습]

교과통합체험학습, 어떻게 달라야 할까?

흔들바위에서 정신없이 셔터를 누르는 아이들, 차례를 기다리는 아이들, 인솔 선생님의 외침.

"너희들 여기서 뭐 해. 얼른 내려가!"

예전의 수학여행 때 모습이다. 그때는 전국의 학생들이 대부분 경주나 설악산으로 수학여행을 갔다. 비슷한 위치에서 사진을 찍었고, 비슷한 생김새의 여관에 묵었다. 거기에 '수학'은 없었다. 수학여행은 다시 태어나야 했다. 요즘은 어떨까? 케케묵은 시설이나 변변찮은 음식은 달라졌지만, '수학여행'의 본질을 살리는 재탄생은 요원하다. 본질 추구에 앞서 책임의 문제를 따지는 건 예나 지금이나 똑같다.

"사고 나면 누가 책임져요?"

일반적으로 학교에서 숙박형 체험학습을 추진하면 교장, 교감 선생님이 이런 말씀을 한다. 그런데 혁신학교인 선학중 선생님들은 이렇게 걱정을 한다.

"사고 나면 어떻게 해요?"

비슷한 말 같지만 다르다. 책임을 져야 할 관리자들이 책임 걱정을 한다는 것은 학생의 안전보다 자기가 문책당할까 걱정된다는 얘기지만, '사고 나면 어떻게 하느냐'는 말은 학생의 안전을 정말 걱정하는 소리에 가깝다. 하지만 학생의 안전을 진심으로 걱정하는 사람들은 학생의 성장을 위한 일에 끝까지 반대하지 않는다. '안전'을 이유로 들면 학교는 문을 여는 것 자체가 위험하니까.

그럼 혁신학교의 체험학습은 어떻게 달라야 할까? 그것은 학생들이 주체적으로 여행을 계획하고 직접 체험하는 것에서 시작한다. 그래서 '주체적인 여행으로의 전환'을 제안했을 때, '(그렇게 주체적으로 학생들이 여행 계획을 세우고 자기들이 알아서 다니다가) 사고 나면 어떻게 하느냐'는 걱정이 나왔던 것이다. 안전을 고려하면서도 학생들의 자율적인 체험을 보장할 수 있는 체험학습이어야 했다. 교사 혼자 한 학급을 책임지고 숙박과 음식을 해결하는 것도 쉬운 일은 아니었기에 결국 동일한 지역에서 같은 학년의 학생들이 모둠별 계획에 따라 체험하는 방식으로 결정했다. 그렇다면 체험 지역의 대중교통이 비교적 잘되어 있고, 다양한 문화를 체험할 수 있는 곳이어야 했다. 이런 기준을 바탕으로 3학년의 경우 2018년에는 서울, 2019년에는 광주로 체험학습 장소를 결정했다.

아는 만큼 보인다

담임교사들이 여러 가지를 고려하여 모둠을 구성했다. 그리고 나서 학생들에게 12시부터 숙소로 돌아오는 저녁 7시까지 모둠별로 여행 계획을 세워야 한다고 알렸다. 아이들은 스스로 수학여행 계획을 세워야 한다는 말에 놀람 반, 두려움 반 마음이 들었는지 웅성거렸다.

계획을 세울 때 가장 강조했던 것은 '여행의 주제'였다. 여행의 주제가 분명하다는 것은 방향이 결정되는 것이고, 그래야 어느 곳을 가게 될지 결정할 수 있으니 말이다.

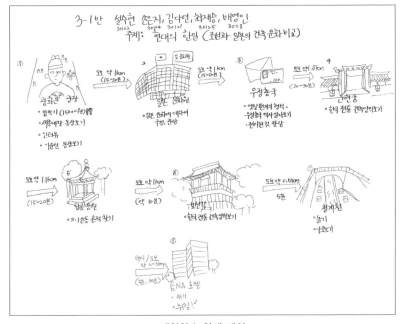

체험학습 학생 계획

9월에 떠날 체험학습이지만 5월 국어 수업 시간에 학생들이 세운 여행 계획을 복도에 전시했다. 여러 이유가 있었지만, 우선 인천 아이들에게는 낯선 서울이기에 지명을 익혀 두는 게 도움이 되리라고 판단했다. 그리고 5월부터 교육과정을 재구성하여 아이들의 자율적인 체험학습을 차근차근 준비해 나갔다.

교육과정 재구성 계획을 보면 국어와 역사에서 각각 수행평가를 계획했고, 창체 활동의 일부 시간도 이용하여 진행했다.

"이렇게 계획을 세우면 서울 동쪽 끝에 갔다가, 서쪽으로 갔다가, 다

	체험학습 차시 계획	수행평가	시기
1	체험학습 계획 세우기		5월
2	체험학습 계획 세우기		
3	1차 체험학습 경로 만들기		5월 스포츠데이
4	1차 체험학습 경로 만들기: 복도 전시		
7	2차 체험학습 자료집 만들기	10점 (역사)	7월
8	2차 체험학습 자료집 만들기		
9	2차 체험학습 자료집 만들기		
10	체험학습 소감문 쓰기 및 체험학습 활동지 제출	5점(국어)	9월
11	체험학습 소감 발표회(강당)	5점(국어)	
	계	각 10점	1, 2학기

시 동쪽으로 간다고?"

5월에 계획이 일부 수정되었다. 학생들이 다른 학생들의 계획을 보고 수정한 경우도 있었고, 선생님들의 조언에 따라 수정하기도 했다. 그 뒤에는 체험학습 계획을 자료집으로 제작했다. 한 번도 이런 자료집을 만든 적이 없는 학생들을 위해 국어 교사가 예시로 자료집을 만들어 활용할 수 있도록 했다. 교사가 제시한 틀을 이용하여 학생들이 만든 자료집의 목차는 다음과 같다.

일정표, 준비물, 우리의 약속 등 몇 개는 필수로 들어가야 한다고 알렸다. 그리고 자기 모둠의 계획에 따라 자료집을 구성하되, 반드시 체험학습 중에 우리 모둠의 주제와 관련해서 시민 한 사람을 인터뷰하는 등의 공통 과제도 자료집에 포함하도록 했다.

학생들이 만든 자료집은 인쇄소에 연락하여 모둠별로 6부씩 만들었다. 한 모둠은 4명을 기준으로 했으니, 모두 29종의 단 하나밖에 없는 자료집이 만들어졌다. 아이들이 만든 자료집은 대체로 20쪽 안팎

인데, 인쇄소에서는 30쪽은 되어야 안쪽에 있는 종이가 쉽게 빠지지 않는다고 하여 모자란 부분을 메모지로 추가하여 인쇄했다.

일제 지식인들은 어떻게 살았을까?

체험학습 학생 계획

체험학습 학생 자료집

체험학습, 그곳은 따스했다

드디어 9월, 2018년에는 서울, 2019년에는 광주에 다녀왔다. 아이들은 저마다의 주제에 맞게 체험학습을 진행했다. '반드시 한 명 이상의 시민을 인터뷰할 것'이란 조건에 따라 학생들은 길거리나 식당 등에서 시민들에게 주제와 관련한 인터뷰를 진행했다. 어떤 사람을 만나느냐에 따라 다르겠지만 서울에서는 외국 사람에게 한국의 문화에 대해 묻는 인터뷰가 꽤 있었다. 인터뷰 활동은 서울 체험학습 때보다 광주에서 더 큰 역할을 했다. 광주는 외지에서 수학여행을 오는 일이 흔하지 않아서인지 시민들이 적극적으로 인터뷰에 응해 주었던 모양이다.

"광주에서 금남로는 꼭 가봐야 해. 단어 자체가 역사라서 눈물이 나는 곳이야."

"인터넷이나 다른 잘못된 언론 기사를 믿지 말고 광주에 와서 직접 5·18 광주민주화운동에 대해 알아보면 좋겠네."

저녁 숙소에 돌아온 한 아이가 이런 말을 했다.

"뭔지 모르게 이 도시(광주)는 굉장히 따뜻해요."

서울에서는 오전에 경복궁 관람 후 12시부터 저녁 7시까지, 광주에서는 국립 5·18 민주묘지를 들른 뒤 숙소로 돌아오기까지, 학생들의 계획대로 활동을 했다. 서울이든 광주든 낯선 도시라서 그랬는지 그다지 멀지 않은 곳은 대부분 걸어 다니고, 대중교통을 잘 이용하지 않았다고 한다. 그 시간 담임교사들은 모둠별로 체험 중인 학생들에게 시시각각 인증 사진을 전송받으며 계획한 대로 진행 중인지 확인했다. 학생들의 동선이 많이 겹치는 거점 지역을 중심으로 교사들도 둘씩 짝을 지어 학생들의 안전을 확인했다. 낯선 도시에서 선생님들을 만나니 참 반가웠던 모양이다. 선생님을 만난 학생들은 안심했다는 듯 편안한 모습으로 다음 체험 장소로 길을 떠났다. 이런 감정들이 조금씩 쌓여 아름다운 추억이 될 것이다.

광주 체험학습

체험학습, 다녀와서 끝이 아니에요

체험학습이 끝나고 첫 번째 수업 시간, 학생들은 체험학습의 후유증으로 책상에 엎어지기 일쑤다. 하지만 이제 체험학습 발표회를 준비해야 했다. 오전의 4시간 중 2시간 정도는 체험학습 발표 준비를 했고, 나머지 2시간은 체험학습 경험을 공유했다.

"이제부터 여러분은 여행사의 가이드입니다. 여행사의 이름을 정해야 하고, 서울(또는 광주)에서의 7시간 여행 상품을 판매해야 합니다. 강당에는 수많은 사람-동료들, 후배들, 선생님들-이 여행 상품 설명을 듣게 될 것이니 열심히 준비해 주시기 바랍니다. 준비 시간은 2시간입니다. 전지는 세 부분으로 구역을 설정해서 활용합니다. 한 곳에는 여행 경로, 또 한 곳에는 여행지에 대한 소개를 넣으면 되겠고, 나머지는 자유롭게 이용하세요. 식사, 여행지에서 만난 사람, 교통편 등 듣는 사람들을 고려해서 준비해 주세요. 그럼 시작!"

방송으로 안내하자, 학생들은 여행사 이름을 정하면서 모둠활동을 시작했다. 학생들은 필요할 때마다 교무실을 오가며 발표용 전지에 붙일 사진을 인쇄하기도 했다.

2시간 뒤 강당에 모여서 A조와 B조로 나누어 발표를 시작했다. 30개 정도의 모둠으로 편성되었기에, 약 15개의 A조 모둠 학생들이 발표하면, 나머지 모둠 학생들은 정해진 모둠으로 가서 앉아 듣는 방식이었다. 이 외에도 참관을 희망한 교사들과 학부모 몇 분, 참관을 희망한 저학년 학급 등이 함께 발표를 들었다. A조가 다섯 번쯤 발표하

체험학습 학생 발표 내용

체험학습 발표회

고 나서 B조로 바꾸었다. 처음 발표할 때는 목소리에 힘이 실리지 않더니 점점 목소리가 커지고, 손님들에게 여행 상품을 조금이라도 더 잘 설명하기 위해 애를 썼다. 옆에 있는 다른 모둠의 발표를 보고 점점 열심히 하면서 거의 모든 모둠이 열정적으로 발표하는 모습이 강당 안을 채웠다. 보는 사람도, 발표하는 사람도 즐거운 거대한 배움의 교실이었다.

체험학습의 계획부터 진행, 발표까지 학생들이 자율적이고 주체적으로 참여하는 모습을 보며, 어쩌면 그동안 우리가 학생들을 너무 믿지 못한 게 아닌지 반성했다. 실수하면서 성장해 갈 기회를 원천 차단한 게 현재의 교육이 아닌지 반성했다. 이 체험학습은 학교 전체를 배움의 장소를 만든다는 것이 어떤 것인지 생생하게 목격한 기회였다. 학생들만이 아니라 교사들도 성장한 체험학습이었다.

3장

평화로운 학교 만들기

생활교육의 실천

학생회 일꾼, 모여라
[리더십 회의]

보통 4월이 되면 간부수련회를 떠난다. 학생회장단, 부장단, 반장, 부반장, 선도부 등에 신청서가 배부되고, 정해진 날이 되면 모두 버스에 올라타고 수련원으로 떠난다. 도착해서는 조교들과 함께 조별로 코스를 돈다. 난타도 하고, 도미노도 하고, 보트도 타고, 저녁이 되면 부모님을 떠올리며 한바탕 울고, 캠프파이어와 레크리에이션을 하며 신나게 놀고 학교로 돌아온다. 그리고 난 다음, 학생회 친구들은 무엇을 할까?

교사들도 그렇지만 어떠한 사업이든, 행사든, 수업이든 계획되지 않고 구성원들 간에 논의되지 않은 것은 제대로 진행할 수 없다. 학생회 활동에서는 그것이 더 크게 작용한다. 학생들이 자신의 역할과 할 일을 정확히 알지 못하면 아무것도 하지 못하고, 시작해도 제대로 하지 못할 가능성이 매우 크기 때문이다. 그래서 선학중학교 학생회는 1년에 여섯 번(공식적으로 계획된 회의, 이 외에 사안에 맞춰 수시로 진행)의 리더십 회의를 진행하게 되었다. 일반적으로는 리더십 캠프라는 용어를 많이 쓰지만 캠프에는 합숙의 의미가 있어서 '리더십 회의'라는 용어를 쓰겠다.

여섯 번의 리더십 회의

리더십 회의는 학기를 시작하기 전인 1월과 2월 두 차례 진행한다.

1월에는 '학생회 평가회 및 이임식'이라는 제목이 붙는다. 전년도 부서장들이 부서별 사업과 부서 운영의 과정과 평가를 발표하고, 회장단이 자신들의 공약 이행 과정과 전체적인 평가를 발표한다. 이후에는 신구 부서별 부장단과 회장단이 모여 나눔의 시간을 갖는다. 이 시간을 통해 새로운 회장단과 부서장들은 작년 사업 진행에의 어려웠던 점과 좋았던 점 등의 조언을 얻고, 이를 바탕으로 신학년 부서별 사업을 고민하게 된다.

2월에는 새로 선출된 회장단과 부서장들이 '학생회 평가회 및 이임식'에서 나온 내용과 회장단의 공약 등을 바탕으로 올해 학생회 목표와 방향, 사업 초안을 잡기 위한 리더십 회의를 진행한다. 여기에서는 회장단의 선거 공약을 점검하고 부서별 사업과 학생회 전체 사업에 대해 논의하고 공유하고 수정하고, 다시 논의하고 수정한다. 그리고 학생회의 첫 사업인 신입생 예비소집일 아침맞이와 입학식 진행 계획을 논의하게 된다.

1월과 2월에 진행하는 리더십 회의가 개인적으로 가장 중요하다고 생각한다. 이 시기에 논의된 학생회의 목표와 방향에 맞춰 사업들이 진행되기 때문이다. 또한 회장단과 부서장들이 같은 목표를 공유하게 되어 향후 사업을 진행할 때도 쓸데없는 마찰을 줄일 수 있을 뿐만 아니라, '해야 할 일'이 무엇인지 구체적으로 예상할 수 있으므로 효율적인 사업 진행이 가능해진다.

학기 중에는 두 번씩 리더십 회의를 진행한다. 3월 말이나 늦어도 4월 초에 부서 구성과 학급 정·부반장 선거 후에 실시한다. 한 번은 조직 구성이 완료된 각 부서의 부장, 차장, 부원들이 모인다. 이 회의에서는 초안 상태의 각 부서 사업 계획을 세부적으로 논의, 점검하게 된다. 학생회의 모든 구성을 마무리하고 부서 사업 계획을 다 함께 공유하는 자리이다. 다른 한 번은 회장단과 학급 정·부반장들의 리더십 회의이다. 이 회의에서는 우선 학생회 각 부서의 사업 계획을 발표한다. 승인까지 이루어지지는 않지만, 학생회 부서 사업을 안내하고 함께하기 위한 과정이다. 그다음에 각 학년 회장과 학년 정·부반장들이 모여 학년 사업을 논의하게 된다.

리더십 회의 부서별 사업 계획 협의 　　리더십 회의 부서별 사업 계획 공유

선학중에는 학년 학생회 체계가 있다. 1, 2, 3학년 각 학년 회장과 부회장이 있고, 각 부서의 부장과 차장, 부원이 있고, 각 학년의 학급 정·부반장이 있다. 각 학년 회장은 학년 부서 임원들과 학년 정·부반장과 함께 학년의 사업을 계획, 진행하게 된다. 2학기에도 같은 방식으로 두 번의 리더십 회의를 진행한다.

상상해 보라. 각 부서의, 각 학년의, 각 학급의 사업들이 쉼 없이 돌아가는 선학중의 모습을. 살아 움직인다는 것은 이를 두고 하는 말이다.

다음은 학기 중에 진행하는 〈리더십 회의 운영 계획서〉 내용 중 일부이다.

학생회 부서-학급 리더십 회의 운영 계획

1. 일시: 1차-2017년 4월 7일(금) 16:00~21:00
   2차-2017년 4월 14일(금) 16:00~21:00

2. 장소: 선학중학교 교내

3. 참가 대상: 1차-회장단(학년 학생회장·부회장), 반장·부반장
   2차-회장단(학년 학생회장·부회장), 부서 부장, 차장, 부원

4. 세부 일정

1차 : 4월 7일(금)		2차 : 4월 14일(금)	
시간	일정	시간	일정
16:00 ~17:00	학생회장 공약 추진 계획과 각 부서별 사업 계획 발표	16:00 ~18:00	학생회 활동의 의미와 역할-강연(김용진)
17:00 ~18:00	저녁 식사	18:00 ~19:00	저녁 식사
18:00 ~19:00	학급회의 진행 -학급 사업 논의를 중심으로	19:00 ~19:30	대의원회 진행-부서별 사업 논의를 중심으로
19:00 ~20:00	학년 사업 아이디어 생성 -확정-운영 방법 논의	19:30 ~21:00	부서별 사업 발표 -전체 논의/신규 사업 제안
20:00 ~21:00	학년별 학급·학년 사업 발표 -학년별 수정 논의		
21:00~	귀가	21:00~	귀가

매년 조금씩 세부 일정을 다르게 운영한다. 외부 강사를 초빙하기도 하지만 대부분 자체 회의로 운영한다.

선학중학교 학생회는 학년 학생회 체계를 갖추어 각 부서에도 학년 별로 부장과 차장이 있다. 학년 사업을 논의할 때는 같은 학년 임원들이 모이고, 부서 사업을 논의할 때는 같은 부서의 임원들이 모여 의논하기 때문에 학년별, 부서별 사업이 원활하게 진행될 수 있다는 장점이 있다.

다음은 2학기 리더십 회의에서 발표된 사업들이다. 이렇게 정리한 내용은 학생자치실에 게시하고, 오가면서 늘 확인하고 점검하게 된다.

선학중학교 2학기 학생회 추진 계획서

2학기 학생회 목표: 1학기의 결점을 보완하여 더욱더 방향성 있는 학생회의 활동을 추구함이 목표. 최종 목표는 아무 탈 없이 마무리 짓는 것.

부서별 현재 진행(예정) 사업

부서명	사업명	사업 세부 설명
학교행사부	20191025 선학제	현재 선학제 준비위원회 구성 완료된 상태 8월 30일부터 준비 시작
자체행사부	20190911 추석맞이 20191008 순우리말 찾기 20191111 빼빼로데이 맞이 20191231 1년 후 나에게 쓰는 편지	속세에 존재하는 다양한 기념일을 맞이하여 이를 기반으로 한 아침맞이 행사 기획
학교생활부	20190821 수요음악회 20191005 학생인권아침맞이 20191224 크리스마스 기념 수요음악회(캐럴 공연)	① 수요음악회: 매주 수요일마다 학생들의 신청을 수렴하여 공연 기획 ② 아침맞이: 부서명에 걸맞은 아침맞이 기획 ③ 수요음악회: 선생님들의 무대 구성으로 시작하여 학생들에게 행복을 선사하는 캐럴 공연 계획
학생선거부	20190325 생활협약 재개정 20190909 생활협약 공청회 20190917 생활협약 토론회 20190910 런치리그 홍보 20190916 런치리그 재개 20191223 선학 골든벨	① 생활협약 재개정 준비 계획 실시 ② 1학기때 중단된 런치리그 재개 계획 ③ 작년에 이은 선학중의 정보를 기반으로 한 골든벨 개최 예정
학교홍보부	20190910 선학 복권 20190916 선학제 홍보 실시 20191014 와인데이 맞이 20191114 허그데이 맞이	① 1학기부터 진행돼 온 선학 복권 아침맞이를 이어서 정기적으로 실시 ② 부서명에 걸맞게 대규모 행사 홍보 계획 ③ 와인데이, 허그데이: 기념일을 맞이하여 학생들에게 즐거움을 선사하는 이벤트 계획

매년 도돌이표를 찍는 학생회, 방법은 리더십 회의

학생자치를 담당하는 교사들은 매년 똑같은 내용을 반복적으로 얘기해야 하고 교육시켜야 한다. 매년 학생회장과 학생회 임원들이 바뀌니 당연한 얘기라고 생각할지도 모르겠다. 하지만 바꿔 생각해 보면 이것은 학생회 임원들의 회의 수준이나 사업 수행 능력이 매년 제자리임을 의미하기도 한다. 어떤 조직이든 발전 없이 매년 같은 수준이라면 그것은 분명히 문제가 있는 것이다. 학생회장 개인의 역량에 따라 어느 해에 반짝 활발하게 움직일 수도 있겠지만 그것도 문제다. 문제가 명확해지면 그만큼 답을 찾기 쉬워진다. 그래서 선학중은 평가회와 이임식이라는 답을 찾은 것이다.

학생회의 시작과 끝, 평가회와 이임식

12월 학생회장 선거가 끝나고 부장단 면접이 끝나면 현 회장단과 부장단의 실질적인 활동이 마무리된다. 마지막으로 준비하는 것은 자기 부서의 평가자료다. 부서에서 시행했던 사업들에 대해 어떻게 준비했는지 과정과 좋았던 점, 아쉬웠던 점, 내년에 바라는 점 등을 정리한다. 학생회장은 공약 이행 사항이나 학생회에 대한 전반적인 평가를 준비하며, 회장으로서 생각하는 학생회의 모습과 내년에 대한 기대와 바라는 점 등을 정리한다.

평가회 및 이임식에는 현 회장단과 부장단, 각 부서 차장과 부원이 모두 모인다. 차기 회장단과 부장단도 참석한다. 차기 연도 차장과 부원은 아직 뽑지 않았기 때문에 없다. 차기 회장단과 부장단은 현재 학생회 임원들과 겹치는 경우가 많은데, 이것은 중요하다. 올해 함께 활동하며 과정을 지켜본 학생들이 차기 회장단이나 부장단을 구성하는 것이 가장 이상적이다. 지난 과정을 함께 했기 때문에 평가 내용을 더욱 폭넓게 이해할 수 있기 때문이다. 상황을 알고 평가 내용을 듣는 것과 아무런 배경지식 없이 듣는 것에는 차이가 있을 수밖에 없다. 당연히 새로 시작하는 학생이 있어도 괜찮다. 함께 어울려서 같이 움직일 테니 말이다.

회의 과정은 복잡하지 않다. 각 부서 부장들이 앞으로 나와 준비한 발표 자료를 가지고 일 년 동안의 부서 사업에 대한 평가를 진행한다. 진행했던 사업들을 상기시키고 어떤 점이 좋았는지 아쉬웠던 점은 무엇이었는지, 어떻게 바꾸면 좋겠다는 제안까지. 마지막은 학생회장이 나와 자신이 바라본 학생회의 일 년에 대해 총평을 하고 공약 이행 사항이나 사업 진행과 관련하여 좋았던 점, 아쉬웠던 점, 제안할 점을 이야기한다.

그러고는 신구 부서별로 모임을 한다. 예를 들어 현재 학교행사부 부장과 차장, 부원과 차기 학교행사부 부장이 모여 세부적으로 내년 부서 사업과 관련해 조언하고, 궁금한 것을 물어보고, 세부 사업과 관련해 공식적으로는 말하기 어려운 부분들까지 세세하게 이야기를 나눈다. 회장단도 따로 모여 회장으로서 어려움을 털어놓고 어떤 점을 좀 더 신경 써야 할지, 무엇에 더 집중해야 할지 등 이야기를 나눈다.

학생회장의 공약 이행 평가 발표

이것이 평가회와 이임식의 모습이다. 부서별 모임까지 끝나면 즐거운 뒤풀이가 시작된다. 일 년 동안의 시간을 되돌아보며 서로 수고했다고 칭찬하고 힘들었던 점을 다독여 주곤 한다. 그렇게 자축하고 격려하며 내년 학생회 임원들의 등을 두드려 준다. 같은 길을 걸어갈 동지에게 마지막까지 힘을 실어 주는 것이다.

아래는 2017년 자체행사부장이 작성했던 평가표 중에서 '나의 반쪽 찾기'라는 행사에 관한 내용이다. 후배들은 선배가 남긴 이런 문서들을 참고하면서 자신들이 할 일을 준비하게 된다.

2017년 자체행사부 평가표

- 나의 반쪽 찾기: 3일 동안 진행한 행사로, 같은 문양의 쪽지를 가진 학생을 찾아 점심식사를 하고 인증샷을 찍으면 돌려돌려 돌림판을 통해 선물을 주었다(아침맞이에 쪽지를 배부하였다).
- 만족스러웠던 점: 친구와 운명의 짝을 찾으러 다녔던 과정 자체가 학교를 더 돈독하게 하였고 모르는 친구와도 알아 갈 수 있던 화합의 계기가 되었다.
- 아쉬웠던 점: 모르는 친구와 급식을 먹기가 불편했을 수도 있었고 마무리 시상이 아쉽다. 또한 행사 진행 과정이 다소 번거로웠다.
- 개선할 점: 마무리 시상 부분을 직접 찾아가서 전해 주는 형식으로 깔끔하게 끝내고 싶다.
- 행사를 준비하면서 느낀 점: 모르는 친구들이 같이 와서 사탕을 받아 가는 것이 뿌듯하고 보람 있었다.

2017년 자체행사부 평가 발표 자료

제가 갓 학생회장이 되었을 때, 그리고 학생회장의 자리를 떠날 때 총 두 번의 이임식을 함께했네요. 이임식은 저에게 선배들의 경험을 이어받을 수 있는 기회였고, 후배들에게 우리의 경험을 이어 줄 수 있는 가치 있는 시간이라고 생각합니다. 많은 이들이 바쁜 나날을 살아가기에 지난 삶을 되돌아볼 여유를 만끽하는 것도 손에 꼽을 정도가 아닐까 싶은데요, 우리 학생회에게 그 손에 꼽을 기회는 이임식이었습니다. 1년을 되돌아보는 시간은 1년간 함께한 나날, 진행한 사업, 아쉬웠던 부분들까지 글로 담을 수 없는 것들을 추억할 수 있는 시간이었습니다. 각 부서가 1년간 진행한 사업을 되돌아보는 시간, 다음 학생회에게 주고픈 사업 아이디어를 기획해 보는 시간, 현 학생회장의 마지막 인사, 그리고 새로운 학생회장의 첫인사로 이임식이 마무리되었습니다. 마무리를 장식한 그때가 아직도 새록새록 하네요 ^0^!!

-2019년 학생회장 우현진

이임식을 진행하면서 1년 동안 학생회 활동을 돌아보는 시간을 가져서 좋았다. 졸업을 해서 그냥 학생회를 끝내는 게 아니라 마무리 시간을 가지면서 여태까지 했던 행사와 과정을 회상하면서 공유하고, 좋은 시간을 보냈다. 학생회를 하고 그냥 끝나는 게 아니라서 특히 더 좋았던 것 같다.

-2022년 학생회장 김세인

학생회 활동의 과제가 있다면 교육과정과 함께해야 한다는 점일 것이다. 학교가 가야 할 지향점이 무엇인지, 그 지향점을 학생회도 어떻게 함께할 것인지를 고민할 때 학생회 활동이 더욱 의미 있는 활동으로 발전할 것이다. 그럼에도 현재의 학생회 활동 중에서 가장 중요하다고 생각하는 것을 하나만 얘기한다면 주저하지 않고 평가회와 이임식을 꼽을 것이다. 이것이 학생회의 시작이고 끝이기 때문이다. 단순한 얘기가 아니라 평가회와 이임식, 이 두 가지가 꼭 있어야만 학생회 활동을 시작할 수 있고, 다음 학생회로 이어질 수 있기 때문이다.

학생회 일꾼, 모여라

[동부학생회연합]

인천광역시 동부교육지원청에는 '동학'이라 불리는 조직이 있다. 동학은 '동부학생회연합' 또는 '동부학생자치네트워크'의 줄임말이다. 동학이라는 말을 쓸 때부터 동학농민혁명을 염두에 두었던 것이 사실이다. 동학농민혁명의 기치처럼 동부학생회연합도 학생들의 평등과 인권, 자주의 가치 실현을 목적으로 만들어진 학생회 연합체라고 봤기 때문이다. 즉 '동학'은 동부학생회연합의 줄임말이기도 하고, 동학농민혁명의 가치를 이어받아 학생자치를 실현하겠다는 의지를 담고 있는 이름이기도 한 것이다.

선학중에서 학생자치를 하면서 여러 가지 어려움을 겪게 되었다. 이 책 생활교육 부분에 나오는 이야기들은 그 어려움을 이겨 내는 과정이다. 동학 역시 마찬가지다. 선학중에서 어떤 어려움을 만나게 되었는지, 그중에 어떤 어려움을 이겨 내기 위해 동학을 만들었는지 이야기를 시작해 보겠다.

학생자치는 왜 활성화되지 못하는가?

학생자치에 대한 많은 고민이 존재할 것이다. 왜 학생자치가 중요한지, 학생자치를 활성화하려면 어떻게 해야 하는지. 반대로 그러면 학생자치는 왜 활성화가 되지 못할까?

하나는 학교의 권력을 학생회와 나누어야 하는 문제이다. 학생의 자기결정권을 인정하고 학생자치회의 권한을 보장하기 위해서는 학교가 가지고 있는 권력을 어느 정도 내려놓아야 한다. 그래야 학생회가 힘을 지니게 되는데, 그 권력을 학생회가 가져오기 어렵다. 단적인 예로 학생의 용모, 복장에 대한 권한을 누가 가지고 있나? 학교다. 학교에서 규정이라는 이름으로 학생들의 용모와 복장을 제한한다. 학생회에서 용모와 복장 규정을 이렇게 저렇게 바꾸자고 한다면, 과연 학교는 그것을 인정하고 보장해 줄 수 있는가? 대부분의 학교가 여기서 막힌다. 그래서 학생자치가 활성화되어야 한다고 이야기하지만 형식적인 모습에 머물고 있다. 학생회의 권한, 즉 학생들이 자신의 학교생활과 관련해 의사결정을 할 수 있고, 그것이 실현 가능하도록 인정하고 보장해 줄 수 있다면 학생자치가 시작되는 토대가 될 것이다.

또 하나는 학생들의 자발성 문제이다. 학생들은 학생회가 무엇을 할 수 있는지, 무엇을 해야 하는지, 어떻게 하는지 알지 못한다. 요즘 학생들이 학원 때문에 바쁘고, 개인주의적이고, 의욕이 없다고들 한다. 그래서 학생들이 학생회 활동에 나서지 못한다는 것이다. 하지만 그런 학생들도 학생회 활동이 재미가 있고 자신의 삶에 의미 있다는 것까지 알고 나면 나서게 될 것이다. 문제는 학생회 활동이 그렇게 재미있고, 의미 있음을 학생들이 알 수가 없다는 것이다. 해 본 경험이 없는 것이다. 물론 여러 가지 다른 논쟁점도 있겠지만, 어찌 되었든 학생들이 자발적으로 학생회 활동에 나서지 않는다는 게 학생자치 활성화가 어려운 지점이다. 교사가 주도적으로 나선다고 하더라도 그것이 학생자치라는 이름에 걸맞은지, 어느 선까지 개입해야 하는지 고민일 때가 참 많다.

마지막은 연속성이 없다는 문제이다. 학생회장의 임기는 1년이다. 1년 동안 열심히 활동하며 많은 성과를 남기고 졸업을 하면, 신학년 학생회장이 선출되고 역시 열심히 활동한다. 그런데 여기서 문제가 발생한다. 작년과 올해의 모습이 크게 다르지 않은 것이다. 오히려 전년보다 활동성뿐만 아니라 사업의 기획이나 진행 면에서 상황이 나빠지는 경우도 많다. 문제는 분명하다. 학생회장이 되고 부장이 되었는데 무엇을 해야 하는지 모르는 것이다. 맨땅에 헤딩하듯 늘 처음부터 다시 시작하니 학생회의 경험이 축적되지 않는 것이다. 그래서 고민한 것이 앞서 이야기했던 '학생회 평가회와 이임식'이다. 평가회를 통해 학생회의 경험과 노하우를 정리하고 이임식을 통해 다음 학생회는 이를 바탕으로 한 해를 준비하게 되니, 한 발 더 나가는 학생회가 될 수 있다.

그러면 어떻게 해야 하는가?

권력의 분배 문제와 관련해서 이미 여러 학교에서 전향적인 모습이 나타나고 있다. 생활협약 제정, 교육과정이나 학교운영위원회에의 학생회 참여 등 유의미한 모습이 보이는데, 이는 계속 확산할 것이다. 여기에는 교육청의 역할이 크다. 교육청 역시 민주시민교육의 중요성과 더불어 학생자치에 관심과 노력을 기울이고 있다. 정기적인 학급회의 시간 보장, 학생자치부와 생활안전부의 분리 운영, 학생회장 공약 이

행비 지급, 학생들과 밀접한 영역에서의 학생회 참여 보장 등을 강조하고 있으므로, 조만간 가시적인 결과가 나타날 것으로 보인다. 선학중에서는 생활협약 제정이라는 대단히 상징적이고 강력한 방법을 통해 학생들의 권한이 넓어졌다. 그뿐만 아니라 대의원회의 이후 학교장-행정실장과의 만남을 통한 회의 결과 협의, 학생회 사업의 월중 행사 기록 등을 통해 학생회가 학교의 중요한 구성원으로 인정받게 되었다.

자발성 문제는 어떻게 해결해야 할까? 이것에 대한 작은 해결책이 동부학생회연합이다. 처음 해 보는 학생들이 어려워한다면 선배들의 학생회 활동을 보는 것이 제일 좋다. 이전의 활동이 미미하다면 선생님들이 보여 줘야 한다. 선생님들이 먼저 주도적으로 학생회 활동에 함께하고 학생들이 자연스럽게 새롭게 이어 갈 수 있도록 하는 것이다. 그것도 어렵다면, 다른 학교 학생회를 보면 된다. 2017년 동부교육지원청에 '동부학생회연합'을 제안했고, 8월에 첫 모임을 했다. 솔직히 처음에는 제안이 받아들여진 것이 부담이었다. 어떤 의제로 어떻게 운영해야 할지 막막했기 때문이었다. 그러나 학생들은 언제나 우리의 기대와 상상을 넘어선다는 것을 다시 한번 깨달았다.

다음은 2017년 처음 동학을 준비하면서 만든 계획서의 일부다. 특

2017년 동학 결성 첫 모임

2018년 동학 모둠별 회의

별할 것도 없이 함께 모여서 각 학교의 이야기를 나누자는 마음으로 시작했다.

2017년 동학 운영 계획서

시기	내용	비고
1차 2017. 8. 30(수)	• 강의: 학생자치 활동의 필요성 • 워크숍: 실천 사업 제안	강의(2시간) 워크숍(1시간)
2차 2017. 9. 13(수)	• 워크숍: 선학중 학생회 사례 발표 • 토론: 학교별 사업 기획, 준비 및 공유	워크숍(2시간) 토론(1시간)
3차 2017. 10. 18(수)	• 워크숍: 학교별 실천 사례 발표 및 공유 • 토론: 학교별 사업 기획, 준비 및 공유	워크숍(2시간) 토론(1시간)
4차 2017. 11. 22(수)	• 워크숍: 학교별 실천 사례 발표 및 공유 • 토론: 2018 선거 운영 방법 논의	워크숍(2시간) 토론(1시간)
5차 2017. 12. 6(수)	• 강의 1: 학생 대상-회복적 생활교육에서의 학생 자치의 의미 • 강의 2: 교사 대상-회복적 생활교육의 의미 • 워크숍: 2017학년도 동부학생회연합 활동 평가	강의(2시간) 강의(2시간) 워크숍(1시간)

우리는 가능한 모두와 함께 가야 한다

동부학생회연합에 참여한 여러 학교의 학생회는 참여한 학교 수만큼이나 모습이 다양했다. 일종의 선도부 역할을 하는 학생회도 있었고, 아무 움직임도 없는 학생회도 있었다. 의욕은 있지만 학교의 반대와 거부로 꼼짝을 못하는 학생회도 있었다. 5년이 지난 지금은 동학을 운영하면서 변화하는 학교의 모습이 보인다. 교육청과 학교의 변화 때문이기도 하겠지만, 학생회의 자발적인 참여가 늘어나는 것은 고무적이다.

서로서로 영향을 주고받는 것이 중요하다. 배우고, 따라가고, 그러다가 도움을 주기도 하고. 학생회 친구들은 그렇게 성장했다. 학생들은 서로 정보를 나누고, 자극을 받으며 성장하고 있는데 정작 학생자치를 담당하는 교사들은 무엇을 하고 있는지 안타깝다. 학생들과 함께 생활하는 교사지만, 아이러니하게도 학생들과 무엇을 만들어 가는 게 쉽지 않다. 우리도 아직 배우지 않은 것을 시키면 어렵다. 향후 학생자치에 관심 있는 동부 선생님들과 자리를 만들어 보고 싶고, 학생 자치 페스티벌을 함께 준비해 보는 것은 어떨까 고민 중이다. 그랬을 때 교사들도 영향을 주고받으며 성장하는 것이니까.

다음은 동학 회의 식순이다. 선학중학교 학생회의 1년 사업 계획 사례 발표를 듣고, 모둠(여러 학교 학생회장과 부회장이 섞인)을 하나의 학교라 가정하고 사업 계획을 세우는 활동을 해 보았다. 그리고 그것을 공유하였다. 각 학교의 학생회장단이 학교로 돌아가서 같은 방식으로 자기 학교의 사업 계획을 만들어 볼 수 있게 구성한 것이다.

동부 학생회 연합(동학)

- 5월 9일, 16시
- 선학중학교

○ 개회사 - 학교장 인사
○ (모둠별) 참석자 인사
○ 학생회 연간 계획 사례 발표
○ (모둠별) 학생회 연간 계획 작성
  ↳ 공유
○ 학생회 사업 진행 사례 발표
○ 학생회 사업 세부계획 작성
  1) 브레인 스토밍(포스트 잇)
  2) 사업 정하기
  3) 세부 계획서 짜기

○ 학교로 돌아가서 실행하기

2018년 동학 회의 식순

50여 개 학교가 참여한 동학에서, 학생회장과 부회장들은 회의 진행 과정을 실제로 경험해 보고 다른 학교의 사례를 가지고 학교로 돌아가 그대로 적용해 보았다. 이것이 처음 학생회를 맡아 어려워하던 회장단에게는 단비와도 같았고, 많은 학교의 학생회가 활발하게 움직일 수 있는 계기가 되었다.

다음은 동학 회의 중 한 모둠의 회의 결과이다. 지난 회의 이후에 각 학교에서 어떤 사업을 진행했는지 공유한 내용인데, 좋은 사업 사례는 메모하고, 자신의 학교에서 진행하는 사업에 대해 서로의 의견을 듣는 시간이었다. 가장 의미 있었던 것은 '함께 모여서 생각과 의견을 나누는 것은 재미있다'는 사실이다.

1. 노메이크업 캠페인 (사리울)
2. 학생자치법정 (동인천)
3. 선학제 (선학)
4. 11/3 학생의 날
   - 승마복 (선학)
   - 애정
   - 보물찾기
5. 대의원회 (선학)
   - 생활협약, 잘 지켜지나
   - 선거
6. 학습마니또 (사리울)

2017년 동학 모둠별 회의 결과

참여 학생들의 이야기

동부학생회연합을 통해서 각 중학교의 회장단 자리를 맡아 열심히 생활하고 있는 친구들을 만나면서, 이전에는 잘 알지 못했던 학생자치에 대해서 다시 생각해 보고 그를 실현하기 위해 노력하는 계기를 만들 수 있었어요. 동학을 진행하면서 가장 기억에 남았던 것이 조를 꾸려서 학생회 친구들과 자기 학교의 학생들을 위한 이벤트 혹은 행사를 기획하여 실천해 보고, 실제 어떤 반응이었고 어떻게 진행했는지를 공유하고 피드백 받는 활동이었는데요. 이 활동을 진행하면서 내가 친구로서, 학교의 선배로서 나와 같은 학교를 다니는 친구들을 위해 우리가 무엇을 개선하고, 진행해 나가야 하는지 돌아보면서 성장할 수 있었어요. 당시 우리 학교는 학생자치에 대해 선생님들의 인식이 비교적 개방되어 있는 편이었는데, 그에 비해서 학생들의 참여가 활발하지 않아 학생자치가 원활히 이루어지지 않았어요. 그런데 동학을 통해 각 학교는 학생자치를 위해서 어떤 활동들을 하고 있고, 학생자치가 왜 필요한 것인지 서로 이야기를 나누었던 것이 학교로 돌아가 대의원회의를 진행하면서 앞으로의 우리 학교 학생회가 이런 식으로 발전되었으면 좋겠다는 방향성 같은 것들을 설정하는 데 큰 도움이 되었어요.

실제로 그렇게 방향성을 잡고 대의원회의를 진행한 경험들이 모여 중학교 졸업 전 사용하지 않는 빈 교실을 학생들의 쉼터로 바꾸는 프로젝트를 학생회 친구들이랑 참여를 원하는 친구들과 함께 진행하기도 했어요.

-2017년, 간○중학교 황○은

동학은 아직까지도 기억나는 저에겐 엄청 소중한 추억이자 경험이었어요. 다른 학교의 학생회 운영 현황이나 학생회 활동 아이디어를 공유하면서 우리 학교에는 어떤 활동을 적용할 수 있는지, 다른 학교에 비해 우리는 어떤 상황이며 그런 상황들에 어떻게 대처해야 하는지를 고심해 볼 수 있는 시간이었어요.

가장 좋았던 점은 다른 학교의 전교 회장, 부회장을 만나며 서로 마음을 나눌 수 있다는 점이었습니다! 동학을 하기 전에는 전교 회장, 부회장은 우리 학교밖에 없는 것 같고, 고민을 풀거나 조언을 구할 곳이 마땅치 않았습니다. 높은 자리에 대한 부담감도 엄청 컸습니다. 하지만 동학에서 다양한 학교의 회장, 부회장을 만나 보니 동질감도 느낄 수 있었고, 서로의 활동에 대한 피드백, 상황에 어떻게 대처해야 하는지 등등 도움이 되는 이야기를 많이 나눌 수 있었어요.

활동 부분뿐만 아니라 우리가 가져야 하는 마음가짐, 어떻게 학교와 학생을 바라보아야 하는가 등 학생회를 운영하는 것에 대한 마음가짐 자체가 달라졌습니다. 실제로 동학에서 배우고 느낀 점을 학생회 친구들에게 전달하며 이야기를 나누어 보고, 동학에서 영감을 얻어 활동을 꾸리기도 하는 등 우리 학교 학생회 활동에 은근히 많은 영향을 주었어요!

그렇기에 저에겐 중학교 3학년의 큰 추억이자 좋은 조력자의 역할이었습니다. 고등학교에서 와서 동학 출신들과 친해질 수 있었던 점은 추가로 좋은 점이네요. 후배들도 잘 이끌어가 주세요.

-2018년, 해○중학교 박○수

부회장이 되었을 때 '내가 과연 학생들을 대표해서 운영할 수 있을까?' 같은 의문이 들었고, 내가 어떻게 해야 하나 생각을 많이 하고 있었다. 그런데 동학을 통해 각 학교의 회장단을 만나 나와 같은 고민에 대해 여러 이야기를 나눌 수 있어서 좋았다. 다른 학교의 운영 모습을 통해 나 스스로가 다시 한번 반성할 수 있게 되었고, 학생들끼리 이야기가 오고 가면서 더 좋은 의견을 생각할 수 있었다. 동학을 통해 학교를 발전시키고, 나도 발전할 수 있었던 좋은 시간이었다.

-2019년, 인○중학교 주○담

학생회, 학교를 이끌다
[학생회가 주관하는 입학식]

3월 2일 전국 모든 학교에는 공통된 모습이 있다. 입학식이다. 대한민국 대부분 학교의 입학식 모습은 똑같다. 그런데 선학중에는 다른 것이 하나 있다. 학생회에서 입학식을 진행한다. 주어진 대본을 읽는 진행이 아니라 대본과 프로그램을 직접 계획하여 진행하는 입학식이다. 선학중학교의 입학식은 1부와 2부로 나뉜다. 2부는 교무부장이 진행하는 학사 일정 안내라든가 전입 교직원 소개와 같은 우리가 알고 있는 입학식이다. 하지만 1부는 다르다.

학생회의 공식적인 첫 행사, 입학식

학생회장이 당선되고 두 번의 리더십 회의를 거치며 제일 먼저 준비하는 사업이 신입생 맞이다. 2월에 학생회 회장단과 부장단은 이미 신입생들과 만난 적이 있다. 2월 중순에 있는 신입생 예비소집일에 새로 당선된 학생회 임원들은 아침맞이를 진행했다. 추운 겨울 날씨에 떨고, 새로운 학교에 대한 걱정과 기대에 다시 한번 떨고 있을 신입생들을 위해 따뜻한 코코아를 따라 주고 핫팩을 나눠 준다. 한 명 한 명

등교하는 신입생에게 핫팩을 나눠 주며 환영한다고, 반갑다고, 어서 오라는 말을 건넨다. 빨갛게 얼어 있는 신입생의 얼굴에 작은 안도가 엿보인다. 그리고 3월, 다시 신입생을 맞이하는 입학식. 이번에는 준비가 남다르다.

예비소집일 신입생들에게 핫팩을 나눠 주는 학생회 임원

입학식을 진행하고 있는 학생회장

부서 사업을 소개하는 학교행사부장

서투르지만 나름대로 준비한 댄스 공연도 보여 주고, 학생회장의 인사말로 신입생들을 환영한다는 이야기도 하고, 선거 공약도 들려주며 올해 어떤 학생회를 만들어 갈지 학생회장단의 포부도 전한다. 그리고 나면 각 부서의 부장들이 한 명씩 무대로 올라와 자기 부서의 사업 계획을 발표한다. 신입생들은 입학한 첫날부터, 아니 입학하기 전부터 학생회 활동을 직접 경험한다. 오늘의 학생회를 경험하고 내일의 학생회를 이끌어 갈 주인이 되는 것이다. 신입생들이 반마다 강당으로 입장할 때 뿌려지는 꽃가루와 재학생들의 환호와 박수는 덤이다.

다음은 2019년 학생회에서 계획한 입학식 시나리오다. 입학식은 새 학년도 학생회의 공식적인 첫 사업이고, 학생회의 시작을 알리는 자리이다.

번	식순	내용	ex
1	신입생 입장	9:30 - 2,3학년 강당 이동(40분까지 정렬) 9:50 - 신입생 입장 → "신입생들 입장합니다! 다들 박수와 환호로 맞이해주세요!" (학생회 무대 올라서 전교생과 함께 박수와 환호로 맞이/무대 위에서 멘트) - 입학식 1부 사회 입연수 소개 및 간단한 인사말,개식 (대본은 따로 준비)	예버랜드 노래
2	국민의례	1. 국민의례 - 국민의례가 있겠습니다. 모두 정면 국기를 향해 주시기 바랍니다. / 국기에 대하여 경례/바로. 2. 애국가 1절 제창(지휘자 박예림) - 애국가 1절 제창이 있겠습니다. 지휘자 2학년 박예림 학생 나와주세요. 3. 순국선열 및 호국영령에 대한 묵념 - 순국~묵념이 있겠습니다. / 묵념 / 바로	
3	선서	- 이어서 신입생 입학 선서가 있겠습니다.	
4	입학 허가 선언	- 다음은 교장선생님께서 입학 허가 선언을 해주시겠습니다. - 전체 공수,배례	
5	신입생,재학생 상호인사	- 신입생, 재학생 간의 상호인사가 있겠습니다. 신입생,재학생 모두 서로를 보고 서주세요. / 인사 / 신입생,재학생 바로 서주시길 바랍니다.	
6	학생회장 축사 및 학생회 소개	1.학생회장 축사 - 학생회장 축사가 있겠습니다. 학생회장 3학년 우현진 학생 나와주세요. (끝) -다음은 선학중 학생회 부서 부장들의 소개가 있겠습니다. • 학교행사부 - 이두마,이솔주 • 자체행사부 - 이진서,이수아 • 학교생활부 - 이세빈,뭐대운 • 선거부 - 박소정,유새연 • 홍보부 - 김연수,차호영	여기서부터 사회자 멘트지
7	환영영상시청	- 1부 마지막 순서입니다. 학생회와 방송부가 함께한 신입생 환영 영상 시청 시간이 있겠습니다.	
8	마무리	- 이상, 입학식 및 시업식 1부를 마치겠습니다. 신입생 여러분들 입학 진심으로 축하드리며 이어서 2부는 교무 기획 부장님께서 진행해 주시겠습니다. 감사합니다.	

2019년 입학식 1부 계획서

저희 2019 학생회가 함께한 첫 번째 행사가 입학식이었는데요. 무엇보다 신입생 학우분들께 선학중에서의 첫 시간을 행복하고 즐겁게 해 드리고픈 마음이 가득했습니다. 그만큼 준비 과정은 원만하지 않았는데요. 방학 동안 일주일 내내 학생회 임원들을 만나 열심히 준비한 때가 꽤나 아른거립니다. 강당 문을 펼치면 바로 앞에 레드카펫이 깔려 있고, 양옆에는 신입생들을 축하해 주는 선배들의 환호, 더불어 분위기를 돋우는 신나는 노래까지 3년째 학교를 다니는 저조차도 벅찬 마음이 들었습니다. '학생회라고 해도 학생이 어디까지 실행에 옮길 수 있는 것일까?'라고 생각하며 학생회가 존재하는 의미에 대해 고민도 해 보았는데요, 입학식을 직접 진행해 보니 제가 매우 무거운 자리에 앉아 있음을 느꼈습니다. 제가 졸업하는 마지막까지 선학중에 많은 것을 남기고픈 마음입니다. 힘내겠습니다^0^!

-2019년 학생회장 우○○

입학식을 진행하면서 우리 학교에 대해서 다시 한번 돌아보는 시간을 가졌다. '신입생들에 대한 기대감과 어떤 방식으로 어떻게 맞이하는 게 좋을까?'를 생각하면서 우리 학교만의 환영회를 하고 싶었다. 그래서 우리 학교에 대한 특징이나 장점을 찾아 생각할 수 있는 시간을 가져서 좋았다. 또한 입학식을 진행하면서 등교하는 학생들의 얼굴을 보고 인사와 환영을 하며 다른 학년이라도 같은 학교에서 배우고 성장한다는 공동체라는 큰 느낌을 받았다.

개학하고 입학식을 첫 행사로 시작했는데, 진행하면서 뿌듯함과 책임감을 느꼈고 학생회를 시작하는 행사로 아주 좋았다.

-2022년 학생회장 김○○

학생회의 입학식 진행이 서툴 수도 있지만, 처음부터 잘할 수는 없다. 어른들의 시선으로 볼 때 학생들은 어설프고, 실패도 자주 할 것이다. 누구나 실수하며 배우고, 우리는 학생들을 기다려 줘야 한다. 그것이 어른들의 몫이요, 교육자가 할 일이다.

학생회, 학교를 이끌다
[선학제, 아이들의 자발성 여기까지 이르렀다]

축제를 하지 않는 학교는 없다. 유치원부터 고등학교, 대학교까지 모든 학교는 축제를 한다. 유치원 축제와 대학교 축제의 가장 큰 차이는 무엇일까? 축제를 누가 만드냐이다.

유치원의 축제는 선생님들이 모든 기획과 구성, 틀을 만든다. 유치원생은 공연자로, 관중으로 참여를 한다. 대학교 축제는 학생이 기획하고 구성하며 틀을 만든다. 운영자도, 공연자도, 관중도 학생이다. 어떠한 방식으로 참여하느냐가 중요한데, 축제의 주체는 틀을 누가 만드느냐가 핵심이다. 초, 중, 고로 올라가며 학생의 역할이 커지고 기획과 운영의 노하우를 조금씩 넓히다가 대학교에 가서 꽃을 피우는 것이 이상적인데, 현실은 다르다. 초, 중, 고등학교 축제에서 학생의 역할이 얼마나 있을까? 각자 자신의 학교 축제를 떠올려 보면 답은 금방 나온다.

축제 담당 교사나 담당 부서에서 축제 기획이 나오면 학생들은 거기에 따라 프로그램을 메운다. 장기자랑 오디션을 보고, 합주, 댄스, 초청 공연에 환호하면서 축제가 끝난다. 체험 부스를 운영하는 학교도 있다. 교사들이 부스 하나씩 맡아 도우미 학생들과 운영하며 진을 뺀다. 코로나19로 2020년, 2021년 온라인 축제라는 새로운 형태의 축제가 시도되었지만 역시나 과정은 똑같다. 학교생활의 꽃이라고 할 수 있는 축제에 학생은 없다. 학생의 역할은 관중이거나 도우미다.

학생들에게 무엇을 맡길 수 있나?

선학중에서는 교문에 게시하는 현수막부터 맡겼다. 컴퓨터 글씨체로 멋있고 우아하게 만드는 현수막이 아니라 학생들이 직접 그리고 쓴 글과 그림으로 현수막을 제작해 교문에 걸었다. 내가 그린 그림이, 내가 쓴 글이 학교의 대문에 걸린 것을 보면 얼마나 행복할까? 축제의 대문을 학생들이 직접 만들어 게시한다는 것엔 현수막 이상의 의미가 있다. 물론 축제는 현수막으로만 이뤄질 수 없다. 선학중에서는 학생들에게 축제의 무엇을 맡겼는지, 어떤 권한을 넘겼는지 살펴보자.

현수막

10월 말에 진행하는 축제에 관한 1차 회의는 4월에 이루어진다. 이때 학생회는 신입생 예비소집과 입학식, 네 번의 리더십 회의와 1학년 학생회장 선거, 세월호 추모식 등을 준비하고 진행하면서 학생회가 무엇인지, 어떤 활동을 하는지, 어떻게 해야 하는지 감을 잡고 있는 상황이다. 1차 회의에서는 축제의 의미와 큰 틀에 대해 논의한다. 학생들의 장기를 뽐내는 자랑 시간이 아니라 교육과정의 결과를 꺼내 놓고 그것을 평가하는 자리라는 것을 공유하고, 수업과 동아리 등 교육과정 활동을 진행하면서 축제를 염두에 두고 발표나 체험, 전시 등으로 보일 수 있게 하자는 논의가 이루어진다. 1차 회의에는 학생, 교사, 학부모, 마을 대표들이 참여한다. 학생 중에서는 학생회 회장단과 축제를 담당하는 부장이 참석하고, 교사는 축제에 관심이 있거나 축제에 참여하는 분들이 모인다. 학부모는 운영위원이나 학부모회 임원과 같이 직함이 있는 분들이 참석하기도 하지만 학부모 동아리를 하거나 축제에 관심 있는 분들도 모인다. 마을에서는 선학중의 자유학년 수업과 방과후 수업 등을 운영하는 마을 선생님들, 협동조합에서 함께 활동하는 주민분들, 선학동에서 활동하는 시민사회단체 분들이 온다.

2차 회의는 여름방학이 끝나고 8월 말에 한다. 1차 회의에서 결정된 틀(공연, 체험, 전시 마당)에 맞춰 모둠을 나눈다. 공연마당 준비 모둠, 체험마당 준비 모둠, 전시마당 준비 모둠을 구성하는 것이다. 이때 각 모둠의 구성은 참가자의 희망에 따라 나눈다. 참가자들 대부분은 이미 자신이 어디로 가야 하는지 알고 있다. 미술 선생님은 전시마당으로 가야 함을 알고 있고, 음악 선생님은 공연마당으로 가야 하고, 자유학년이나 방과후 선생님들도 성격에 맞춰 어느 마당으로 가야 하는지 알고 있다. 학부모도 난타 동아리 활동 중이면 공연마당으로, 예년처럼 먹거리 부스를 운영하고자 하는 분은 체험마당으로 간다. 여기에 해당하지 않는 분들은 당연히 희망하는 마당으로 가면 된다. 마당별로 모이면 제일 먼저 마당의 책임자를 선출한다.

이렇게 축제 준비를 처음 시작했을 때는 미리 마당별 책임자를 내정하고 시작했다. 이 책의 집필자인 세 명이 각각 공연마당, 전시마당, 체험마당을 담당했다. 하지만 두 번째 해부터는 내정자 없이 마당별로 자체적으로 선출했고 지금까지 원활하게 진행되었다. 여기에 한 가지 원칙을 두었다. 체험마당의 책임자는 두 명을 선출하고 한 명은 반드시 학생회장을 임명한 것이다. 그만큼 체험마당은 학생들이 직접 운영하는 경우가 많아 학생들의 의견과 입장을 더욱 잘 반영해야 했기 때문이다.

이후에는 2주 간격으로 마당별 모임을 하고 논의한 내용을 전체가 공유했다. 첫 회의에는 정해진 프로그램이 하나도 없으니, 각 모둠에서 마당별 프로그램을 구성해야 한다. 학생회에서는 전시마당과 공연마당에 모둠원으로 참석하여 학생회에서 같이 할 수 있는 것을 고민하고 참여한다. 그리고 학생회장을 중심으로 체험마당을 준비하는 팀은 전교생에게 홍보하면서 체험 부스를 제안받고, 제안이 통과되면 제안한 사람이 직접 부스를 운영할 수 있도록 계획서를 받아 물품을 신청하고 부스 준비를 도와준다. 신청만으로 부스 수가 부족하다면 학생회에서 직접 아이디어를 짜서 부스를 구성하고 운영자를 모집해 진행한다. 여기에 마을 선생님들과 학부모님들의 체험 부스가 모여 체험마당을 완성하게 된다. 결국 해마다 이삼십 개를 넘는 부스가 만들어졌다. 부스 수가 전부는 아니지만 자발성의 '끝판왕'을 느끼게 되어 앞으로 어디까지 발전해 나갈지 알 수 없을 지경이다.

선학제 체험마당 현황

1	우영우 돌고래 열쇠고리	11	사격	21	석고 방향제 만들기
2	전래놀이	12	탁구공 넣기	22	팝콘
3	봉제 인형 병원	13	노래방	23	심쑥
4	당근 문방구	14	드론 체험	24	연극 공연
5	선학 한컷	15	선학영화관	25	오호 만들기
6	다문화 고고	16	6징어 게임	26	타투 스티커
7	승마	17	친환경 키링 만들기	27	테셀레이션 제작
8	귀신의 집	18	버블슈트 씨름	28	캐리커처
9	책제목 끝말 잇기	19	미션 임파서블	29	슬러시 만들기
10	립밤 만들기	20	풍선 다트	30	음식 부스

선학제 체험마당에서 운영될 부스를
모집합니다!
여러분이 운영하고 싶은 부스를
직접 운영해 보는 기회!

체험 부스 운영팀 모집　　　　　축제준비위원회 회의

축제는 어떤 모습이어야 하나?

전교생이 모두 앉아 공연을 관람할 수 있는 강당이 있는 학교는 많지 않다. 선학중은 학생 수가 많지 않아 모두가 들어갈 수 있지만, 무대도 좁고 음향이나 조명 시설도 좋지 않아 공연을 진행하기는 어렵다. 근처 학교들은 대부분 평생학습관의 대공연장을 대관해 축제를 진행한다. 선학중도 마찬가지였다. 축제 날이 되면 학생들은 삼삼오오 지하철을 타고 평생학습관으로 이동해 공연을 보고 집으로 돌아갔다. 무대와 시설이 좋긴 하지만 리허설과 축제 당일 악기와 소품들을 챙겨 오가는 것이 만만찮은 일이었고, 최종 리허설도 시간이 정해져 있어서 동선을 체크하는 정도였고, 무대에서 연습할 시간은 거의 없었다.

축제가 다가오면 학교가 들썩들썩한다. 학생들은 오디션 준비에 여념이 없고, 심사위원을 섭외하느라 담당 선생님은 이분 저분 찔러 보며 다닌다. 축제 공연마당의 핵심은 학생들의 장기자랑이었다. 학생들은 자신의 끼와 실력을 발휘하려고 애를 썼고, 그렇게 오디션에 통과한 학생들은 환호했다. 축제 무대에 올라 제대로 된 무대에서 실력을 펼칠 수 있기 때문이다. 언젠가 어느 학교 축제 식순이 '댄스-노래-댄

스-노래-댄스-노래-댄스'로 된 것을 보고 깜짝 놀랐다. 이것은 축제가 아니라 장기자랑이란 생각이 들었다.

그런 문제의식 때문에 댄스와 노래만으로 이루어진 축제를 진행하지 않으려 노력했다. 앞서 이야기한 바와 같이 교육과정 결과 발표의 의미가 충분히 전달될 수 있는 내용으로 구성하려 노력했고, 노력한 만큼 축제의 양상은 달라졌다. 축제의 양상이 달라졌다는 게 엄청난 변화를 의미하는 것은 아니다. 며칠 연습해서 발표하는 장기자랑이 거의 없다는 것이고, 일 년, 한 학기 동안 수업 시간과 동아리 활동 속에서 준비하고 진행해 왔던 내용이 축제로 채워졌다는 것이다.

학생들의 끼와 장기를 함께 나누고 공유하는 자리도 당연히 필요하다. 단지 축제가 그러한 자리만은 아니라는 것이다. 그래서 선학중에서는 '수요음악회'와 'S-POP 스타' 등과 같은 행사를 정기적으로 실시하면서 일상적으로 학생들의 끼를 발산할 수 있도록 하고 있다. 그렇기 때문에 무대에 목말라했던 학생들은 축제에서 그러한 자리를 요구하지 않게 되고, 자신들이 배우고 익혔던 것들을 표현하기 위해 노력하면서 축제의 수준이 높아지는 것이다.

선학중 축제준비위원회에는 학생, 학부모, 교사 외에도 마을이 참석한다. 학교 교육과정에 마을 선생님들이 참여하면서 자연스럽게 축제도 함께 준비하게 되었고, 축제의 방향 역시 마을과 함께하는 축제로 간다는 동의가 이루어졌다. 마을 주민들의 참여를 고민하다 보니 축제 운영 시간과 공간에 대한 배려가 필요해졌고, 운영에 앞서 주민들을 고려해야 했다. 그래서 선학중 축제는 오후 6시에 공연마당이 시작된다. 교사와 학생들은 1시에 등교해서 체험마당을 즐기고, 저녁 급식을 먹은 다음 6시부터 공연마당에 참여한다. 축제를 개방하여 많은 인원이 참여하다 보니 강당에서 축제를 진행하는 것은 무리였다. 결국 운동장에 무대를 설치하기로 했다. 업체와의 계약으로 무대를 설치하고 음향과 조명에 대형 스크린까지 준비해 온 마을이 함께 즐길 수 있는 마을 축제로 기획하게 되었다. 축제에 빠질 수 없는 것이 경품 추첨이다. 1등 자전거 상품을 받게 된 주민이 진짜 가져가도 되는 거냐며 몇 번이나 확인하던 모습이 생각난다. 선학중의 축제를 통해 일상적으로 이루어지는 교육활동의 결과와 소소한 삶의 작은 기쁨을 나누는 것이 축제의 진정한 의미임을 조금씩 깨닫게 되었다.

전교생 플래시몹

마을 선생님들 공연

참여의 형태는 다양하다

현수막을 만들고, 공연에 참가하고, 체험 부스를 운영하고, 작품을 전시하고, 관람객으로 참여하고, 축제를 기획하고, 뒷정리를 하는 것까지 다양한 영역에 학생들이 함께한다. 전교생이 모두 같은 수준의 참여를 할 수는 없지만, 객체가 아닌 주체로 참여한다는 것이 중요하다. 교사와 학부모, 마을이 함께하지만 학생이 주체이기 때문에 학생이 만드는 축제라고 이야기하는 것이다. 참여의 형태는 다양하다. 그러나 참여하는 학생들 모두가 주인공이다.

민주주의의 미래,
학생회장 선거와 학급회의
[학생회장 선거]

국가의 주인은 국민이다. 국민의 대표는 대통령이다. 민주주의의 꽃이 선거일 수 있는 것은 국민의 대표를 국민이 직접 선출할 수 있기 때문이다. 대통령은 국민이 뽑아 주었기 때문에 의미가 있고, 그 책임을 다할 의무가 있는 것이다.

그런 점에서 학생회장도 대통령과 같다. 학교의 주체는 학생(학부모, 교사)이고, 학생들이 자신들의 대표를 직접 선출한다. 그렇게 선출된 학생회장의 권한은 오로지 학생들이 부여해 준 권한이고, 학생회장은 그 힘이 학생들을 위해 쓰이도록 최선의 노력을 다해야 한다.

각자 지금 우리 학교 학생회장을 떠올려 보고, 그 어느 때 중학교 학생회장이었던 누구의 얼굴을 떠올려 보자. 어떤 모습이 기억에 남는가? 우리의 뇌리에 남아 있는 모습은 축제 단상에서 드레스와 연미복을 입고 사회를 보는 학생회장과 부회장의 모습일 가능성이 크다. 일년 동안 아무 일도 안 하다가 축제가 되면 예쁘고 멋있게 차려입고 식순에 따라 사회를 보고, 그리고 역시 아무 일도 안 하다가 졸업을 하는 것이다. 이들에게 남는 것은 생활기록부에 '○○년도 학생회장'이라는 한 줄의 기록뿐이다.

학생들은 도대체 어떤 후보에게 투표한 것이며, 출마를 선언한 후보들은 어떤 생각으로 어떤 공약을 가지고 나왔던 것일까. 학생회장을 선출하는 과정에서 학생들은 무엇을 보았고, 출마한 후보는 무엇을 배웠으며, 당선된 학생회장은 무엇을 느꼈을까. 그저 시간과 노력의 낭비는 아니었을까? 물론 그 속에서도 배움을 얻고 의미 있는 무언가를 느낀 학생들도 있겠지만 너무 작은 위안일 뿐이다.

선학중이라고 다르지 않다

선학중이라고 해서 특출난 것도 아니고 다른 학교의 모습과 크게 다를 것도 없다. 어디서부터가 시작이었을까? 2016년 2월, 선학중 학생부장(아직 학생자치부가 없음)은 업무를 준비하면서 학생회에 대한 고민을 시작했다. 인천에서는 아직 학생 자치가 미미한 수준이라 주변에 물어볼 대상도 찾기 어려웠다. 결국 경기도에서 가장 유명하다는 장곡중학교에 연락을 했고, 조성현 선생님의 배려로 새로 구성한 선학중 학생회 임원단과 함께 장곡중 학생회 이임식에 참여하게 되었다. 선학중 학생들은 장곡중 학생회의 이임식에 부서별로 한 명씩 들어가 지켜보고 질문하면서 회의는 어떻게 하는지, 어떤 사업들을 하는지 온몸으로 겪어 볼 수 있었다. 학교로 돌아오는 길, 학생회장의 눈빛이 빛났다. 당장 해야 할 일들이 많다며 의욕이 넘쳤다.

그렇게 학생회가 움직이기 시작했다. 당장 리더십 회의를 시작했고, 부서 체계와 사업 계획을 고민했다. 2016년 이전과 비교하면 활동력이 왕성해졌고 큰 변화가 보이기 시작했지만, 여전히 교사의 역할이 컸다는 것을 인정할 수밖에 없다. 그것이 문제라고 생각하지는 않는다. 어떠한 조직이든, 구성원이든 처음부터 잘할 수는 없다. 잘하겠다는 의지로 배워 나가는 것이 시작이다. 중요한 것은 2016년 학생회가 움직이기 시작했다는 것이고, 더욱 중요한 것은 1, 2학년 학생들이 변화된 학생회의 모습을 직접 보고, 듣고, 느끼게 되었다는 것이다.

2017년이 되면 본격적으로 학생회가 달라지기 시작하는데, 학생회장이라는 자리를 바라보는 시선도 많이 달라졌다. '학생회장'이라는 명함만 얻고, 생기부에 한 줄 이름만 올리는 자리가 아니라 사업을 기획하고 행사를 운영하며 프로그램을 진행하는, 학생들을 위해 끊임없이 움직이고 많은 일을 해야 하는 자리라고 인식하게 된 것이다. 그만큼 인정받는 자리가 되었고, 많은 학생이 학생회 활동을 하고 싶어 하고, 해야 하는 것으로 생각하게 되었다.

선거의 결과를 결정짓는 한 방

활기차게 움직이는 학교를 보며 학생들은 즐거워하고 재밌어했다. 그런 학생들을 보며 학생회 임원들은 기뻐하고 뿌듯해했다. 많은 후보자가 학생회장 선거에 나섰고, 더 많은 후보자가 학생회 부장단 모집에 지원했다. 회장 선거에 떨어지면 바로 부장단 모집에 지원했고 다시 면접을 봐서 부장단으로 학생회 활동을 하고자 했다.

뜻있는 학생들이 학생회장 후보로 나서면서 더는 깜깜이 선거를 진행할 수 없었다. 우리가 중학교에서 학생회장 선거를 했던 기억을 떠올려 보라. 후보로 나온 3학년 선배가 누군지, 공약은 뭔지, 어떻게 학생회를 운영하겠다는 건지 알고 뽑았던가.

학생회장 선거는 입후보 공고부터 당선인 공고까지 약 3주간에 걸쳐 진행한다. 공식적인 입후보 공고 이전에 학급회의와 '정책 제안' 프로그램을 통해 학생회장 선거에 대해 실질적인 관심을 보이게 되니 실제로는 꽤 오랫동안 선거 기간이 이어진다.

후보자는 등록 기간에 맞춰 등록 신청서와 추천서, 선거운동원과 투개표 참관인 신고서 등의 서류와 공약을 함께 제출한다. 학교에서는 공약과 사진을 받아 포스터를 제작하고, 후보자 기호 추첨, 후보자와 선거운동원 교육을 한다. 그리고 본격적인 선거운동이 시작된다. 아침맞이 시간, 3학년 학생회장 후보들과 2학년 학생회장 후보들이 저마다 피켓과 선거운동 도구를 가지고 유세를 진행한다.

선거 결과를 결정짓는 한 방. 그것은 정책 토론이다. 전교생이 강당에 모인다. 담당 학생회 부장이 단상에 올라 정책 토론 진행 순서와 참여 방법, 유의점 등을 설명한 다음에 학생회장의 사회로 정책 토론을 시작한다. 첫 번째는 후보자의 소견 발표다. 각 후보자는 자신의 공약과 출마의 변을 이야기한다. 두 번째는 공통 질문 순서다. 학생회에서 준비한 공통 질문을 던지면 후보자들은 질문에 대해 일정 시간 답변을 한다. 세 번째는 상호 질문이다. 후보자들이 상대방의 공약에 대해 질문을 준비해 오고 그것을 서로 주고받는다. 소견 발표를 제외한 모든 질문은 사전에 공개되지 않으며 토론회장에서 후보자들은 즉각적으로 답변해야 한다. 후보자의 소견 발표 모습을 보고, 공통 질문에 대한 답변을 보고, 후보자 간 상호 질문과 답변을 보며 유권자들은 자연스럽게 지지 후보를 마음속에 새기게 되는 것이다. 네 번째는 청중 질문이다. 가장 뜨겁고, 예측 불가능한 순서이다. 해를 거듭할수록 1학년 때부터 경험해 왔던 학생들이 날카로운 질문을 했고, 후보자들은 공약의 현실성과 타당성에 대해 끊임없이 설명하고 밝혀야 했다.

정책 토론이 자리 잡으면서 후보자는 학생회 활동의 목표와 과정을 충분히 고민하게 되었고, 유권자에게는 후보자의 자질을 검증하는 기회가 되었다. 그러나 여기서 끝이 아니다. 일정에 따라 매년 달라지긴 했지만 투표 전날이나 투표 당일에 후보자 유세를 했다. 후보자 유세는 후보자가 준비한 홍보 영상을 전교생에게 보여 주는데, 다양한 방식과 내용으로 후보자의 공약과 장점을 알릴 수 있다. 영상이 익숙한 세대인 학생들이라 자기 자신을 표현하기에 적합한 콘텐츠이다. 영상이 끝나면 후보자가 마이크를 잡고 자기 생각과 각오, 어떻게 공약을 지킬 것인지 등 여러 이야기를 하게 된다. 그리고 유권자들은 기표소로 가서 자신이 지지하는 후보자에게 한 표를 행사한다.

학생회장 정책 토론회

다음은 2019년 3월, 1학년 학생회장 후보들의 정책 토론회 질문지이다. 표와 같이 학생회에서는 개별 질문과 공통 질문을 준비하고, 후보들은 상대 후보에 대한 상호 질문을 준비한다. 그 과정을 지켜본 학생들은 청중 질의 시간에 즉석에서 발언 기회를 얻어 질문을 하게 된다.

개별 질문	기호 1번 이○인: 공약 1번이었던 '서로를 배려하고 도와주는 원만한 친구 관계 형성'을 위한 방안이 있는가?
	기호 2번 최○락: 봉사단의 전설이라고 불리며 초등 시절을 보내셨는데 회장이 된다면 어떤 별명으로 불리고 싶은가? 그렇다면 그렇게 되기 위해 어떻게 할 것인가?
	기호 3번 이○빈: 개선 사항을 수렴하여 해결해 나가겠다고 공약 선언. 만약에 '교내 쓰레기 문제가 심각하다'는 문제가 제기되면 어떻게 해결해 나갈 것인가?
	기호 4번 권○혁: 공약 2번이었던 '소외되는 사람이 없도록 노력할 것'을 위한 방안이 있는가?
	기호 5번 김○선: '경청'이라는 주제에서의 모범을 어떻게 보이며 학생들의 본보기가 될 것인지 구체적으로 설명한다면?
	기호 6번 정○혁: 반장 경력이 굉장히 많은데 이번 중학교 학년 회장으로서 어떻게 학생들에게 동반자가 되어 모범을 보일 것인가?
공통 질문	Q. 2019 학생회의 키워드는 '새로움'과 '변화'입니다. 이와 관련하여 자신이 회장으로서 어떻게 해 나갈지에 대한 각오를 보여 주세요.

선학중은 달랐다

선학중학교 선거에서 눈여겨보아야 할 점이 몇 가지 있다.

첫 번째는 선거관리위원회의 실질적인 활동이다. 선거를 담당하는 부서가 중심이 되고 현 학생회장과 함께 위원회를 꾸려서 선거 일정, 선거운동 기간의 프로그램, 정책 토론 기획과 준비 및 진행, 선거운동 관리 및 제반 사항들을 결정하고 진행한다. 그리고 선거관리위원회 활동의 마지막은 당선자에게 선거관리위원회의 이름으로 당선증을 수여하는 것이다. 학생회장이 다음 연도 학생회장 당선자에게 선거관리위원장의 이름으로 당선증을 주고, 차기 학생회를 꾸리고 준비할 수 있는 권한을 부여하는 것이다. 선거를 12월 말에 하는 가장 큰 이유는 1월과 2월에 차기 학생회 준비를 해야 하기 때문이다. 물론 새해 3월에는 교장 선생님이 임명장을 주지만, 학교에서 공식적으로 임명하기 전에 학생회 차원에서 당선증을 줌으로써 다음 연도 학생회를 준비하기 위한 여러 활동을 할 수 있는 기반이 되는 것이다. 그래서 선학중학교 학생회장은 '선학중학교학생회장인'과 '선학중학교선거관리위원회인' 두 개의 직인을 가지고 있다. 평가회 및 이임식을 할 때 가장 마지막 식순이 두 개의 직인을 다음 회장에게 넘겨주는 것이다.

두 번째는 돈 안 드는 선거이다. '금품-먹거리 등 살포'는 신고가 들어오면 즉시 후보자 제명이지만, 돈 안 드는 선거의 의미가 그것만은 아니다. 선거 유세를 할 때 사용하는 모든 피켓이나 도구는 자체 제작만 허용한다. 외부 업체에서 제작한 것은 사용하지 못한다. 포스터는 학교의 예산으로 제작한다. 이렇게 제한하지 않으면 집안의 경제력 차이가 포스터나 피켓의 질이 달라질 수 있고, 그것이 유권자들에게 잘못된 인식을 심어 줄 수 있다는 점이 우려스럽기 때문이다. 같은 출발선에서 동시에 출발하는 것, 이것이 선학중학교 선거의 시작이다.

학생회장 정책 토론회

세 번째는 즐거운 선거이다. 선거 유세 기간은 일주일에서 열흘 정도이다. 이 기간에는 수업 시간을 제외하고는 모든 시간에 선거운동을 할 수 있다. 단 실내에서는 소리를 내지 못한다. 아침 등교 시간과 하교 시간에는 학교가 쩌렁쩌렁 울린다. 후보가 5명이면 선거운동원이 50명이다. 수십 명이 동시에 지지 후보를 외치면 학교가 들썩인다. 쉬는 시간의 모습도 장관이다. 후보자와 운동원들이 직접 만든 피켓을 위아래로 흔들며 복도를 돌아다닌다. 소리를 낼 수는 없으니 팔을 흔드는 것과 표정으로 선거운동을 한다. 후보자의 동영상을 보는 것 또한 빼놓을 수 없는 즐거움이다. 매년 후보자 영상을 보면서 보는 눈도 길러졌을 것이고, 특히나 방송부의 영향으로 선학중 영상의 수준이 전반적으로 높아 선생님들의 감탄을 자아내는 작품들이 많이 나온다.

마지막은 정책 토론의 활성화다. 앞서 자세히 이야기한 대로 정책 토론이 학생회장 선택의 중요한 요소가 되고, 그것이 차기 학생회에 미치는 영향이 매우 크다. 정책 토론의 활성화 정도가 선거의 성패를 좌우하는 핵심이라 하겠다.

선학중학교 학생회 체계

다음 표는 2019년 선학중학교 학생회 회장단과 부장단 명단이다.

선학중에는 학년 회장 체계를 갖추었고, 3학년 회장이 전교 회장을 겸한다.

5개 부서가 있고, 학년별로 부장이 있다. 부장단 모집은 학생회장 선거 기간에 이루어지고, 투표 다음 날 당선인 공고가 나면 바로 면접을 한다. 면접 위원은 현 학생회 회장단과 당선된 회장단이 함께 맡는다. 현 학생회 회장단은 여러 사안에 대해 조언을 하고 면접 진행 등에 도움을 주지만, 실질적인 판단은 당선된 회장단이 하게 된다. 당선된 회장단과 함께 일할 부장단이기 때문이다. 한 가지 특징은 홍보부장을 부회장이 겸임하는 것인데, 일반적으로 부회장의 역할이 모호하고 위상이 애매한 경우가 많아 홍보부장을 겸임해 실질적인 업무를 수행하게 했다. 또 하나의 특징은 각 학년 회장과 부장들이 학년 사업을 진행하면서 동시에 부서 사업을 진행하는 것이다. 3학년 학교행사부장과 2학년과 1학년 학교행사부장은 같은 부서이고, 3학년이 대표부장이 된다. 그렇게 하여 학년과 부서가 종과 횡으로 엮이게 되었다.

2019년 선학중학교 학생회 조직

학년	직책/역할	이름	직책/역할	이름
3	회장	우○진	부회장/홍보부장	김○수
	학교행사부장	이○마	학교행사부차장	송○영
	자체행사부장	이○서	자체행사부차장	• 홍○빈
	학생선거부장	박○정	학생선거부차장	이○혜
	학생생활부장	이○빈	학생생활부차장	이○서
	홍보부 차장	이○준		
2	회장	박○림	부회장/홍보부장	
	학교행사부장	이○주	학교행사부차장	김○민
	자체행사부장	이○아	자체행사부차장	황○현
	학생선거부장	유○연	학생선거부차장	김○진, 노○빈
	학생생활부장	위○은	학생생활부차장	강○영
	홍보부 차장	최○빈		
1	회장	정○혁	부회장/홍보부장	이○인
	학교행사부장	이○빈	학교행사부차장	황○연
	자체행사부장	오○진	자체행사부차장	이○나
	학생선거부장	김○윤	학생선거부차장	김○휘
	학생생활부장	김○빈	학생생활부차장	김○서
	홍보부 차장	김○선, 윤○준, 이○찬		

부장단은 공식적인 모집과 면접의 절차를 따르지만, 차장과 부원은 부장의 필요가 있으면 회장단과 논의하여 선발한다. 선발 방법도 논의에 따라 달라지는데 면접이 일반적이다.

예를 들어 1학년 학생회장 선거는 다음 연도 3월 말이다. 위 표에서 2학년, 3학년 회장과 부장단은 2018년 12월에 구성되었고, 1학년 회장과 부장단은 2019년 3월에 구성되었다. 이렇게 했을 때 가장 큰 장점은 신입생들의 학생회에 대한 관심을 불러일으킬 수 있다는 것이다. 또한 2, 3학년 학생회 임원들이 큰 사업을 준비하고 치러 보면서 학생회 사업에 대해 감을 잡고, 12월 선거를 준비하는 데도 도움을 얻을 수 있다.

선학중에서 12월에 회장단과 부장단의 차기 학생회 구성을 빠르게 하는 데는 분명한 이유가 있다. 차기 학생회 구성과 운영을 위한 시간을 벌기 위해서다. 1월의 평가회 및 이임식, 2월의 리더십 회의를 통해 학생회 목표와 사업을 계획하고 준비하는 시간을 가져야 하기 때문이다. 이 시기를 놓치고 3월에 들어서 계획을 준비하면 1학기에는 할 수 있는 일이 거의 없다. 그래서 선학중에서는 2월 신입생 임시 소집일 아침맞이, 3월 입학식과 1학년 학생회장 선거 등의 사업을 맡김으로써 자연스럽게 1, 2월의 활동을 할 수 있게 했다.

다음은 학생회장 선거 기간에 1, 2학년 학생들에게 안내한 다음 해의 부장단 모집 안내문이다. 부장단 면접은 학생회 사업 계획서를 작성해서 신청하게 했고, 전·현직 회장단이 면접을 통해 뽑는다. 발 빠른 학생회 구성은 방학 기간의 다음 연도 학생회 운영 방향에 대한 고민으로 이어지므로 아주 중요하다.

2020 학생회 부장단 모집 안내

모집 대상: 선학중학교 1,2학년 재학생

모집 기간: 2019/12/26 ~ 2019/12/31(이후로는 모집을 받지 않습니다!)

면접일: 2020/1/3(금)

모집 인원: 1학년 5명 , 2학년 4명(홍보부 부장은 전교 부회장이 담당합니다!)

신청 방법: 각 학년 교무실 앞에 구비되어 있는 사업계획서 + 신청서를 작성하신
다음, 2층 학생부실 김영석 선생님께 제출해주세요.

※사업계획서?

→ 학생회 각 부서에서 진행하는 사업은 모두 사업계획서라는 것을 거쳐서 이루어집니다.
이번 2020 학생회 면접에서는 여러분들이 작성하신 사업계획서를 보고
'얼마나 학생회 활동에 대한 열정이 있는지, 아이디어가 충분한지' 를 파악할 예정입니다.
부서와 상관없이 자신의 아이디어가 담긴 사업계획서를 작성해주세요!

2019학생회 부서 안내(부서는 2020학생회장에 따라 개편될 수 있습니다!)

학교행사부: 규모가 큰 사업을 주로 맡아서 진행.
　　　　　　교내의 중심적인 행사를 담당하여 사업을 펼침.(ex: 체육대회,선학제 등)

자치행사부: 규모가 작은 사업을 맡아 자주 진행. 아침맞이를 중심적으로 자주 진행함.
　　　　　　(ex: 3.14파이데이 아침맞이, 제주 4.3항쟁 추모 아침맞이 등)

학교생활부: 학생들의 생활과 밀접한 부분을 관련하여 사업 진행.
　　　　　　(ex: 수요음악회, 화장실 캠페인 등)

학생선거부: 학생들 속의 민주적인 사업을 맡아 진행. 캠페인,토론회 등 정책적인 부분을
　　　　　　심층적으로 이룸.(ex: 정·부회장 선거, 생활협약 재·개정 등)

학교홍보부: 학생회에서 이루어지는 사업, 교내에서 이루어지는 일 등을
　　　　　　모두 안내 및 홍보, 홍보물 제작을 주로 이룸(선학중 sns운영, 선학 복권 아침맞이 등)

학생회 부장단 모집 공고문

민주주의의 미래, 학생회장 선거와 학급회의
[학생자치의 꽃, 학급회의]

학사 일정에 매월 학급자치-학급회의-시간이 배치되어 있다. 그동안 학급회의를 어떻게 진행했던가? 학생자치부에서 배부해 주는 안건지에 따라 회의를 진행했나? 무엇을 어떻게 해야 할지 몰라 자율학습 시간이나 다른 용도로 시간을 썼나? 아니면 학생들이 제시하는 의견이나 제안에 대해 함께 고민하고 의논했나? 학교 차원에서 안건지가 내려오지 않으면 무엇을 해야 하나 우왕좌왕하는 경우가 태반이다. 평소에 학급자치에 대해 고민하지 않았으니 당연하다. 학생들도 어떤 안건을 내야 하는지 무엇을 제안해야 하는지 모른다. 역시 당연하다. 해 보지 않았으니 말이다.

학생자치에 학급자치는 없었다

고백하자면 학급에서 서클과 같은 관계 만들기에 많은 공을 들였지만 한 걸음 더 나가려는 고민이 부족했고, 방안을 찾기도 힘들었다. 쉽게 해결할 수 있는 문제가 아니었다.

선학중에서는 학생회장과 부장단 회의에서 매달 학급회의 안건을 제안하도록 했다. 학생회에서는 진행되는 사업에 맞춰 학급에서 논의할 수 있도록 안건을 제시하고, 논의된 내용을 대의원회에서 공유한다. 이 방법이 나쁘다는 것은 아니다. 오히려 학교 전체가 학생자치나 학급자치에 대해 동의하기 어려울 때 사용할 수 있는 좋은 방법일 것이다. 한계가 있다면, 우리 학급의 문제가 논의 대상이 되지 못했다는 것이다.

학생자치의 내용에 위계가 있다고 생각하지는 않지만, 적어도 학생자치의 범위 안에는 학생 개개인, 학급, 학년, 학교 차원에서의 형식과 내용이 존재해야 할 것이다. 선학중의 학생회 활동은 주로 학교 차원에서 이루어졌고, 학년 학생회의 활동을 통해 학년자치의 모습을 일부 담아냈다. 하지만 학생들이 생활하는 가장 기본적인 단위인 학급에서의 자치는 담임선생님에게 일임해 버린 게 아닌가 하는 생각이 들었다.

그래도 학급회의는 진행했다

아쉬움은 남지만, 학생회에서 안건을 제시하고 모두가 공통의 문제에 대해 논의하고 그 의견을 모으는 과정은 충분히 의미가 있다. 학급회의 일주일 전에는 회장단과 부장단이 모여 이번 달 학급회의 안건을 논의한다. 정리된 안건을 가지고 오면 자치부에서는 학생회 안건과 학교 차원에서 필요한(학교폭력이나 안전과 관련된) 안건을 추가하여 각 반에 배포한다.

학급회의는 반장과 부반장이 진행한다. 반장이 회의를 주재하고 부반장은 의견을 정리하는 역할을 한다. 학급회의를 하면 대부분은 입을 다물고 있고, 의견 제시는 늘 몇몇 학생이 도맡아 하곤 한다. 그래서 선학중에서는 학급회의를 모둠별로 진행하기로 했다. 반장이 안건을 제시하면 모둠별로 논의를 시작한다. 모둠별로 나온 의견을 전체 공유하고, 부반장은 그 내용을 정리한다. 이렇게 정리된 내용을 가지고 반장은 대의원회의에 참석한다. 대의원회의는 특별한 경우가 아니면 학급회의를 진행한 당일 실시한다. 대의원회의 역시 학급에서와 마찬가지로 학년별 모둠을 구성하여 각 학급에서 나온 의견을 정리하고, 전체 공유하고, 학생회 서기는 이 내용을 정리한다.

학급회의-모둠별 결과 공유

학생회장이나 각 반의 반장에겐 이러한 회의 진행 방법이 낯설지 않다. 리더십 회의를 학급회의 진행 방식에 맞춰서 운영하기 때문이다. 학기별 학급 정·부반장 선거가 끝나면 리더십 회의를 하게 되는데, 여기서 학년 사업을 논의할 때 진행 방식이 학급회의와 같다. 그래서 학급의 반장들은 자연스럽게 학급회의 진행 방식을 습득하게 되는 것이다.

대의원회의가 끝나면 학생회장과 자치부장은 교장실로 간다. 교장실에는 학교 행정실장도 참석한다. 대의원회의 논의 내용과 학교에 건의하는 내용에 대해 함께 의견을 나눈다. 시설이나 예산과 관련해 필요한 부분은 행정실장이, 교사나 학사 일정과 관련해 필요한 부분은 자치부장이 학교 입장을 대변해 이야기 나누고, 되도록 반영될 수 있게 방법을 찾는다. 이러한 즉각적인 피드백은 학생회 활동에 대단히 큰 동기부여와 자부심을 준다. 또 이렇게 논의되고 반영되는 내용은 곧바로 전체 학생에게 홍보가 된다. 학생들은 너무나 놀라운 경험을 하게 된다. 내가 제안한 건의 사항이 받아들여져 학교의 모습이 바뀌는 것을 목격할 수 있다.

다음은 리더십 회의에서 반장·부반장들에게 나누어 주었던 학급회의 진행 요령이다. 반장들은 리더십 회의에서 똑같은 방식으로 회의를 경험해 보고, 학급으로 돌아가 회의를 진행하게 된다. 그 옆의 자료는 학생회에서 학급에 제시한 학급회의 활동지이다. 학급회의 안건은 학생회의 사업 제안이나 의견 수렴 등으로 이루어지며, 학교 차원에서 논의할 내용도 제시한다.

학급 회의 진행 요령

• 학급회의는 반장이 진행함. 부반장은 서기의 역할을 함
• 준비물 – 안건지(모둠별 한 장, 진행용 한 장), 스티커페이퍼(or 자석)

1. 개회 선언 : "지금부터 제 ○ 차 학급 회의를 시작하겠습니다."라고 선언한다.
2. 자리 정돈 : "모둠별로 토의가 가능하도록 책상을 이동해 주시기 바랍니다."라고 이야기하고, 수업시간과 같이 모둠별로 책상을 옮기도록 한다.
3. 심의 사항
   가. 제안 설명 : 배부된 안건지를 모둠별로 나누어 주고, "제 ○ 차 학급회의 의제로 첫 번째, 학급에서 학교폭력을 예방할 수 있는 방안에 대해 토의하겠습니다. 구체적인 방안에 대해 모둠별로 토의한 후 각 모둠의 대표가 발표해 주시면 좋겠습니다. 두 번째, 투훈 개발에 대한 의견을 받겠습니다. 투훈을 개발하는 문제에 대해 찬성과 반대로 의견과 이유를 모둠별로 토의해 주시면 감사하겠습니다.
   나. 모둠별 토의 : 그럼 지금부터 첫 번째 안건에 대한 모둠 활동이 있겠습니다. 모둠 토의 시간은 5분입니다. 나누어드린 A4 용지에 작성하시면 됩니다. 시작해주세요......(모둠별 논의-모둠 상황을 보면서 진행함).
   다. 모둠별 발표 및 확정 : 첫 번째 안건에 대한 모둠별 발표가 있겠습니다. 1모둠 대표 나와주세요......(모둠별로 발표한 A4 용지를 칠판에 부착). (모둠별 발표가 끝나면) 첫 번째 안건에 대해 각 모둠의 ○○○○한 의견들이 나왔습니다. 의견에 대한 질문이 있으시면 질문하여 주시고 그 의견 답변하여 주시기 바랍니다. 이 중 우리반을 대표할 수 있는 의견 한가지를 확정 하겠습니다. (토의나 거수의 방식을 선택할 수 있음) 우리반의 대표의견으로 적합하다고 생각하신 것이 있으시면 말씀해주세요. 더 이상 의견이 없으시면 거수로 확정하겠습니다. 우리반의 의견으로 ○○○○이 확정되었습니다. 동의하십니까?......(학생들 "동의합니다")
   [두 번째 안건도 같은 방식으로 진행합니다.]
4. 학교에 대한 건의 사항 : 학급회의를 통해나온 건의사항을 대의원회의에 보고하고 학교측에 전달하여 개선되도록 조치함.
5. 회의록 낭독 : 서기(부반장)는 안건지에 회의 결과를 기록하여 학급원들에게 보고하고 이상 여부를 묻는다.
6. 담임선생님 말씀 : 담임선생님으로부터 평소 학생들의 자치생활 전반에 관한 지도, 조언과 아울러 회의 진행상의 태도나 기능상의 과정을 점검한다.
7. 폐회 선언 : "이상으로 제 ○ 차 학급회의를 마치겠습니다."

학급회의 진행 요령

제 3 차 학급회의 활동지   2019년 10월 21일 월요일

인천에서 가장 혁신적인 선학중학교라고 자부하지만, 우리만 알고 있는 문제점을 찾아보고, 그 개선책에 대해 논의해 보는 시간을 가져보도록 하겠습니다.

1. 선학중학교의 (수업, 방과 후, 동아리 활동, 체험 학습 등 모든) 생활에서 '더 나은 문제가 있나'라는 것은 무엇인가요?
   개선할 수 있는 아이디어도 함께 논의해 주세요.

문제점	개선책-아이디어

2. 2020년 학생회장에게 지금까지 나온 개선책과 아이디어를 공약으로 제안해 봅시다.

공약제안 1	
공약제안 2	
공약제안 3	

3. 건의 사항

학급회의 활동지

이렇게 해 보자

학급자치의 모습은 어떠할까? 학급에서 생활하면서 불편한 점을 제기하고 이 문제를 어떻게 해결하면 좋을지 함께 의논한다. 우리 학급에서 어떠한 사업이나 행사를 진행하면 좋을지 의견을 제시하고, 진행 여부나 진행 방법을 함께 의논한다. 우리 학급원들이 학교생활을 잘하기 위해서는 무엇이 필요한지 논의하고 실행한다. 이 정도로 정리될 수 있지 않을까?

학교에서는 학급회의 시간을 교육과정에 넣는 것만으로도 학급자치의 토대를 만들었다고 생각할 것이다. 하지만 교사도, 학생도 학급

회의 시간에 무엇을 해야 할지 먹이를 기다리는 아기 새처럼 학교만 바라보고 있다. 그래서 학생회에서 안건을 내려 주거나 그 시간에 논의할 내용을 만들어 주기를 기다리는 것은 아닐까?

1학기 첫 번째 대의원회의 안건으로 각 학급의 1학기 사업 계획 발표를 제안한다. 그러면 학급회의를 통해 우리 학급의 1학기 사업 계획을 논의하고, 그 내용을 정리해서 파워포인트로 작성해 학급 반장이 대의원회의에서 발표한다. 학급에서는 우리가 1학기 동안 무엇을 할 것인지 논의하는 과정에서 계획을 세우고, 그 계획을 실행할 동력이 생길 것이다. 학기 말에 학급 사업 평가회를 진행한다는 것을 미리 공지하면 더욱 좋다. 대의원회의에서 발표하는 형식이 부담스러울 수도 있지만, 그렇게 함으로써 학급의 움직임을 끌어낼 수 있다. 일단 그렇게 시작해 보자.

아래는 한 학급의 학급 사업 계획 자료이다. 3월 말에 열린 대의원회의에서 이미 진행했던 사업들과 4월 이후 계획된 사업에 대해 발표한 내용이다.

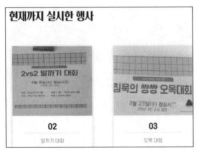 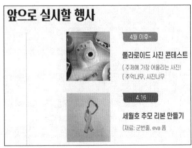

학급 사업 계획 발표

아직은 행사 위주의 첫걸음을 뗀 수준이고 고민해야 할 부분도 많다. 학급자치는 풀뿌리민주주의에 가깝다. 즐거운 학교생활을 위한 다양한 행사, 학교 교육과정의 적용을 통한 학급 운영, 평화로운 학급을 만들기 위한 약속, 민주시민으로 자라나기 위한 의사결정과 실천 과정이 학급에는 필요하다. 풀뿌리민주주의는 학급 구성원의 참여가 필수적이다. 구성원들의 참여와 호응을 이끌기 위한 방안을 함께 고민해야 한다.

시대에 맞는 학생과의 약속, 생활협약

[생활협약]

왜 '규정'이 아니라 '협약'인가

지금은 생활협약이라는 말이 대중화되었지만 2017년만 하더라도 생소한 말이었다. 인천에서는 사례를 찾을 수도 없었다. 모든 학교에는 학생 생활 규정이 있다. 말 그대로 학생들의 생활을 규정해 놓은 것인데, '규정'이란 '규칙으로 정함 또는 그 정하여 놓은 것'으로 정의할 수 있다. 즉 학생들이 입학하면 이미 마련되어 있는 규정에 따라 생활하게 되는 것이다. 하지만 협약은 의미가 전혀 다르다. 생활협약에서의 '협약'은 '협상에 의하여 조약을 맺음 또는 그 조약'을 의미하는데, 여기서 주목해야 하는 단어가 바로 '협상'이다. 즉 누군가가 정해 놓은 것이 아니라, '어떤 목적에 부합되는 결정을 하기 위하여 여럿이 서로 의논함'이라는 협상의 과정에서 만들어진 협약에 따라 학생들이 생활하게 되는 것이다. '여럿이'라 함은 당연히 학교의 주체인 학생, 학부모, 교사이다. 3주체의 협상을 통해 만들어진 것이 생활협약이고, 규정과 달리 스스로 만든 약속인 만큼 그 의미는 남다를 수밖에 없다.

우리는 왜 생활협약을 만들고자 했는가?

선학중학교는 2015년 실질적으로 상벌점을 폐지했다. 그 이전부터 계시던 선생님의 말씀이다.

"2012년에 선학중에 왔더니 다른 학교들처럼 상벌점이 있더라고요. 아이들이 벌점이 쌓이면 여기저기 봉사활동을 하고 상점을 받아 벌점을 없애는 방식이었어요. 벌점을 받은 것에 대한 교육은 없는 거죠. 벌점이 쌓이도록 행동하고, 상점을 받아 차감하는 것에 대해 문제의식을 지닌 선생님들이 많았지요."

상벌점 폐지 이후 선생님들은 학생 생활지도에 많은 불안과 염려를 표했다. 특히 상벌점 폐지 이후 생활지도의 기준이 선생님마다 다르게 적용되면서 학생들과 선생님들의 불만이 동시에 터져 나왔다. 학생들은 '왜 우리 담임선생님만, 왜 우리 학년만 이렇게 강압적이야?'라고, 선생님들은 '학생들을 지도할 무기가 없지 않나? 도대체 어떻게 학생들을 지도하라는 것이지?'라며 학생부에 강한 원망의 눈길을 보냈다. 관리자들 역시 생활지도를 강조하며 나서자 학생부도 더는 손을 놓고 있을 수 없었다.

2016년 2월 교사 연수에서 이렇게 이야기했던 기억이 난다.

"선생님들께 생활지도의 무기를 드리겠습니다. 그것은 회복적 생활교육을 통해 형성될 학생들과의 관계, 또 거기서 발생하는 신뢰입니다."

이날 생활교육에 대한 교사 합의가 일정 부분 이루어졌고, 관계 맺기 프로그램들을 시작하게 되었다. 명색이 혁신학교인데, 상벌점과 처벌이 일상화되는 폭력적인 관계 맺음이 이루어지는 학교를 만들 수는 없었다. 학교에는 당연히 학생 생활 규정이 있다. 두발의 길이와 염색, 도서관이나 보건실 등 특별실 이용, 교복 착용과 실내화 종류까지 학생들의 일상생활의 세세한 모습이 규정으로 만들어져 있다. 하지만 가능한 한 학생들에게 규정을 들이밀어 강제하지 않으려고 노력했다. 선생님들의 다양한 아침맞이와 학급 약속 정하기, 공동체 놀이, 배움의공동체 수업 등 학교를 전반적으로 즐겁고 편안하고 안전한 공간으로 만들기 위한 활동을 끊임없이 실행했다. 소소한 규정 위반은 모르는 척 눈감고 넘어갔다. 관계 맺기의 시작을 화난 얼굴과 성난 목소리로 하고 싶지 않았다. 웃는 얼굴과 반가운 목소리로 아침을 시작하고 싶었고, 그렇게 관계를 시작하고 싶었다. 물론 여전히 학생들과 교사들의 문제 제기는 계속되었고, 학교에 우리가 지켜야 할 규칙이 필요하지 않으냐는 목소리가 나오기 시작했다.

우리는 무엇을 모르고 있었나?

그렇게 2017년 생활협약이 시작되었다. 아니 시작하려고 했는데, 고민이 생겼다. 학생과 교사가 함께 지킬 약속을 정해야 하는데, 그 범위를 어디까지 해야 할지 감을 잡을 수가 없었다. 폭력이나 흡연 등 선도위원회나 학교폭력자치위원회 사안은 그대로 두면 되지만, 그 외에 남아 있는 학교 규정 중에 어디까지 약속의 범위로 해야 하는지 고민이 되었다. 교복 문제를 예로 들면, 복장 규정에는 당연히 교복을 입게 되어 있지만 이것을 지키지 않는다고 선도위나 학폭위에 회부되지는 않는다. 그렇다고 이 문제, 저 문제는 약속의 대상이 아니니 빼고, 어느 곳에서 논의하자고 제한을 두는 것도 생활협약의 취지에 맞지 않으니 고민스러웠다. 생활협약 대상의 범위조차 몰랐던 것이다.

이러저러한 고민 속에서도 어떻게든 생활협약을 만들어 봐야겠다는 굳은 의지로 학생회와 함께 시작하게 되었다. 그러나 학생들의 생활협약 내용이 하나둘 드러나면서 교사들이 곳곳에서 웅성거리기 시작했다. 고데기 사용, 염색과 파마의 허용, 체육복 등교, 교복의 변형 허용, 화장 허용에 수정 화장 허용, 귀밑 3센티미터까지 귀걸이 허용…. 뒷목 붙잡고 쓰러지는 분들이 나타났다. 교사 생활협약을 논의하는 자리에서 학생의 생활협약을 어떻게 할 것이냐에 대한 격론이 벌어지기도 했다. 거기서 깨달은 것이 있다. '우리가 지켜야 할 규칙이 필요하지 않으냐'라는 말에는 학생들 스스로 지킬 약속의 내용을 만들게 하는 것만이 아니라, 학교에서 최소한 이 정도는 학생들이 지켜야 한다는 가이드라인을 만들어야 한다는 의미도 있다는 것을 말이다.

생활협약을 진행하기까지 우리는 어떻게 지내왔나?

교사와 학부모 생활협약도 만들지만, 학교에서는 학생들의 생활협약이 중요할 수밖에 없다. 학생자치에서 학생들이 스스로 생활 규칙을 정하는 것만큼 중요한 일도 드물 것이다. 선학중에서는 이러한 학생자치를 지원하기 위한 업무 부서가 있다. 학생자치부. 2017년 학생부에서 회복적 생활교육과 학생회, 축제, 체험학습 등의 업무를 가지고 분리했다. 학생부에서의 학생회는 여러 업무 중 하나일 뿐이지만, 학생자치부에서의 학생회는 전부다. 그러다 보니 학교와 학생회가 수직적인 구조에서 수평적인 구조로 자연스럽게 바뀌게 되는 기적을 체험했다. 학생회장과 학생자치부 부장교사가 동반자가 된 것이다. 그렇지 않으면 '학생자치'라는 말 자체가 성립할 수 없는 것이다. 하나에서 열까지 교사의 지시와 주도로 이루어지는 학생자치가 가능할까. 이런 학생자치부에서 학생회와 함께 학생 생활협약을 진행했다. 수차례의 학급회의와 대의원회의, 전교생 토론회 등을 함께 준비하고 만들어 왔다.

2017년 생활협약 토론회

우리는 이렇게 생활협약을 만들었다

학생 생활협약을 어떻게 만들었는지가 중요하다. 그 지난한 과정은 당시 학생회장(2017년 학생회장 장세이)의 글로 대신하려 한다. 학생의 입장에서 바라보는 생활협약을 만드는 과정이 더욱 의미 있다고 판단했기 때문이다.

•가장 기억에 남는 학생회 활동은?
지금까지 내가 활동한 2017년도 선학중학교 학생회가 실시한 많은 사업들 중 가장 중요하고 값진 활동은 생활협약이었다. 자율적인 선학중학교 학생회 활동을 대표하는 생활협약은 말 그대로 학생들이 생활하는 데 필요한 규칙을 만드는 활동이다. 화장,

복장 등 기존 우리 학교의 교칙은 많은 것을 제한했다. 우리는 그 항목들을 제한하는 이유에 대해 고민하기 시작했고, 그 고민의 결과는 생활협약이었다.

• 생활협약의 과정은?

3차례의 학급회의(4월 3일, 5월 30일, 7월 18일)를 통해 학생들의 의견을 모았다. 회의를 한 번 할 때마다 300개의 의견이 나왔고, 그 의견들을 모아 하나의 학생 측 제안으로 추리기는 상당히 힘들었다. 학급회의에서 다루지 못한 세부적인 부분은 아침맞이를 통해 진행했다. 1차 회의에서 나온 추가 의견을 학생 측의 제안에 포함할 것인지를 아침 등굣길에 투표하는 것이다.

예상할 수 있듯이 이렇게 많은 회의를 통해서도 하나로 정해지지 않는 부분은 용모·복장이었다. 모든 학생이 자기의 입장을 중심으로 생각해서 화장 자체를 금지하자는 학생부터, 눈썹까지만, 눈화장까지만, 모든 화장을 자율화하자는 학생까지 엄청나게 다양한 의견이 있었다. 의견이 다른 학생은 차츰 자신의 의견 중 부딪히는 부분을 하나둘씩 수정했고, 점차 다수의 의견이 한 개의 방향으로 흘러가기 시작했다. 이런 과정을 거친 우리의 용모·복장 규칙은 한 줄이다.

"학생이라는 신분과 나이를 고려, 남에게 혐오감을 주지 않는 선에서 한다."

대부분의 학생이 용모·복장에 대한 의견을 하나로 모으기 어렵고, 모을 필요도 없다는 것을 인식했기 때문이다.

이렇게 우여곡절 끝에 의견을 모은 것만큼이나 힘들었던 일은 부모님들과의 충돌이 우려됐다는 점이다.

• 생활협약에서 어려웠던 점은?

생활협약은 3주체(학생-학부모-교사)가 함께 만들고 논의한 규칙이다. 짬짬이 생활협약을 준비한 학생들처럼 선생님들과 부모님들도 회의를 통해 각자의 제안을 만들었다. 그리고 전교생이 모인 자리에서 3주체 대표들이 강당에 모여 대토론회(8월 26일)를 했다. 예측 가능하듯이 부모님, 선생님과 가장 많은 의견 차이가 나타났던 부분은 용모·복장이었다. 특히나, 대토론회에 대표로 나오신 부모님들은 확고한 신념을 가지고 계셨다.

'학생이라는 신분에 어울리는 모습은 맨얼굴로 생활하는 것.'

달랐던 가치관은 '학생다움'이라는 단어를 다르게 해석했다는 점이다. 시간이 지나고, 갈등은 고조되고 우리는 서로의 의견을 수용할 수 없었다. 결국 화장을 하겠다는 것이 아니라 화장을 할지, 하지 않을지를 학생 스스로 선택할 수 있어야 한다는 우리의 확고한 의지가 생활협약 용모·복장 부분에서 통과됐다.

또한 머리 고데기의 안전성 문제는 학생들이 소지한 고데기에 있는 KC마크를 조사해 인증하기로 했다. 많은 학생이 실시간으로 질문하면서 각 주체 대표 9명뿐만이 아닌, 학생 300명과 그보다 더 많은 사람이 참여할 수 있는 기회였다.

• 생활협약이 남긴 것

토론을 준비하면서 이토록 떨렸던 적은 없었다. 전교생이 지켜보는 자리에서 어른들과 맞선다는 점이 두려웠다. 하지만 이 토론을 준비하고, 해 봄으로써 다른 학생들도 우리가 치열하게 맞서 얻은 규칙이라는 점을 한 번 더 생각해 볼 수 있었다. 물론 나 또한, 생활협약이 아주 소중해졌다.

실제로 생활협약 제정 후에 크게 바뀌지 않았다는 선생님들의 이야기를 들을 때면 뿌듯하다. 하지만 잘 지켜지지 않는 생활 예절에 대해서는 캠페인의 필요성을 느끼곤 한다. 또한 용모·복장을 주연, 생활 예절을 조연으로 생각하는 몇몇 학생에게 안타까움을 느끼곤 한다. 정말 중요한 것은 우리가 학교를 다니는 태도와 마음이다. 우리는 매일 주변의 규칙을 의심하고 경계해야 한다. 매년 부족한 부분을 보완하고, 주기적으로 수정이 이루어졌을 때, 비로소 선학중학교의 교칙은 완성될 것이다.

학기 초부터 계속 우리 옆에 있었던 생활협약, 대토론회를 끝으로 마무리되었다. 우리의 힘으로 정한 우리의 규칙이라는 점이 자랑스러운 활동이었다.

학생뿐만 아니라 학부모, 교사도 생활협약을 만들었다. 학부모님들은 지속적으로 오프라인 모임을 진행하기 어렵기 때문에 주로 가정통신문을 이용했다. 가정통신문을 통해 취지를 설명하고, 과정을 알리고, 의견을 모았다. 그렇게 모인 의견은 비슷한 내용끼리 묶어 다시 가정통신문을 보냈다. 수정 의견을 받고, 그렇게 모인 의견들을 다시 추려서 동의 여부를 물었다. 교사는 수차례 교직원 회의 시간을 이용해 생활협약의 영역과 세부 내용을 만들어 갔다. 학생들에 비해 학부모와 교사의 협약 내용을 만들어 가는 과정은 그렇게 힘들지 않았지만, 교사들의 학생 협약 내용에 대한 염려와 그 대응 방법을 모색하는 과정이 힘들었다. 물론 가장 걱정스러운 것은 학부모님들의 반응이었다. 쉽게 합의되지 않으리라고 생각했었지만, 어느 정도의 파장을 일으킬지 예상할 수 없었기 때문이다.

생활협약 계획 일정을 살펴보면, 계획보다 시간이 더 소요되었다. 마지막 3주체 협의회가 2017년 8월 18일에 개최되었고, 최종 3주체 생활협약식은 여름방학이 지난 9월 14일에 진행되었다.

2017년 생활협약 제정 과정

일시	내용	비고
3월 중	학생, 교사: (오리엔테이션) 존중의 약속 의견 수렴	영역별 분류
4월 3~7일	학생: 학급 존중의 약속 추가 의견 수렴(자치회의)	
4월 10~14일	교사: 추가 의견 수렴(설문, 학년협의회, 부서협의회) 생활협약 소위원회 협의회: 학생 문화 성찰, 일정 공유	
4월 17~21일	학생: 학년별 전체 토론회(강당에서 학년별로 진행) 학부모: 가정통신문을 통한 존중의 약속 의견 수렴 교사: 교직원 회의를 통한 의견 수렴과 토론회	학생 월드카페
4월 24~28일	학부모: 영역별 내용 통지-의견 수렴 학부모 토론회 실시 교사: 영역별 내용 통지-의견 수렴	가정통신문 메신저
5월 8~12일	생활협약 소위원회: 주체별 존중의 약속 문구 정리	
5월 15~19일	학생, 학부모, 교사 공청회: 누구나 참관 가능	강당
5월 22~26일	학생: 대의원회의 최종 추인 교사: 교직원협의회 최종 추인 학부모: 학부모회 최종 추인	
5월 31일	생활협약 선포식	
6월~	주체별 생활협약 실천 방안 마련 토론	.

3주체 생활협약식

다시 하겠느냐고 묻는다면?

생활협약이 만병통치약은 아니다. 학생들만 보더라도 생활협약을 바라보는 시각은 천차만별이기 때문이다. 교사와 학부모의 생각도 제각각이다. '생활지도가 무너져 주변의 문제아들이 몰려오면 어떻게 하느냐'라는 우려부터 '우리의 문제를 스스로 결정할 수 있는 학생자치의 올바른 모습'이라는 시각까지, 그 안에 더 넓은 스펙트럼으로 많은 사람이 존재했다. 학생들 또한 생활협약을 제정했다고 해서 하루아침에 모두가 모범생이 되고 주체적인 인간이 되는 것이 아니다. 요즘 학교에서는 학생들에게 공공의 적인 학교와 선생님들이 사라져서 자기네들끼리 갈등이 늘어난 것 아니냐는 농담을 하곤 한다. 문제 없는 학교, 갈등 없는 공동체는 존재하지 않는다. 생활협약을 통해 많은 것들을 꿈꾸지만 역시나 해결되지 않는 문제들이 너무나 많다. 그럼에도 당연히 희망은 있다. 스스로 무엇을 할 것인지 고민하기 시작하는 학생이 나타나기 시작했다. 지금도 서로 다른 꿈을 꾸고 있고, 앞으로도 서로 다른 꿈을 꿀 테지만, 자기 자신과 공동체를 돌보는 학생이 하나둘 늘어나는 것은 부정할 수 없는 사실이다.

생활협약을 만드는 과정은 정말 길었다. 학생 330여 명의 생각을 모으는 과정에, 선생님들과의 날이 선 협의에 진이 빠졌다. 여러 회의와 토론을 거쳐 마지막 3주체 토론회의 압박이 가장 심했다. 학교에서 늘 마주하는 선생님들과의 토론에 주눅 들지 않고 원활하게 이루어질지, 어떻게 토론에 임할지 미지수였던 학부모와의 토론은 어떠할지…. 예상대로 토론은 쉽지 않았다. 모든 과정을 이야기할 수는 없지만 어른들 틈에서 학생들이 어려웠으리라는 건 쉽게 예견할 수 있다. 긴장감이 고조되고 한 토론자가 학생들에게 "도대체 왜 그렇게 화장을 하려는 것이냐?"라는 질문을 보냈다. 이때 학생회장이 마이크를 잡더니, "우리는 화장을 하겠다는 것이 아닙니다. 화장을 할 것인지, 말 것인지를 우리가 결정하겠다는 것입니다"라고 단호하게 이야기했다. 그 순간 우리가 왜 생활협약을 해야 하는지, 왜 생활협약을 하고자 했는지를 압축적으로 보여 주었다는 생각이 들었다.

"그래! 그거야!"

우리는 생활협약 선포식을 진행했다. 3주체 모두가 모여서 우리의 약속을 선포한 것이다. 그것은 시작일 뿐이다. 우리가 정한 약속을 지켜 나가고, 지켜지지 못하는 약속이 있다면 왜 지켜지지 못하는지, 어떤 어려움이 있는지, 약속이 무리한 것인지 등을 지속적으로 논의하고 수정해 나가야 한다. 지금까지의 과정이 생활협약을 시작하기 위한 준비였다는 생각을 하면 한숨이 나오기도 한다. 하지만 우리에게 지금 생활협약이 없다면, 다시 하겠느냐고 묻는다면, '반드시 다시 하겠다!'라고 대답할 것이다. 학교에서 화장을 못 하게 하면 학생들은 앞에서는 지우고 몰래 다시 하거나, 반항하거나 한다. 아니면 조용히 포기한다. 하지만 생활협약을 만드는 과정에서 학생들은 성장했고, 성숙해졌다. '무엇을 하겠다, 안 하겠다'는 문제가 아니라, 우리 스스로 결정하는 게 중요함을 깨달을 수 있는 생활협약이라면 반드시 다시 할 것이다.

2019년 생활협약 개정

생활협약을 제정했다고 끝은 아니다. 실제 학교생활에서 문제가 되는 부분은 없는지, 수정해야 할 부분은 없는지 지속적으로 살펴봐야 한다. 2019년에 생활협약 개정을 진행했다. 2017년 제정 때만큼이나 어렵고 힘든 과정이었지만, 2017년 생활협약 제정할 때 없었던 학생들에게 이미 만들어져 있으니 지키라고 하는 것은 약속의 의미에 맞지 않는다. 내가 동의해야 약속이 되는 것이고, 내가 동의해야 지킬 수 있기 때문이다. 2017년과 마찬가지로 모든 과정이 끝나고 학생들은 자신의 이름에 지장을 찍었다. 새로운 우리의 약속이 만들어졌고, 새로운 관계가 형성되었고, 새로운 주인이 나타나게 되었다.

2019년 생활협약 개정 3주체 토론회

2019년 생활협약 개정 협약식

회복적 생활교육과 경계 세우기

[경계 세우기]

학교의 시작, 첫날의 시작은 서클이다

3월 2일. 모든 학년의 학생들과 담임선생님은 학급 서클을 진행한다. 첫날 학교에 오는 마음을 물어보고, 지금의 상태를 확인하고, 앞으로 학급에서 바라는 게 있는지 이야기를 들어 본다. 입학하는 첫날, 학년을 시작하는 첫날, 모든 학급은 서클로 일 년을 시작하는 것이다. 서클을 시작하는 순간 담임선생님과 학생들은 동등한 관계가 된다. 그것이 실질적이든 상징적이든 학생들은 상하 관계가 아닌 동등한 관계로서의 선생님을 경험하게 되는 것이다.

이것이 학생자치의 실현 과정에서 '학급자치의 시작'이라고 본다. 학급에서 가장 강력한 힘을 지닌 것은 담임선생님이다. 학생들도 발언하고 행동할 수 있지만, 어디까지나 담임교사의 허락과 동의하에서 가능할 뿐이다. 이런 동등하지 못한 상황을 인정한다면 학급에서의 자치는 기대하기 어렵다. 그래서 담임선생님과 학생이 동등한 관계에 위치하게 되는 서클로 일 년을 시작하는 것이고, 이것이 학생자치의 시작이다.

학급 서클 모습

회복적 생활교육을 꿈꾸다

3월 초 교실에서는 존중의 약속을 논의하는 학생들과 선생님의 목소리가 들려온다. 학생이 선생님에게 지켜야 할 약속과 선생님이 학생에게 지켜야 할 약속, 학생들 사이에 지켜야 할 약속에 대해 의견을 내고 근거를 든다. 우리 반의 약속으로 채택할 것인가 토론을 벌인다. 그렇게 각 반에서 채택된 내용은 학년에서 모아서 복도에 게시하고 모든 학생이 볼 수 있도록 한다.

교사-학생 존중의 약속 정하기

학급 규칙 세우기

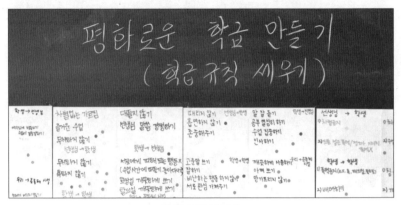

학급 규칙 세우기

2학기에는 '나는 친구들이 이런 행동이나 말을 하면 너무너무 싫다!'와 '나는 친구들이 이런 행동이나 말을 하면 너무너무 좋다!'라는 주제를 제시했다. 학급에서 토론을 통해 구체적인 내용을 정리하고 학급의 약속으로 삼기를 바랐던 것이다. 이러한 약속을 만들면서 학교생활에서 자신들의 공동체가 어떤 모습이기를 바라는지 고민하고, 그런 모습으로 만들기 위해 어떤 약속이 필요한지를 스스로 정하게 된다.

다음은 학생이 선생님에게 지켜야 할 점, 선생님이 학생들에게 지켜주었으면 하는 점, 학생들 서로가 지켜야 할 점을 학급별로 정리하고, 학년에서 모아서 정리한 내용이다. 이것을 학년의 모든 학생이 일상에서 볼 수 있도록 복도에 게시했다.

매년 2월에는 교사 워크숍이 진행된다. 이때 반드시 들어가는 프로그램이 서클이다. 교사 서클만으로도 의미가 있지만, 학급에서 학생들과 서클을 진행해야 하기 때문에 진행자의 역할을 습득하기 위해서도 필요하다. 서클을 통해 학생들은 동등한 힘의 크기와 평등을 몸으로 체험하고, 존중과 경청, 공동체 안에서의 연결을 경험하게 된다.

2016년 3학년 존중의 약속 모음-복도 게시

선생님 → 학생 선생님께서 학생들에게 지켜 주었으면 하는 내용	학생 → 선생님 우리가 선생님들께 지켜야 할 점
공평하게 대해 주세요.	경청할게요.
친절하게 설명해 주세요.	공손하게 인사할게요.
친구같이 편한 선생님 되기	수업 시간에 예의 지키기
후하게 대해 주세요.	수업 시간에 선생님 존중하기
종례 빨리 끝내 주세요.	선생님 말씀 잘 듣겠습니다.
학생 → 학생 우리가 서로 지켜야 할 점	
담배 피우지 않기	
웃으며 인사하자.	
수업 시간 전까지 앉아 있기	
기물 파손하지 않기	
패드립하지 말자.	

존중과 책임, 관계를 중시하는 모습은 곳곳에서 보인다. 선도부와 상벌점의 폐지, 생활협약의 제정과 교사들의 아침맞이 등 생활지도가 아니라 생활교육을 하고자 했고, 회복적 생활교육을 바탕으로 학생들과 교사들의 관계를 맺고자 했다. 또한 회복적 정의를 바탕으로 공동체를 만들고 유지하고 회복하고자 했다. 하지만 현실은 녹록지 않았다. 학생들이 순식간에 바뀔 리도 만무하거니와 오히려 학교 질서가 더욱 무너지는 듯한 모습에 선생님들의 반발도 만만치 않았다.

경계 세우기는 반드시 필요하다

학생들과의 관계 맺기를 통해 평화로운 공동체를 세워 나가는 것이 목표지만 그 과정에는 반드시 경계를 세우는 작업이 필요하다. '경계'라는 것은 가능한 것과 가능하지 않은 것 사이에 선을 긋는 것이다. 생활협약을 제정했지만 그것이 학교생활의 모든 것에 기준이 되지는 못한다. 일상의 작은 부분들에 대한 약속도 필요하고, 어디까지 가능하고 가능하지 않은지에 대한 경계를 명확하게 하는 것도 필요하다. 하지만 학생들의 생활하는 모습 하나하나, 세세한 부분까지 경계를 세우기 시작한다면 학생들이나 그것을 지켜보는 교사들은 자연스러운 일상생활을 하기 힘들어질 것이다. 그래서 '혁신 지혜 모으기'를 통해 학생들이 스스로 생활과 학습 면에서의 경계를 고민하게 했고, 교사들도 모여서 어디까지를 경계로 삼을 것인지에 대해 논의를 시작했다.

이런 고민과 논의를 바탕으로 생활교육과 생활지도의 중간 어디쯤에서 구성원들의 합의를 끌어냈다. 2018년에는 지각을 하는 학생들이 중앙 현관에서 자신이 몇 분에 도착했는지, 사유는 무엇인지를 스스로 적고 교실로 들어가게 했다. 선생님들이 지적하기보다는 스스로가 생각해 볼 수 있는 기회를 주자는 의미였고, 지각의 경계를 세우고 그것을 지키지 않았을 때 스스로 성찰하는 계기를 마련하고자 한 것이다. 또한 교복을 입지 않고 생활하는 학생이 반복적으로 드러나면 생활협약을 낭독하게 했다. 2019년에는 생활협약 재개정과 더불어 좀 더 구체적인 상황에서 경계를 세우는 활동을 했다. 생활교육의 모습에서 멀어진 것이 아니냐는 의견도 있었지만 각 학교가 처한 현실에 맞춰 학생과 교사의 합의가 더욱 중요할 것이다.

다음은 생활협약에서 다루지 않았던 세부적인 사항에 대한 경계 세우기를 다룬 내용이다.

경계 영역이 늘어나고 경계를 세우는 과정을 명시했다. 선생님들은 명확한 지침이 명시화되어 문건으로 정리되자 안심하게 되었고, 회복적 생활교육에 대해 가능한 만큼의 합의가 이루어졌다. 여기서 눈여겨봐야 할 것은 SS단의 공식적인 출범이다. 그동안 비공식적으로 활동했던 SS단이 공개적으로 드러나는 순간이었다.

2019 선학중학교 경계 세우기

1. 경계 영역

교복	사복 금지	지각	08시 40분 이후 등교
욕설	수업 시간. 교사 앞	쓰레기	휴지통에 버리지 않음
실내외화	실내외 구분 착용	수업시간 지키기	시종 이후 미착석. 무단결과
화장실 휴지사용	과도한 사용. 벽부착	수업방해	소란. 수면 등

2. 경계 세우기 단계

0단계	문제 상황이 무엇인지 알려주자.		경계 문구[1], 알림판
1단계	학생 스스로 문제를 인식해야 한다. 1-1. 상황을 인식하게 한다. 1-2. 공동체에 미친 영향을 인지하게 한다.	담임 교사 교과 교사	1-2. 회복적 성찰문[2]
2단계	2-1. 성찰문을 바탕으로 학년 부장이 　　　문제 상황을 재확인 시켜 준다. 2-2. 학부모와 함께 문제 해결 방안 논의.	학년 부장 담임 교사	
3단계	SS단 운영		비공식 선도위원회
4단계	특별 교육 이수 4-1. 문학산 등반. 승기천 마라톤 4-2. 타지역 명산 등반	담임 교사 혁신부	4-1. 매월 실시 4-2. 학기별 실시
5단계	선도위원회 개최	학생부	공식 선도위원회

※ ONE OUT
 - 학교폭력 사안 발생시 즉각 학교폭력대책자치위원회 회부
 - 선도 사안(절도, 교권 침해, 부정 행위) 발생 시 즉각 선도위원회 회부

1) '휴지통을 배부르게 하자'. '여기는 쓰레기통이 아니여'. '휴지는 쓸 데 쓰자' 등등
2) 회복적 성찰문 - 왜 지키라고 하는 것인가. 왜 이런 상황이 발생했을까. 이로 인한 영향은 무엇인가

2019 선학중학교 경계 세우기

회복적 생활교육과 경계 세우기

[SS단]

회복적 생활교육을 포기하지 않는다

학급에서 사고가 발생하거나 싸움이 일어나거나 자해나 여러 가지 생활이 어려운 학생들이 발견되면 일차적으로 담임이 감당해야 한다. 학년 부장과 관리자에게 보고하지만, 그것은 보고일 뿐 학급의 일에 실제 관여하는 경우는 거의 없다. 대부분 학급 담임 혼자서 감당하기가 어렵다. 학년 부장에게 도움을 구해 함께 고민하기도 하지만 여전히 많은 어려움이 도사리고 있다. 딱히 학교에서 도움을 요청할 만한 곳도 없다. 그래서 선학중에서는 'Sunhak Solution 모임'(이하 SS단)을 구성하게 된 것이다.

SS단은 학급 담임이나 학년에서 요청이 오면 소집 안내를 한다. 정해진 구성원은 없다. 자치부장과 혁신부장 정도만 고정적으로 참가하고, 사안에 관련된 선생님이나 관련된 학생들을 잘 아는 선생님들이 모이게 된다. 모이면 사안에 대한 설명을 듣고 어떻게 접근할 것인지, 문제가 있다면 어떻게 해결 방안을 모색할 것인지 등에 대해 논의를 시작하게 된다. 자해하는 학생에서부터 도난, 폭력에 이르기까지 담임 교사 혼자서 끙끙거리던 일들을 함께 고민하게 된 것이다. 구체적인 사례는 워낙 개인적인 문제들이라 세세히 밝히기가 어렵지만, 지금도 학교 내부에서 해결 가능한지를 판단하고, 어렵다면 외부 심리 상담, 법률적 지원, 치료 등 가능한 자원을 모두 동원해 어려움을 겪고 있는 학생들을 지원해 주는 모임이 SS단이다. SS라는 이름의 어감 탓에 현재는 '벌새단'이라는 이름으로 활동 중이다. '벌새'는 내가 사는 곳을 위해 내가 할 수 있는 일을 하겠다는 작은 실천의 상징이다. 우리가 살아가는 세상, 우리가 함께하지 않는다면 학교와 세상은 조금씩 어두워질 뿐이다.

오해는 없기를 바란다. 선도위원회를 하지 않기 위한 수단은 절대 아니다. 선도위원회나 학교폭력대책위원회에 회부되어야 할 사안이라면 반드시 회부한다. 그건 학생부에서 진행한다. 다만 그 전에, 처벌을 논의하기 전에 관련 학생이 자신의 행동에 대해 돌이켜 생각해 보고, 그것이 어떤 영향을 끼쳤는지 확인해 보고, 그래서 어떻게 책임져야 할 것인지 스스로 생각하는 시간을 주는 것이다. 또한 학교에서 도와주어야 할 지점은 없는지 다시 한번 찬찬히 살펴보는 과정이다.

폭력 사안의 회복적 서클 사례를 소개하고자 한다. 개인적으로 민감한 사안이라 개인 정보는 되도록 드러나지 않도록 했다.

회복적 서클의 실제

개요: 과학 시간 학습지를 끝내고 엎드려 있는 ○○(다문화 학생). △△은 ○○의 속옷이 보이자 등쪽 교복을 내려 주었고, 쉬는데 건드린다고 생각한 ○○은 △△의 팔뚝을 침. △△도 ○○의 팔뚝을 쳤고, 3~4회 반복 중 △△이 더 맞을까 봐 멈춤. 자리로 돌아온 △△은 □□나라 애들은 힘이 세니 □□에 가면 조심해야 한다는 등의 □□을 비하하는 발언을 세 차례 함. 쉬는 시간 교실로 돌아가는 복도에서 ○○이 △△을 발로 차고 주먹으로 얼굴을

가격하여 턱이 부어 병원으로 감.

각자 인식: ○○은 체육 시간이 지나고 과학 시간에 피곤하고 예민한 상황에서 학습지를 끝내고 쉬고 있는데 평소 장난이 심한 △△이 건드린다고 생각해 화가 나서 팔뚝을 쳤고, □□ 비하 발언을 하자 어릴 때부터 반복되는 상황에 화가 나 복도에서 폭력을 행사함. △△은 엎드려 있는 ○○의 옷을 내려 주려던 것뿐이었는데 팔뚝을 맞게 되자 기분이 나빴고, 평소 자신보다 힘이 센 ○○에게 더 맞을까 봐 멈추고 자리로 돌아와 □□ 비하 발언을 세 차례 함. 이것으로 복도에서 맞음.

상호 이해: ○○는 옷을 내려 주려고 했던 △△의 의도를 몰랐고, 어릴 때부터 □□에 대한 이야기가 지속적으로 괴로웠던 상황이라 화가 많이 났었다. 세게 때리지는 않은 것 같았지만, 병원에까지 가게 된 것을 알고 많이 다쳤을까 걱정이 되었다. △△는 ○○이 체육 시간으로 인해 힘들고 예민했었던 상황을 몰랐고, 화가 나서 □□ 이야기를 했는데 그것이 ○○에게 그렇게 괴롭고 힘들게 하는 말인지 몰랐다. 그 부분은 자신에게 책임이 있다고 생각한다.

상호 약속: ○○은 평소에는 괜찮지만 자신이 기분이 나쁠 때 장난치거나 건드리면 화가 많이 나기 때문에 △△이가 자신의 감정을 파악해서 장난을 치면 좋겠다고 했고, △△이는 아침에 만나면 '오늘 기분이 괜찮니?'처럼 인사하듯이 물어보고 서로의 기분을 배려해 주자고 약속함. 또한 서로 함께 장난을 치다가도 정도가 심해지면 '그만하자'라고 말하고, 그러면 '그러자'하고 함께 멈추기로 함.

두 학생의 다툼이 있었다. 평소라면 전담 기구가 열리고 학폭을 준비하느라 분주했을 것이다. 그러나 그것보다 더욱 신경 써야 할 일이 있었다. 바로 회복적 서클이었다. 매뉴얼에 따른 절차를 준수하는 것만으로 학생들의 관계가 사건 이전으로 돌아가지는 않는다. 평소 친하게 지냈고, 함께 장난을 치던 두 학생은 이 일을 계기로 감정의 앙금이 쌓인 채 어색한 상태로 지내고 있었다. 당연히 두 학생의 사건을 목격한 학생들과 학급 학생들 또한 불편한 관계인 채로 지냈다.

담임선생님이 학급 분위기가 너무 어렵다며 도움을 요청했고, 회복적 서클을 진행해 보자고 제안했다. 서클을 준비하면서 두 학생에게 취지를 이야기하고 목격한 학생들과 두 학생을 평소 잘 아는 선생님들과 함께 서클을 진행해 보자고 제안했다. 하지만 △△은 ○○에게 맞은 것이 창피하고 여러 사람에게 알려지는 것을 원하지 않았다. △△이 가질 수치심을 고려하여 참가자는 과학 교사, 사건 목격 교사, 담임교사, 학생부장, 두 학생으로 제한하여 실시하기로 했다.

학생부장이 사전에 작성한 간략한 진행 대본

1. 서클로 앉는다.
2. 두 학생의 다툼이 있었습니다. 이 문제에 대해 다 같이 얘기해 보는 시간을 가지려고 합니다. 원래는 학급의 모든 학생이 함께하면 좋겠지만 두 학생의 희망에 따라 몇 분 선생님들과 모임을 진행합니다.
3. 그러면 △△와 ○○ 사이에 어떤 일이 있었는지 간단히 말해 줄래요?- 각자 자신의 입장에서 이야기를 하고, 한 명이 얘기하면 다른 한 명이 상대가 한 말을 다시 짧게 반복하도록 한다.
4. 말해 줘서 고마워요. 아마 두 친구 간의 일로 학급의 많은 학생과 학교의 많은 선생님에게도 영향을 끼쳤을 겁니다. 오늘은 너희들의 입장을 받아들여 우리끼리만 얘기하지만, 오늘 이후에 학급 친구들과 함께 이야기하고 싶다면 언제든지 얘기해 주길 바라고 있어요. 선생님은 여기에서 누가 더 잘못했는지를 따지기보다는, 일어난 일들로 인해 우리가 어떤 영향

을 받고 있는지 이야기해 보는 시간을 갖고 싶어요. 그리고 앞으로 어떻게 되기를 바라는지에 대해서 말하고 듣는 시간을 갖도록 해 봐요.

5. 이 일로 인해서 어떤 느낌이 들었는지 솔직하게 이야기해 주시기 바랍니다. 나와 다른 의견일지라도 진실을 말하고 있음을 믿고 들어주세요. 여기서 나눈 이야기는 절대로 다른 사람들에게 전해지지 않도록 비밀을 유지해 주시기 바랍니다. 선생님부터 시작해서 왼쪽으로 돌아가겠습니다.

6. 감사합니다. 둘만의 사소한 일처럼 보이지만, 개인적인 일을 넘어서 모두 영향을 받고 있다는 것을 확인하게 되었네요. 앞으로 어떻게 되기를 바라는지 또는 다시 이런 일이 반복되지 않기 위해 우리가 무엇을 하면 좋을지 이야기해 볼까요?

7. 솔직한 생각과 의견을 주셔서 고맙습니다. 우리는 서로 긴밀하게 연결되어 있어서 한 사람의 행동이 파동처럼 다른 사람에게 영향을 주고 있습니다. 너의 불행이 나의 불행이 되고, 너의 행복이 나의 행복이 되는 이유도 바로 여기에 있습니다. ('6'에서 나온) 몇 가지 제안들이 있는데 이런 것들을 실천해 보기 바랍니다.

8. 마지막으로 오늘 서클이 어떠했는지 간단한 소감을 들어 보겠습니다.

물론 처음부터 끝까지 위 대본처럼 흘러가지는 않았다. 전체적인 방향은 유지했지만, 세부적인 발언들은 상황에 맞춰 조금씩 수정했다. ○○은 5살 때 □□에서 이주해 초등학교부터 국내에서 다녔다. 어릴 적부터 □□에서 왔다는 수많은 편견 속에서 생활해 왔고, 스스로 살아남기 위해(맞지 않고 따돌림당하지 않는다는 의미) 무던히도 애를 쓰는 학생이었다. 선생님들조차 ○○이 그런 생각, 마음을 가지고 있으리라고는 생각지도 못했던 부분이었다. 그냥 조용히 살아가는 학생이라고만 생각했던 것이다. 음악적인 재능이 뛰어난 ○○이 어느 날 갑자기 복싱을 배우겠다며 학원을 보내 달라고 안 쓰던 떼를 썼다는 어머님의 말씀이 온전히 와닿은 순간이었다.

일반적인 상황이었다면 학교폭력대책자치위원회에서 신체폭력과 언어폭력에 상응하는 조치를 내리고 끝났을 것이다. 두 학생은 그렇게 마음의 문을 닫은 채 살아가게 되었을 것이다. 어설픈 회복적 서클이었지만 서로의 마음을 꺼내 놓음으로써 상황이 달라지는 것을 목격하게 되었다. 회복적 생활교육의 희망을 보는 순간이었다.

말로 표현하긴 어렵지만, 어려웠던 점은 학생들이 자신의 감정을 솔직하게 드러낼 수 있도록 하는 점인 것 같고, 좋았던 점은 그 아이의 다양한 면을 알고 있는 다양한 선생님들이 그 다양한 면을 끄집어내 줘서 퍼즐 맞추기를 한 것처럼 아이의 마음을 열수 있었다는 점. 그래서 그 아이도 그런 점에 영향을 받았다는 점인 것 같아요. 아이의 마음을 들어줄 수 있었고, 그 아이도 다른 이의 마음을 알 수 있었다는 것이 좋았습니다.

-담임교사

다른 사람이 말한 것을 다시 한번 말하게 하는 방법이, 다른 사람의 이야기를 들어주게 하는 연습이 될 수 있다는 것을 알게 되었습니다. 올바르게 인도된 서클이 서로의 입장을 이해하는 데 큰 도움을 주는 것은 분명합니다.

-참여 교사

세월호와 사제동행 프로그램

[세월호, 그 뒤 우리에게 남겨진 것은]

'대한민국의 교육은 세월호 이전과 이후로 나뉜다.'

모두가 동의하지 않을지는 모르겠지만, 세월호가 우리 교육에 미친 영향이 크다는 것에는 많은 사람이 동의할 것이다. 많은 가치 중에서 '안전'이 손꼽히는 가치가 되었고, 인권, 환경 등 학생들의 삶에 영향을 미치는 것들이 중요한 가치로 자리매김했다. 그중에서도 '가만히 있지 않겠다'는 의식의 변화에 중요한 의미가 있다. '가만히 있으라'는 어른들의 부당하고 무책임한 발언에 '가만히 있지만은 않겠다'는 각오는 자기 삶을 되돌아보는 계기가 되었고, 지금 어떻게 살아야 할지를 고민하게 만드는 중요한 키워드가 되었다. 그래서 세월호를 잊지 않고 기억하는 것은 중요하다. 우리의 각오를 기억하는 것이고, 우리의 삶을 깨우는 것이다. 그렇기에 선학중의 일 년 중 가장 큰 행사 중 하나가 세월호 추모식이 되었다.

선학중에는 아주 의미 있는 전통이 있다. 교사들의 업무 부서 간 경계를 조금이나마 허무는 것이다. 일상적인 업무 처리를 위한 부서의 구분은 분명하지만, 학교 전체가 움직이는 사업에는 부서 간의 경계가 잠시 사라진다. 축제가 대표적이고 체육대회, 졸업식 등을 준비할 때는 함께한다. 세월호 추모식도 마찬가지다. 강제는 없다. 메신저를 통해 '세월호 추모식을 준비하고자 하니 함께하실 분들은 언제, 어디로 모이세요'라는 내용을 보고 자발적으로 모인다. 2017년 자료를 보면 교감 선생님을 포함해 아홉 명의 교사와 학생 회장단 네 명이 모여 '416준비위원회'라는 이름을 걸고 추모식을 준비했다. 이것은 지금까지도 이어지고 있으며, 매년 다른 생각들이 모이다 보니 작년 행사를 답습하지 않고 다양한 형태의 추모식을 진행하고 있다.

이렇게 준비한다

3월 중순 전 교사에게 메시지를 보낸다. 정해진 것은 4월 16일에 진행한다는 것과 학생회에서 제안한 전교생 플래시몹을 한다는 것, 그리고 4월 21일 세월호 유가족분들이 선학동에 있는 연수구평화도서관 개관식 행사에 오신다는 정보뿐이었다.

3월 말 '416준비위원회' 회의를 진행하는데, 교감 선생님을 포함해 교무, 연구, 3학년 부장님과 담임선생님들, 미술 선생님과 도서관 사서 선생님 등 아홉 분이 모였다. 선생님들의 참여도 자발적이다. 추모식에 참여하기 위해 오신 분도 있고, 그냥 궁금해서 오신 분도 있고, 도와줄 것이 있는지 해야 할 일이 있지 않나 해서 오신 분도 있다. 학생은 2, 3학년 회장단 네 명이 참석했다.

416준비위원회 회의 결과는 아래와 같다.

사전 활동	미술과: 미술사 관련 세월호 수업 도서관: 추모의 벽, 추모 영상 자치부: 드레스 코드 촬영-전시 학생회: 세월호 배지 기금 마련/ 플래시몹 율동 교육-홍보
아침맞이	학생회: 노란 배 만들기, 바람개비 만들기, 배지 기금 마련, 플래시몹 율동 홍보 만화 동아리: 페이스페인팅, 핀버튼 제작
1교시	플래시몹: 운동장 플래시몹에 사용된 학급별 플래카드 꾸미기: 교실
4월 21일	연수평화도서관 개관식 참석: 세월호 유가족 합창단 공연 -플래시몹 영상, 기금, 플래카드 전달

이렇게 추진한다

미술과에서는 수업을, 도서관에서는 추모의 벽 제작을, 학생회와 댄스부는 직접 제작한 영상 배포와 교실로 찾아가는 교육을 통해 플래시몹 율동을 가르쳐 주었다. 학생회는 등교 시간 아침맞이를 할 때마다 플래시몹 율동을 시범으로 보여 주며 알렸고, 교무실로 찾아가 선생님들에게도 율동을 가르쳐 주었다. 추모식 열흘 전에는 미리 공지를 하여 노란색 드레스 코드를 갖춰서 등교하게 했다. 노란색 옷, 신발, 머플러, 모자, 배지 등등 노란색을 몸에 지니고 등교하면 그 모습을 사진으로 찍고 인화하여 사진전을 진행하는 것이다.

행사 당일, 등교 한 시간 전부터 교문에서는 플래시몹 노래와 학생회 임원들의 율동이 시작되었다. 교문 한쪽에서는 노란색 종이로 종이배와 바람개비를 접어 학교 담장에 걸었고, 기부금을 내고 배지를 받아 가는 학생들로 교문 근처가 북적였다. 화단 앞에는 만화부 동아리 학생들이 책상에 앉아 원하는 학생의 얼굴과 손에 페이스페인팅을 해 주고, 핀버튼을 제작해 기념으로 증정했다. 선생님도 여러 분 학생들 곁에 있었다.

1교시는 자치 시간으로 플래시몹을 진행하고 플래시몹에 사용했던 플래카드에 학급별로 메시지를 적는 시간을 가졌다.

추모식 이후에는 각 반에서 제작한 플래카드와 드레스 코드 때 촬영한 사진을 인화하여 급식실로 이동하는 통로인 구름다리에 걸어 놓았는데, 전시는 일주일 동안 계속했다. 그리고 나서 세월호 유가족분들에게 플래시몹 영상과 플래카드, 배지 판매 기금을 학생회장이 직접 진행 내용을 설명하고 전달했다.

학기 초 학생회 정비를 마치고 의욕이 넘쳤던 4월은 세월호 추모 행사로 바빴어요.

4월은 '옐로 데이'였죠. 노란색 배지, 우산, 인형 등을 들고 온 학생들로 학교가 노랗게 물들었어요. 등굣길에 노란 개나리처럼 웃고 있는 친구들의 사진으로 작은 사진전도 개최했는데요, 4월 21일에는 선학동 작은 도서관에서 유가족분들께 세월호 배지 모금액과 전교생 대상 플래시몹 동영상을 드렸습니다.

세월호 추모 기간은 학생회 대표 임원 모두에게 동기 부여가 되는 날들이었어요. 소소한 행사들이 모여 많은 사람에게 도움이 됐다고 하니 전교생이 나뭇가지를 하나씩 모아 활활 타오르는 불을 지핀 느낌이었죠.

-2017년도 학생회장 장세이

망각을 이겨 내다

2018년에는 세월호 희생자들의 이름을 손에 썼다. 잊지 않겠다고도 썼다. 그리고 하루 종일 그 이름을 바라보았다. 2019년에는 희망하는 학생들 모두와 영화 〈생일〉을 관람했다. 영화관에 세월호 유가족이 오셨다. 함께 인사하고 이야기를 나누었다. 충혈된 눈을 휴지로 꾹꾹 누르면서 집에 갔던 기억이 난다. 학교 건물 곳곳은 설치미술 작품이 자리를 잡았다. 미술 시간에 세월호를 주제로 제작한 작품들이었다.

어떤 '행사'를 했는지, 가슴에 배지를 달고 다니는지, 그 자체는 별 의미가 없다. 그것은 우리가 잊지 않기 위한 몸부림이고 망각을 이겨 내려고 벌이는 싸움이다. 우리는 매년 20140416을 기억할 것이고, 세

2018 이름을 불러 주세요

2019 만화 동아리의 세월호 그림

교직원 노란색 드레스 코드

2022 세월호 아침맞이

월호를 기억할 것이고, 그 아픔과 눈물을 기억할 것이고, 그 모든 것들을 해내고 있는 우리를 기억할 것이다. 세월호와의 연대는 이웃과의 연대를 나타내는 상징이다. 그렇게 우리는 시대를 살아간다.

세월호와 사제동행 프로그램
[사제동행: 등산, 문학 기행, 독서캠프]

사제동행, 삶 속에서 배우다

세상은 교사에게 교양과 고도의 전문적인 지식을 요청하고 있는데, 아직도 작은 우물 안에서 손바닥만 한 하늘만을 세상의 전부인 양 바라보며 안주하는 교사들이 있다. 그동안 잊고 있었던 전문가로서의 위치를 찾으려면 교사문화라는 고정된 틀을 깨고 나와야 한다. 많은 사람과 만나고, 이질적인 문화를 공유하고, 외부와 끊임없이 관계 맺어야 한다. 수동적으로 자기방어에 급급한 교사가 아니라, 교실을 열고 끝없이 배우고 소통하는 프로그램과 수업을 만들어 가야 능동적인 교사가 될 수 있다.

　　　　　　　　　－사토 마나부, 『수업이 바뀌면 학교가 바뀐다』에서

'교육을 혁신하는 모델 학교'로서 혁신학교가 가야 할 방향을 함축한 글이다. 교과 지식을 넘어서는 교육을 늘 염두에 두고 수업과 학교의 문화를 만들어 가야 한다. 책상에 앉아 있을 때 아이의 모습과 '밥을 같이 해 먹는 순간'의 아이의 모습은 완전히 딴판이다.

'저 녀석 고등학교나 가겠나?'라고 생각했던 아이가 능숙하게 닭고

기의 튀김옷을 입히는 모습을 보면 알량한 교과 지식으로 교만했던 교사 스스로를 반성하게 된다.

요즘 애들이 등산을?

사제동행의 이름으로 선학중에서는 다양한 행사를 꾸준히 진행하려고 노력했다. 그 대표적인 것이 등산이었다.

왜 '산'이냐고 묻는다면? 나이 든 사람들은 자연을 좋아한다. 아이들은 활동적인 것을 좋아한다. 둘의 교집합이 '등산'인 것이다. 근대교육과 지금의 학교라는 제도가 만들어진 뒤에 학교라는 공간 안에 아이들을 가두었는데, 그 울타리를 벗어나야 하는 것이 오늘날 교육의 과제가 되었다. 그런 점에서 마을 속에서의 교육이 점점 중요한 가치로 자리 잡고 있는데, 그에 앞서 옛 선조들처럼 산과 들을 교재 삼아 호연지기를 기르는 것은 삼국 시대부터 중요한 교육과정이었다.

하지만 어른들이 '산'을 좋아하는 것과 아이들을 이끌고 가는 것은 차원이 다른 문제다. 결국 언젠가는 백두대간을 종주할 날이 오겠지만, 가까운 산에 가는 것부터 시작해야 한다. 아이들은 대부분 가까운 산에도 잘 가지 않는다. 청소년기에 들어서면서는 '책상 공부'를 중요하게 여기는 가정과 사회의 분위기에 '땀을 흘리는 일'이 천대받기 시작한다. 하지만 땀을 흘리는 삶과 분리된 것은 결코 아이들에게 좋은 일이 아니다. 예전에도 그랬지만 체육 시간에도 '영어 단어'를 외운다고 운동을 안 하는 아이들이 있다. 그것이 건강한 삶일까. 그 시간조차 마음 편히 몸을 움직이지 못하는 아이는 어떤 상태일까.

사제동행과 관련한 교육청 지원 예산은 늘 끊이지 않는다. 버스비나 점심 식사비 등 예산 지출이 큰 항목을 지원받아 갈 수 있어 감사한 일이다. 강화도의 마니산은 해발 471미터로 그다지 높지 않음에도 바다와 강화도의 논과 밭이 펼쳐져 있어 조망이 굉장히 좋은 산이다. 앞서 얘기한 대로 버스를 빌려서 마니산에 가기 전에 학교 근처의 문학산에도 아이들 수십 명과 함께 올랐다. 아이들은 갈 곳이 없고, 놀 곳이 없다. 삶의 경험이라는 게 나올 수가 없는 것이다. 특히 경제적 사정이 좋지 못한 것이 분명한 아이들도 여럿 눈에 띈다. 마음 아픈 일이다.

학교 근처의 산에 갈 때는 몰랐는데, 마니산처럼 해발이 제법 되는 산에 오르니 산행에 부족한 준비 상태가 눈에 들어왔다. 물도 제대로 챙기지 않은 아이, 특히 몸에 달라붙어 산행할 때 여간 곤혹스럽지 않은 청바지를 입은 아이, 밑창이 아주 얇은 운동화를 신고 온 아이 등등 걱정이 되었다. 마니산 등반로는 아주 작은 모래 알갱이들이 많아 내리막길에서는 여간 조심해야 하는 게 아니라서 자주 주의를 주

마니산 등반

는데도 여기저기서 넘어지곤 했다. 등산에서 제일 골치 아픈 게 발목이 꺾여 인대가 늘어나거나 골절상을 당하는 일인데, 등산화가 아닌 일반 운동화를 신은 아이들이 넘어지는 일이 더욱 잦았다. 학교 차원에서는 안전이 중요하므로 사제동행의 의미를 살리고자 한다면 높은 산보다는 낮은 산이라도 자주 가는 게 더 중요할 수 있겠다. 어쨌든 한번 경험하고 나니 지리산에 갈 때는 준비를 잘할 수 있었다. 2019년 여름방학을 맞아 한라산 다음으로 높다는 지리산 천왕봉을 오르기로 했는데, 마니산에서의 경험을 바탕으로 등반 며칠을 앞두고 입고 갈 옷들과 배낭 등을 미리 가져오게 해서 검사를 했고, 부족한 것들은 보완하도록 안내했다.

등산은 사실 굉장히 과격한 운동이다. 그래서 안전과 관련해서 조심할 점이 있다. 먼저 등산을 좋아하는 어른이 꼭 있어야 한다. 교사 중에 없다면 학부모, 졸업생 등 누구라도 좋다. 우리가 가려는 산에 답사를 다녀오든지, 그 산에 대해 잘 아는 사람이 있어야 한다. 혹시 모를 위험에 대비해 세심하게 준비해야 한다.

안전 못지않게 중요한 것이 있다. 담임선생님들을 통해 이런 활동이 꼭 필요한 아이들에게 참여를 권유하는 것이다. 중학교 시기 부적응 학생들은 학교 교사와의 관계만 잘 이루어져도 많은 것이 해결된다. 학교폭력 등으로 전학을 온 아이는 함께 등산하고 나서 복도에서 마주치기만 해도 반가워한다. 수업에 들어가지 않더라도 교사와 함께 힘든 과정을 겪었다는 이유로 묘한 연대의식을 느끼는 듯하다. 이렇게 희망자들이 참여하는 것 외에 교사들은 학교에서 소외되고 적응하지 못하는 아이들이 참여할 수 있도록 하는데, 담임선생님이 아이를 직접 데리고 오기도 한다. 학교가 이런 활동을 마련함으로써 언제든 사제동행의 기회를 제공하는 것이 중요함을 실감한다.

"선생님, 힘들어요. 도대체 얼마나 남았어요?"

청소년 시기, 성장이 중요하다고 말한다. 그런데 어떻게 성장하게 되는지 잘 생각해 보라. 고난을 견딘 사람에게 성장이 있는 것이지 말로만 강조한다고 성장하는 것이 아니다. 아이들은 얼마나 남았는지 끊임없이 묻는다. 가만 생각해 보면 우리가 오를 산의 정상까지 얼마나 가야 하는지를 묻는 게 아니라, 우리 인생의 살아갈 방향을 묻는 것인지도 모르겠다. 사제동행으로서의 등산은 불확실한 미래를 견뎌야 하는 우리 아이들에게 정말 근사한 체험임이 분명하다.

문학 기행, 인물의 삶

사제동행은 등산만이 아니라 문학 기행으로도 이어졌다. 문학 기행이나 역사 기행은 수업 시간에 배운 것과 연계하면 더할 나위 없이 좋을 것이다. 마침 2016년에는 영화 〈동주〉가 상영되었고, 2017년에는 윤동주 탄생 100주년이어서 '윤동주'를 주제로 문학 관련 행사와 기행을 진행하기에 시의적절했다.

도서관 사서 선생님과 국어과 교사 등을 중심으로 관련 회의를 진행하여 '동주 책갈피 만들기', '인문학 특강-안소영 작가', '책 『시인 동주』 읽기, 영화 〈동주〉 감상하기', '윤동주 시 암송 및 필사 대회', '동주를 찾아서(윤동주 문학 기행)'의 계획을 세웠다.

일부 행사는 국어과 수행평가로 연계하여 진행했다. 다만 학년 전체가 참여하는 체험학습은 아이들이 정한 주제별로 진행하기 때문에, 아쉽지만 '문학 기행'이나 '역사 기행' 등은 희망자를 중심으로 주말이나 방학을 이용하여 진행했다.

윤동주 문학관 탐방

이런 사제동행 행사가 자주 열리면 얼마나 좋은가. 특히 가정환경, 지역 특성 등의 문제로 다양한 문화 체험을 할 기회가 많지 않은 아이들을 생각하면 더욱 그렇다. 그런데 교사들이 주말이나 방학 중 며칠을 반납해야 하는 점은 항상 문제가 된다. 하지만 이런 여행을 준비하고 진행하는 과정에서 교사들의 동료성이나 학생들의 학교에 대한 자부심이 덩달아 두터워지는 것은 너무나 큰 매력이다.

문학 기행과 같이 주제가 있는 체험학습은 행사와 관련된 수업이나 사전 프로그램이 잘되어 있을수록 좋다. '아는 만큼 보인다'고 하지 않던가. 그래서 독서 활동이나 윤동주 특강 등에 참석한 학생들에게 여행에 참여할 우선권을 부여했다. 책을 읽은 사람이 여행을 통해 내면화하도록 돕고 싶었기 때문이다.

1박 2일 독서캠프

따스한 봄 햇살이 가득한 1학기에 문학 기행이 있다면 2학기에는 독서캠프를 마련했다. 학교에서 밤을 새워 책을 읽는 게 어떤 의미가 있느냐고 할 수도 있겠지만, 학생들이 친구와 함께 책을 읽거나, 책을 주제로 밤을 보내는 것은 '독서가 즐거운 것'이라는 의미를 충분히 살릴 수 있다고 보았다.

독서캠프는 학교 도서실에서 진행하기 때문에 세면도구 등을 제외하면 특별히 준비할 것은 없다. 밤샘 독서캠프라고 안내했듯이 밤을 새워 책을 읽는 것을 권장하기 때문에 돗자리와 담요 등을 가져오게 했다. 혹시 돗자리를 안 가져온 아이들도 큰 문제는 없다. 선학중은 학급 단합대회 등의 행사가 꽤 있어서 아예 돗자리와 모기장을 학교 예산으로 구입했다. 밤샘 독서 행사라 랜턴이나 탁상등을 꼭 가져오게 했다. 저녁 11시에 모든 불을 끄면 아이들이 탁상등의 불을 켜고 삼삼오오 모여 앉거나 엎드려 책을 읽는 모습이 무척 아름다웠다.

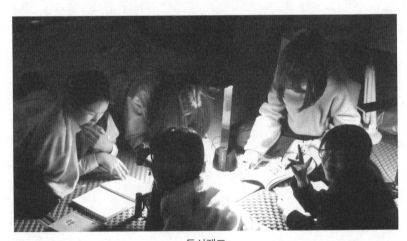

독서캠프

독서캠프에서는 책갈피 만들기, 그날 읽은 내용 중에 가장 마음에 드는 내용을 소개하는 낭독의 밤 등의 행사를 진행했다. 해가 갈수록 행사를 더욱 단순하게 했는데, 행사보다는 책 읽기에 집중하는 게 훨씬 더 바람직하다고 느꼈기 때문이다. 그래서 독서캠프 가정통신문을 나눠 줄 때도 일괄 배부하지 않고 필요한 사람만 가져가게 했다. 그리고 책을 읽을 사람만 오도록 안내했으며, 도서관의 작가 초청 특강에 1회 이상 참여한 사람 등으로 도서관에 자주 오는 학생에게 기회를 먼저 주었다.

사제동행 등반, 문학 기행과 독서캠프 외에도 지역 마라톤 행사 참여 등 다양한 사제동행 행사를 준비하여 진행했다.

2019 인천송도 국제마라톤 대회 요강

1. 일시: 2019년 9월 29일(일요일), 오전 8시 집합(9시 출발)
2. 대상: 선학중학교 학생 및 교직원(희망자)
3. 장소: 국립인천대학교 대운동장(송도 캠퍼스)
4. 참가 부문: 5km, 10km(10km는 기록 측정)
5. 참가 지급품: 대회 기념품(험멜 기능성 티셔츠, 장패드), 완주메달, 기록 증(10km 부문)
6. 참가비: 1인당 1만 5천 원(5km 참가자) 또는 2만 5천 원(10km 참가자) 학교에서 모든 참가자에게 1만 원을 지원함(원래 참가비: 2만 5천 원 또는 3만 5천 원)
7. 코스: 인천대학교(출발)-센트럴파크-밀레니엄사거리(반환)-센트럴파크-인천대학교(5km)

사제동행 행사를 할 때 어른들이 지나친 친절을 베풀어서는 안 된다. 그랬을 때는 어른들이 지치게 되고, 어른들이 지치면 지속가능성이 사라진다. 그러므로 뒷자리 정리 정돈, 자기 주변 청소 등은 아주

기본적인 약속이고, 그 약속을 잘 지키도록 교육해야 한다.

 이렇게 다양한 사제동행 행사를 준비하면서 느끼는 것은 아이들의 성장이 어른들의 기쁨으로 이어진다는 사실이다. 학생들 뒤치다꺼리로 힘들지 않으냐고 하지만, 사제동행으로 성장하는 학생들 모습을 볼 때 또 행복해하는 모습을 볼 때면 어른들도 함께 행복하다는 점을 말하고 싶다.

4장

학교, 마을과 공간을 고민하다

마을교육공동체가 함께 열어 가야 하는 미래교육

마을과 함께 만들어 가는 교육활동

[마을방과후학교]

마을의 학교 참여는 어떤 고민에서 시작되었나?

2015년 혁신학교를 시작하며 '수업이 바뀌면 학교가 바뀐다'는 배움의공동체 철학을 학교 전체의 수업 시간에 실천하기 위한 교사 연수가 절실했다. 문제는 이 연수를 안정적으로 할 수 있는 시간의 확보였다. 이를 위해 매주 수요일은 5교시까지만 수업하고, 금요일에 7교시 수업을 할 수 있도록 학교 전체 시간표를 조정했다. 즉 매주 수요일을 전문적학습공동체의 날로 정하고 안정적으로 수업 혁신 연수를 할 수 있는 시간을 교직원 회의를 통해 결정한 것이다.

그런데 수요일에 학생들이 5교시가 끝나고 귀가하는 문제를 교사들이 걱정했다. 학부모들도 매주 하루씩 일찍 귀가하는 것을 염려할 수도 있었다. 그래서 수요일 6교시에 학생들은 방과후학교와 자율동아리 활동을 할 수 있도록 했다. 문제는 이를 지도할 교사가 없다는 점이었다. 학교 구성원으로 이 문제를 해결하기에는 한계가 있어 외부의 도움을 받아야 했으므로, 기꺼이 학교의 문을 열고 마을과 인근 대학의 문을 두드리게 되었다.

2016년 연수구교육희망네트워크 MOU   인천대학교 사범대학 MOU

마을과의 첫 번째 협력,
마을방과후학교는 어떻게 시작되었나?

2015년 12월부터 지역의 시민사회단체들을 찾아다니며 1학년 방과후학교를 담당해 줄 선생님들을 찾으며 도움을 요청했다. 그 결과 건강한 교육을 위해 함께 고민하던 연수구교육희망네트워크에서 이 제안을 받아들였다. 연수구교육희망네트워크는 지역의 어린이 도서관, 지역 아동센터, 인천여성회 등이 중심이 되어 활동해 온 시민사회단체이다. 3개월 정도 협의를 거쳐 지역사회에 교육 기부를 할 수 있는 강사를 모집해서 마을교사 자체 교육을 실시했다. 처음 이 프로그램에 참여한 마을교사들은 방과후학교의 취지에 공감하며 강사비를 받지 않고 교육 기부를 통해 기꺼이 참여해 주었다. 우리 학교에서는 '방과후수업'이니 '강사'니 하는 용어보다 '마을방과후학교'와 '마을 선생님'이라고 불렀다.

2016년 4월 6일, 연수구 지역 시민단체인 연수구교육희망네트워크와 마을방과후학교 MOU(양해각서)를 체결한 후 지역사회와 함께 만들어 가는 마을방과후학교 프로그램을 7년째 진행하고 있다. 프로그램은 '목공 교실', '영화로 만나는 역사', '캘리그래피', '천연 화장품 만들기', '나를 알아 가는 여행 타로', '오순도순 바느질', '기타교실', '냅킨 아트', '재즈', '배드민턴', '바리스타', '코딩드론', 'NIE', '3D메이커스', '숲 생태' 등 주로 학생들의 특기·적성 능력을 키우는 내용으로 구성했다. 방과후학교는 본래 수익자 부담이 원칙이지만, 모든 프로그램은 학교 예산을 통해 무료로 진행했다.

마을방과후학교는 어떻게 성장했나?

마을교사들의 자원봉사로 방과후학교를 지속적으로 운영하는 것은 불가능한 일이었다. 그렇다고 수익자 부담으로 진행하기에는 많은 어려움이 있었다. 첫째, 경제적으로 어려움을 겪는 가정의 비율이 너무 높아 학부모에게 경제적 부담을 줄 수 있고, 둘째, 수익자 부담으로 하면 참여하지 않고 집으로 가겠다는 학생들에게 참여를 권유할 수 없는 일이 발생하기 때문이다. 학생들의 참여를 높이기 위해서는 학교 에서 비용을 모두 부담하는 것이 필요했다. 문제는 예산이었다. 2017 년부터는 마을방과후학교 예산 확보를 위해 연수구청 교육경비지원 사업에서 약 3천만 원, 인천시교육청의 마을 연계 교육과정 모델 학교 예산 3천만 원, 선학동 주민참여예산제 교육분과 사업비 1천만 원 등을 확보하기 시작했다. 지금도 강사비와 재료비를 지원하고 있어 학생들은 무료로 마을방과후학교를 신청하여 배우고 있다.

마을방과후학교 프로그램에 학생들의 희망을 최대한 반영하기 위해 매년 연말이면 학생들의 만족도를 조사해서 만족도 높은 프로그램을 운영하기 위해 노력하고 있다. 2018년부터는 매해 3월 마지막 주에 학교 강당에서 1학년 신입생을 대상으로 마을방과후학교 사전 설명회를 열어 사전에 프로그램 선택에 도움을 주고 있다. 3월 초부터 가정통신문으로 마을방과후학교에 대해 홍보했던 내용이지만, 체험 부스를 통해 다양한 활동을 직접 경험해 보고 선택할 수 있게 했다. 물론 이것도 마을 선생님들이 모두 준비해 주신다. 1학년 학생 전체가 강당에 모여 5교시에 강좌별 체험을 하고 6교시에는 어느 방과후수업을 할지 선택하는 것이다. 코로나로 어려움을 겪는 시기에도 멈추지 않고, 온라인과 오프라인을 병행하여 마을방과후 수업을 진행하고 있다.

마을방과후학교 사전 설명회

자율동아리 요리반 활동

자유학년 수업으로 마을교사의 교육활동 참여 확대

마을방과후학교 수업 중 학생들의 지속적인 배움이 필요한 강좌와 정규 수업으로 안정적으로 추진할 때 교육적 효과가 큰 강좌를 선별하여, 1학년 자유학년 동아리 수업과 자유학년 예술체육 수업으로 확대했다. '기타반', '토탈공예', '영화로 배우는 한국사', '목공', '숲 생태' 등은 방과후학교의 만족도가 높아 자유학년 수업을 통해 더 많은 학생이 마을교사와 함께 깊이 있는 배움을 이어 가도록 했다.

교사들은 교과의 전문성이 뛰어나지만 이를 넘어 학생들에게 다양한 배움을 채워 주는 데는 한계가 있다. 그래서 교과에서 담아내기 어려운 다양한 배움을 우리 마을에 있는 마을 선생님을 통해 배울 수 있도록 마을과 학교가 협력하는 것이다. 여기에는 학교와 지역사회의 네트워크를 통해 마을교육공동체가 살아나고, 학생들이 배울 수 있는 시간과 공간을 온 마을로 확대하는 의미가 있다. 학교의 문턱을 낮추자 지역의 많은 어른이 학생들의 성장을 돕고자 함께하게 되었다.

영화로 배우는 한국사 자유학기 수업　　　토탈공예 마을방과후학교 수업

마을방과후학교와 자유학기 수업,
한 학기 마무리는 발표회

해마다 학기별로 마을방과후학교와 자유학기 수업을 마칠 때는 그동안 배움의 결과로 나온 학생들의 작품을 전시하거나 발표하는 자리를 열고 있다. 이 시간을 통해 한 학기 동안 다른 반에서는 어떤 것을 배웠는지 알게 된다. 더불어 간단한 다과를 준비하여 열심히 배우고 가르친 학생과 선생님이 서로 이야기를 나누며 서로에게 감사하는 시간을 마련한다.

마을방과후학교 수업에서 했던 목공, 바느질, 캘리그래피, 북아트, 천연비누 및 화장품, 목공, 코딩드론, NIE, 3D메이커스 등 작품과 활동이 담긴 사진을 전시하고, 한 학기 동안 학생들의 활동 모습을 담은 영상 시청, 기타 연주 발표, 방과후 교사들의 합창 등으로 함께했던 서로의 노고에 감사하는 시간을 갖는다.

마을방과후학교 학생 포트폴리오

마을방과후학교 작품 전시회

7년째 마을 선생님들이 수업을 진행하다 보니 학생들과의 관계도 매우 좋다. 코로나19로 어려움을 겪으면서도 방과후학교는 온라인과 오프라인을 병행하며 지속되었다. 코로나로 등교하지 못하는 상황인데도 방과후수업을 위해 학생들은 학교에 왔다. 온라인 수업을 하며 집에만 있어야 했던 학생들에게는 기다려지는 시간이었다.

자유학기 연극반 발표회

마을방과후학교 발표회

이런 활동을 통해 학생들은 마을에서 온 선생님들과 함께 좋은 관계를 맺으며 배움의 영역을 넓히고 있다. 또한 마을 선생님들이 학생들을 대하는 모습이나 활동과 그 결과 하나하나에 열정적으로 최선을 다하는

마을방과후학교 전시회

모습은 학교에 재직 중인 교사들에게도 큰 자극이 된다. 전문가로서 함께 배워 가는 기회가 된다는 점에서 마을교육의 나아갈 방향을 보는 것 같아 흐뭇하다.

자유학기 공예반 작품 전시

자유학기 목공반 작품 전시

마을과 함께하는 학생 돌봄

[마을학교의 학생 돌봄]

방학에도 방과후학교는 쉬지 않는다

코로나는 취약 계층 학생들에게 더 치명적인 악영향을 미친다. 학기 중에는 학교에서 그나마 교사의 돌봄을 받을 수 있으나 방학이면 학습은 물론 급식 단절로 인해 건강 문제까지도 우려스럽다. 학습과 건강에 따른 문제는 취약 계층 학생만이 아니라 드러나지 않는 어려운 환경의 학생에게까지 광범위하게 나타난다. 방학에도 학습과 돌봄을 위한 프로그램을 만들어 운영하는 것은 그런 점에서 의미가 있다. 방학이 시작되면 2주간 학생들이 참여할 수 있는 프로그램을 마을 선생님들이 중심이 되어 기획하고 운영한다. 우리 학교뿐만 아니라 지역의 학생들도 참여할 수 있도록 개방하여 '선학동 마을학교'를 운영하고 있다.

학기 중의 마을방과후학교와 마찬가지로 모든 강좌의 재료비와 참가비, 급식비를 무료로 운영했고, 예산은 2019년부터 선학동 주민자치위원회와 함께 주민참여 예산제도(지자체의 예산 과정에 주민을 참여시켜 재정 운영의 투명성과 공정성을 높이기 위한 제도)에 참여하여 지원받은 것을 바탕으로 실시하고 있다. 학교가 교육활동에 전념하기 위해서는 방과후와 돌봄은 마을과 지자체에서 담당하는 것이 바람직하다. 그래서 학교만의 노력이 아니라 지역과의 협력을 위해 지난해 인천시 주민참여예산제 선학동 참여예산 교육분과에는 교사만이 아니라 마을교사와 학부모까지 함께 참여하여 우리 지역 학생들을 위한 방과후 프로그램 예산을 확보했다.

여름방학 마을학교 신청서

방학 마을학교 프로그램에 점심 식사를 넣은 이유는 이 프로그램이 지역 학생들을 위한 돌봄의 기능도 있어야 하기 때문이다. 여름방학에도 코로나19 확진자가 늘어나면서 대면 수업을 자제하라는 공문이 내려오는 상황이었기에 방역지침을 준수해 가며 어렵게 추진했다. 하루하루 살얼음을 걷는 듯한 느낌이었다. 2020년 선학동 여름 마을학교 마지막 날, 그동안 만든 작품을 전시하고 통기타 시간에 배운 연주 실력을 발표하는 시간을 마련했다.

"나 때문에 마을학교가 중단되면 안 된다는 생각으로 수업 후에는 곧장 집으로 갔습니다."

발표회를 마치고 참가한 학생들의 소감을 듣는 시간에 한 학생이 이런 이야기를 했다. 모두가 함께 얼마나 애써서 만든 자리인지 실감이 되어서 많은 마을 선생님들의 눈시울이 뜨거워졌다.

여름방학 선학동 여름 마을학교 수업

코로나 시대 도시락 배달을 통한 방학 중 학생 돌봄

2020학년도 겨울방학에도 마을학교 프로그램을 진행하려 했으나 코로나가 더 확산하면서 대면으로 모이는 모임이 불가능해졌다. 그런 상황에서는 취약 계층 학생들의 환경은 더 심각해지기 마련이므로 프로그램을 변경했다. 방과후수업을 못하더라도 학생들 가정에 도시락 반찬을 배달하는 사업은 해야만 했다. 담임교사에게 추천을 받아 20가구 학생들에게 겨울방학 동안 3찬 4인분을 주 2회(화요일, 목요일) 10주 동안 직접 만들어 가정으로 배달했다. 중학생들이니 밥은 직접 지을 수 있는데 반찬을 만들기가 쉽지 않을 것 같다는 의견을 반영하여 결정한 것이다. 반찬을 받는 학생들의 낙인 효과 등을 방지하기 위해 우체국 택배 상자에 담아서 집으로 반찬을 배달했다. 연말연시에는 우체국 택배 상자 품귀 현상이 벌어진다. 한 우체국에서는 개인당 10개밖에 판매를 하지 않아 먼 거리의 우체국까지 돌면서 택배 상자를 사 왔다.

크리스마스에는 케이크를 보내고, 마지막 주에는 학생들이 좋아하는 치킨을 보내기도 했다. 배달할 때마다 부모님께 문자로 안내하면 늘 감사의 글이 왔다. 코로나19 상황은 2021년 여름방학에도 나아지지 않아서 방과후수업은 못하고 지난 겨울과 똑같이 반찬을 배달했다. 겨울방학과 여름방학은 너무 춥거나 더워서 수업은 물론 반찬을 만들고 배달하는 일도 혹독한 환경에서 이루어지지만, 학생들이 굶을 수도 있는 일이기에 멈출 수가 없었다.

도시락 배달 반찬 만들기

방과후수업 후 식사 제공

학생들의 돌봄을 위한 프로그램을 진행하는 데는 예산이 필수적이다. 학교에 지원하는 교육복지 사업비는 복지 대상 학생들을 50% 이상 포함해야 진행할 수 있어 사용하는 데 제한이 너무 크다. 사춘기 민감한 중학생들에게 자칫 낙인 효과를 가져올 수 있어 더더욱 조심스럽다. 학생들을 복지 대상 등급으로 나누어 지원한다는 것 자체가 이미 복지가 아니란 생각이 든다. 복지 대상자가 아니어도 코로나 상황에 어려운 처지의 학생이 너무 많기 때문이다. 세심한 관찰로 어려운 상황에 있는 학생을 찾아내고 이를 지원하는 것이 바람직하다. 조금만 눈을 돌려 살펴보면 학교를 지원할 예산을 찾을 수 있다. 선학중도 시에서 진행하는 주민참여예산제에 신청하여 사업비를 확보했고, 교육청에서 지원하는 마을 연계 교육과정 운영 모델 학교, 온마을 돌봄 프로젝트 공모에 신청하여 사업비를 확보했다.

2022년 다시 문을 연 선학동 마을학교

2022년 여름에도 변함없이 선학동 마을학교를 열었다. 7월 25일부터 2주간(20시간) 진행되는 마을방과후학교를 진행했다. 선학동 주민참여예산으로 진행하는 특기·적성 마을방과후학교(비보이, 코딩, 요리, 바리스타)와 교육청 기초학력 향상 예산을 통한 교과 방과후학교 8강좌 총 12강좌에 125명의 학생이 참가했다.

올해는 마을 선생님들이 설립한 '인천마을인학교 사회적협동조합'에서 2022 인천광역시 마을공동체 밥상 지원 사업에 공모하여 확보한 예산으로 선학동 마을식당을 만들었다. 여기서 방과후학교에 참가하는 모든 학생에게 점심 식사도 제공했다.

주민자치위원장님 개강식 인사　　　　　　바리스타반 수업

　더운 날에도 방과후학교에 참여하는 학생들이 고맙고, 개강식에 참석한 선학동 주민자치위원장과 위원들, 밥을 지어 주는 마을 선생님 등 여러 어른이 함께 마음을 모아 학생들을 돌보고 있다.

　한 아이를 키우기 위해서는 온 마을이 필요하다는 것을 피부로 느끼며 지낸 여름방학이다. 예산만 가지고 할 수 있는 일이 아니다. 우리 마을에는 아이들을 건강하게 키우고 싶어 하는 어른들이 있다. 마을학교의 선생님들이 마을에서 학교와 협력하며 아이들을 돌보고 있다. 마을 선생님들의 노고에 늘 감사할 따름이다.

마을방과후학교 안내

학교를 넘어 이웃과의
나눔과 봉사를 실천하는 가족 봉사단

학부모와 학생이 함께 참여하는 프로그램으로 2018년부터 가족 봉사단 활동을 진행하고 있다. 인천도시가스에서 후원하여 사업비를 마련하고 30여 가족이 2개 팀으로 나누어 한 달에 한 번 토요일 선학중 가사실에서 음식을 만들어 어려운 이웃에게 나누는 봉사활동을 한다. 2개 팀으로 운영하다 보니 격주로 주말에도 학교는 쉬지 않고 가사실이 분주하다. 가족 봉사단에는 학생과 학부모 외에도 마을의 복지관, 주민센터, 여성회, 평화복지연대 등 시민단체 회원들과 그 자녀들도 함께 참여하고 있다. 활동 조건은 반드시 학생과 부모가 함께 참여해야 한다는 것이다. 반찬을 만들어 독거노인이나 어려운 가정에 배달하는 것이 봉사활동 내용이다.

토요일 아침 9시가 되면 학생들과 학부모 및 가족 봉사단 회원들이 모여들기 시작한다. 서로 반갑게 인사를 나누고, 오늘 우리가 만들 반찬이 무엇인지, 어떻게 만들고, 어떤 점을 조심해야 하는지 등을 안내하고, 가스가 켜지면서 반찬 만들기가 시작된다. 식용유를 두르고, 전을 부치고, 나물을 무친다. 추석 명절에는 갈비찜, 전, 잡채, 송편 등 반찬 메뉴도 시기와 계절에 따라 바뀐다. 학생들도 칼을 쥐고 파를 썰거나 채소를 다듬게 한다. 해 보지 않았던 일이기에 서툴고, 모양도 엉성하지만 부모님과 함께 정성이 담긴 요리를 만들려고 애를 쓴다. 늦잠의 유혹을 떨치며 부모님 손을 잡고 학교에 온 초등학생도 있고 휴대폰 게임 삼매경에 빠져 있던 학생도 있지만, 반찬을 만드는 순간부터는 언제 그랬냐는 듯이 땀을 흘리며 열심히 한다. 지도 선생님에게 합격 판정을 받으면 반찬을 포장 용기에 담아 오후 1시쯤 학생들과 부모님이 손을 잡고 결연 맺은 가정으로 직접 배달을 간다.

본인이 만든 반찬을 지역의 어른에게 직접 배달할 때면 신이 나 부모님을 재촉하는 모습이 눈에 띈다.

"2주 전에 우리 딸 ○○이가 할머니께 짧은 편지를 써서 맛있게 드시라고 했는데, 오늘 긴 감사 편지를 받고서 감동했어요."

배달을 마치고 돌아오는 길에 만난 학부모님의 이야기이다. 옆에 있던 아이는 그런 이야기를 왜 하느냐며 엄마 손을 잡아끌지만, 쑥스러워하는 모습 뒤로 환한 미소를 감추지 못한다.

"혼자 계신 할머니를 도울 수 있어 좋아요."

"나눌 수 있는 것이 좋습니다."

"가족들과 함께 소외된 어르신들을 도울 수 있는 것이 너무 좋은 경험이에요."

참여한 분들이 들려주는 이야기다. 어느덧 결연 맺은 어른들과 좋은 관계를 맺고 반찬 봉사 시간이 아니라도 왕래하며 서로에게 힘이 되어 주는 팀이 많이 나오고 있다.

작년부터 코로나19로 함께 모여서 반찬 만드는 것이 어려워지면서 거리두기 단계가 높아질 때는 할 수 없이 완제품을 포장하여 가정에 배달했고, 지금은 인원수를 제한하여 부모님만 가사실에서 반찬을 만들고 아이들과 함께 배달하고 있다.

"가족 봉사단이 매번 반찬도 주고 어디 아픈 데 없냐고 물어봐 주는 것이 너무 고마워요."

봉사활동으로 반찬을 받은 어르신의 말씀을 듣다 보면 반찬이라는 물질보다 사람의 관계 단절에서 오는 외로움의 무게를 깊이 헤아리게 된다. 혹서기나 혹한기, 코로나로 인한 어려운 상황에서도 참여하는 학생과 학부모님의 따뜻한 마음이 행복한 마을공동체를 만들어 가는 데 큰 역할을 하고 있다.

가족 봉사단 반찬 봉사 활동

아침밥을 안 먹고 온 사람은 누구나 먹을 수 있는 학교

2020년 7월 24일(금) 선학중학교 작은마실. 월드비전 선학종합사회복지관과 조식 지원 사업 '아침머꼬' 추진에 대한 업무 협약식을 체결했다. 월드비전에서는 조식 공간 조성비, 활동 운영비, 급식비 등 일체 비용을 부담하고, 선학중학교에서 사업을 운영한다. 공간 조성 사업비로 냉장고, 식기 소독기, 식판, 수저 세트 등 제반 환경을 마련했는데, 우리 학교 외에 다른 학교는 신청하지 않았다고 한다. 돌봄의 영역이 학교냐 지자체냐는 논란이 있지만, 현실적으로 그 경계를 가를 수 있을까? 밥 굶는 아이들을 외면한 채 교육활동을 할 수는 없다.

2020년 2학기 개학과 함께 매일 10명의 아이에게 아침밥을 제공하고 있다. 이 사업의 협의 과정에 저소득층 자녀들을 지원하는 사업으로 추진해 달라는 요구를 받았다. 하지만 우리는 저소득층 자녀 대상

복지는 참가하는 학생들에게 낙인 효과가 생기는 문제가 발생하기 때문에 곤란하다고 이야기했다. 아침을 먹지 않은 학생은 누구나 가사실에서 먹을 수 있게 해야 이 사업의 근본 취지도 살리고 활성화될 수 있다고 설득했다. 결국 지금은 우리 학교 학생이면 누구나 아침밥을 먹을 수 있도록 하여 3년째 매일 아침에 이 사업을 계속하고 있다.

월드비전 선학종합사회복지관 MOU

아침 식사 배식

문제는 어떤 아침밥을 준비하느냐였는데, 월드비전에서 처음에 제시한 안은 전문 도시락 배달업체에 의뢰하여 매일 아침 배달을 받는 방식이었다. 제안해 준 몇 군데 업체의 메뉴를 살펴보니 모두 일회용기에 포장한 식품들이었다. 학생들 건강은 물론 환경 문제가 우리 학교의 철학과도 맞지 않는 방식이었다. 심사숙고 끝에 직접 식당을 찾게 되었고 학교 인근에 졸업생 학부모님이 운영하는 식당에 부탁을 드렸다. 1인당 식비가 3,500원으로 하루 10인분 35,000원밖에 안 되는 일이라서 부탁을 드리기에 너무 미안한 마음이 들었다. 그럼에도 "우리 애가 선학중을 다니면서 얼마나 좋아했는데요. 제가 신세를 졌으니 기꺼이 도와드려야지요"라며 흔쾌히 승낙해 주셨다. 매일 아침 7시 50분에 식당으로 밥을 가지러 가겠다고 했더니 "남편이 출근하면서 가져다주면 됩니다"라고 하셨다. 그렇게 2년 동안이나 우리 학교 학생들은 식당 사장님의 배려로 매일 아침 따뜻한 밥과 반찬을 아침으로 먹고 있다. 참 감사한 일이다.

계약은 10인분인데 실제로는 15인분을 아침마다 보내 주셨다. 8시부터 시작하는 아침 식사에 늦게 오면 밥을 못 먹는 학생들이 생기면서 서로 경쟁적으로 일찍 오는 학생들이 생길 정도로 인기가 높아졌다.

코로나의 산을 넘어 새로운 아침머꼬의 등장

코로나19는 아침머꼬 사업에도 영향을 미쳤다. 아침밥을 배달해 주던 식당이 운영에 어려움을 겪으며 2021년 초 폐업을 하게 되었다. 매일 따뜻한 밥을 안정적으로 먹던 때가 정말 행복했고 식당 사장님께 감사해야 하는 일이었음을 새삼 깨달았다. 인근의 다른 식당을 찾을 수도 없었다. 그래서 시작한 것이 아이들이 직접 샌드위치를 만들어 먹도록 재료를 준비해 주는 방식이다.

행정실무사님의 도움을 받아 식빵과 각종 소스, 계란, 햄 등을 일주일에 두 번씩 구매했다. 현재 학생들이 직접 계란 프라이를 하고 각자의 취향에 맞게 샌드위치를 만들어 먹고 있다. 직접 만들어서인지 오히려 폭발적인 인기 속에 아침을 먹으러 오는 학생 수가 하루 평균 30명을 넘기도 한다. 월드비전에서 지원받는 760만 원으로는 감당할 수가 없어 올해부터는 학교 예산에서 600만 원을 증액하여 조식 지원 사업을 진행하고 있다. 어느덧 아침머꼬 사업이 자리를 잡으면서 우리 학교 학생들의 자랑거리가 하나 늘어났다. 아침마다 맛있게 먹고 환한 얼굴로 교실로 올라가는 학생들을 보는 것이 행복한 일이다.

샌드위치 만들어 먹기

학교의 동반자, 학부모
[학부모 총회와 학부모 동아리]

다양한 형태의 학부모 총회

대부분의 학교가 3월 셋째 주 정도가 되면 학부모 총회를 연다. 우리 학교에서는 매년 총회 자료집을 만들고 제본을 하여 총회에 참석하지 못한 학부모와 전 학년 학부모에게 배부하고 있다. 학교의 교육과정과 교육활동 등을 자세히 안내하여 학교에 대한 이해와 신뢰도를 높이기 위함이다. 교육과정과 교육활동에 대한 방대한 내용을 짧은 시간에 설명하는 것이 어렵고, 학부모 총회에 참석하지 못하는 분들도 많기 때문에 자료집에 대한 만족도가 매우 높다. 또한 매년 실시해야 하는 학교폭력 예방 교육, 선행학습 근절 교육, 학교생활기록부의 이해, 정규 교육과정 외 학습선택권 등 교육자료도 함께 자료집에 포함시켜 발간하고 있다. 이렇게 수많은 연수 내용을 자료집에 포함시키면 부서별로 실시해야 하는 학부모 교육에 관한 근거 자료를 따로 만드느라 고생하지 않아도 된다. 형식적 교육의 필요성에 관한 비판적인 시각이 없는 것은 아니지만, 업무 경감 효과 면에서 도움이 되는 것은 사실이다.

학교 인근 지역에 다문화 주민들의 집단 주거지가 확대되면서 중앙

학부모 총회 자료집

자료집 목차

아시아(러시아어 사용권 국가), 중국을 중심으로 한 다문화 학생 30여 명이 우리 학교에 다니고 있다. 우리말이 아직 익숙지 않은 학부모님을 위해 다문화 학부모 총회도 별도로 열고 있다. 한국어 학급 담당 교사가 다문화 학생들을 위한 교육계획을 발표하고 나면, 이중 언어 강사님이 통역해 주며 학교에 대해 궁금했던 내용을 직접 묻고 답하는 시간을 갖는 것이다.

"우리 아이들이 차별받지 않도록 해 주세요."
"우리 아이가 중3인데, 진로는 어떻게 해야 하나요?"
"우리 옆집 아이가 여기로 오고 싶어 하는데 어떻게 해요?"

자녀의 학교생활과 진로에 대해 궁금한 점이 많은 부모님의 질문에 답하다 보면 두 시간을 훌쩍 넘길 때도 있다.

학년 학부모 총회도 학부모님의 학교 이해를 돕는 데 큰 역할을 하고 있다. 자녀를 가르치는 교과의 학년 모든 교사와 함께 인사를 나누고 학교생활에 대한 궁금한 점들을 이야기 나누는 시간을 갖는다. 시간 부족으로 학부모 총회에서 못다 한 이야기를 하고 담임선생님을 만남으로써 학교와 학부모 간의 협력 체제 구축에 도움이 된다.

학부모 총회

학년 학부모 총회　　　　　　　　　다문화 학부모 총회

해마다 교직 만족도가 떨어지는 이유 중 하나로 학부모 민원으로 인한 교권 침해를 거론하곤 한다. 심지어 교권 침해 보험이라는 것도 생겼다. 이런 시대일수록 교사 개인에게 책임을 떠넘길 것이 아니라 학교는 적극적으로 학부모의 학교에 대한 신뢰도를 높일 방법을 찾아야 한다. 일반적인 학부모 총회만이 아니라, 다문화 학부모 총회나 학년 학부모 총회 등 작은 단위의 학부모 총회나 모임이 학교의 신뢰를 높이는 데 이바지할 수 있음은 틀림없다.

학부모 동아리 활동을 통한 학교 참여 확대

교육의 3주체를 학생, 학부모, 교사라고 이야기한다. 학부모를 교육의 주체로 세워야 한다는 당위성은 알고 있지만, 실제 학부모의 학교 참여 활동을 활성화하는 일은 쉽지 않다. 혁신학교를 처음 시작하던 시절 학부모 총회에 참석한 학부모님이 학급당 2~3명을 넘지 않았다. 그나마 담임선생님만 만나고 그냥 돌아가는 분이 적지 않았다.

기존에 학부모회의 학교 참여라는 것이 운영위원회, 학교 급식 모니터링 정도였으나 극히 소수에 불과하고, 체육대회나 축제 때 손님으로 참여하는 것이 전부였다. 학부모회의 학교 참여 확대를 위해 학부모회 임원들과 함께 머리를 맞대고 논의를 시작했다. 더불어 학부모회 운영을 위한 예산도 확보하려고 노력했다. 기존의 학교 기본 교육경비 외에 학부모 관련 공모 사업을 신청했고, 구청과 지자체에서 지원하는 학부모 사업에도 계획서를 제출하여 예산을 확보했다.

먼저 상시적으로 학교에 올 수 있으려면 학부모 동아리가 필요하다는 의견이 나왔다. 가정통신문을 제작하여 희망하는 동아리가 있는지를 파악했고 몇몇 의지가 있는 학부모님의 참여로 독서 동아리, 목공 동아리, 난타 동아리를 만들었다.

독서 동아리를 중심으로 전체 학부모를 대상으로 한 자녀 교육 관련 강좌를 학기별 3회씩 연 6회 대중 강좌로 진행했다. 강의에 대한 만족도가 높아지면서 학부모 동아리 활동에도 점차 많은 분이 참여했다. 독서 동아리 회원에게는 '함께 읽고 싶은 책'과 '개인적으로 읽고 싶은 책'을 조사하여 학교에서 구입해 드렸다. 또한 독서 토론을 할 공간을 제공하여 언제든 모임을 할 수 있게 했다. 2015년 5명의 회원으로 시작된 독서 동아리는 매해 꾸준히 20여 명 정도가 활동을 이어 가고 있다.

목공 동아리는 처음에는 학부모님 중에 목공을 배우신 분이 재능 기부로 강의를 하며 시작되었으나 학교에 협동조합 목공방이 들어오면서 본격적으로 활성화되었다. 주 1회 저녁 시간을 이용하여 본인이 만들고 싶은 작품을 만들었고, 학교 축제에는 학부모 작품 전시 부스를 만들어 해마다 전시도 진행하고 있다.

학부모 목공 동아리 선학제 전시회

학부모 난타 동아리

난타 동아리는 학교에 있는 모둠북을 이용해 배울 수 있게 전문 강사를 초빙했다. 6년이 지난 지금은 실력 있는 난타 공연팀으로 성장하여 각종 행사에 초청받을 정도로 수준이 향상되었다. 우리 학교 축제때 공연은 물론이고 2021년 인천혁신교육한마당에서는 개막 공연으로 초빙되어 찬사를 받았다.

학부모의 교육활동 참여 확대

학부모 동아리가 활성화되자 학부모회도 함께 활성화되어 학교의 교육활동에 적극적으로 참여하고 있다. 교육과정 평가회에는 학부모까지 함께하고 있고, 다문화 학생들의 한글 지도, 기초학력이 부족한 학생들을 대상으로 하는 문해력 캠프, 점심시간 및 일과 중 학교 안전 순찰을 자발적으로 맡는 또박이 지킴이, 코로나 방역 도우미, 학부모 아침맞이 행사, 각종 학교 행사 추진의 TF협의회에도 적극적으로 참여하고 있다. 그뿐만 아니라 학교협동조합과 연계하여 학교에 새로 만들어진 마을 카페 또한 학부모님들이 맡아서 운영하고 있고, 교장 선생님과 격주 월요일 저녁 7시부터 진행하는 올바른 자녀 교육을 위한 학부모 교실 '이슬비 사랑교실' 활동을 통해 자녀 교육의 중요성과 더불어 청소년 시기 아이들에 대한 이해 교육을 하고 있다. 이와 더불어 다양한 학교의 소식을 알리는 학부모 밴드방을 운영하면서 개인정보 보호 등의 이유로 공식적으로 할 수 없는 교사들의 의견이나 교육활

학부모 SNS 알림방

학교 안전 순찰 또박이 지킴이

매월 2회 학부모 이슬비 사랑교실 운영

독서 동아리 학부모 강좌 및 간담회

동의 결과 등을 수시로 올려 좋은 반응을 얻고 있다.

학부모의 학교 참여가 늘어나자 학부모 총회에 오는 분들도 늘어났고, 학교 만족도 조사 등에서도 학교에 대한 높은 신뢰를 보여 주고 있다. 지금은 학부모회가 학교 교육활동의 주체적인 참여자로 함께 논의하는 것이 자연스러운 학교 분위기가 조성되었다는 점이 가장 큰 변화일 것이다.

다문화교육, 세계시민교육의 징검다리
[한국어 학급 운영]

한국어 학급 왜 만들었나?

학교 인근 마을에 러시아 언어권의 다문화 인구가 급증하고 있다. 이곳에 위치한 30학급 500여 명의 학생이 다니는 초등학교 두 군데는 벌써 재학생의 50%에 가까운 학생이 다문화 학생으로 바뀌고 있다. 우리 학교도 2015년쯤부터 다문화 학생이 전입을 오기 시작했다. 초등학교에서 우리말을 배우고 오는 학생은 큰 문제가 아닌데, 중도 입국을 하거나 우리말을 전혀 몰라 일상적인 대화조차 불가능한 학생이 늘어나기 시작했다. 전입 절차를 밟을 때는 통역을 하는 분과 함께 오지만 그 후 학교생활에 적응하며 수업을 받아야 하는 것은 오로지 학생과 학교의 몫이었다.

우리말을 전혀 모르는 학생에게는 다문화 학생을 대상으로 하는 위탁 학교인 한누리학교로에서 먼저 말을 배우고 원적교인 우리 학교로 다시 올 것을 권고한다. 하지만 한누리학교에 학생 정원이 모두 차서 갈 수 없는 경우도 있고, 위탁을 가지 않겠다고 하는 학생도 많았다. 문제는 다문화 학생 수가 점점 늘어나 해마다 10명 이상씩 들어오면서 전체 학생 수의 10%를 차지하게 된 것이다. '한 아이도 배움으로

부터 소외되지 않고 모두에게 질 높은 배움을 보장한다'는 배움의공동체 철학을 실천하고자 애쓰는 선학중학교에서, 이 학생들이 교실 수업의 모둠활동에 참여하지 못하며 배움으로부터 자연스럽게 소외되는 대상이 되어 버리는 가슴 아픈 일이 벌어졌다.

한국어 학급을 만들어 우리말 교육을 시작하다.

한국어 학급을 담당하는 전담 교사가 필요했다. 본인 교과 수업을 하면서 한국어 학급 강사 채용, 한국어 학급 프로그램 운영, 학생 생활지도, 학부모 안내 등을 하는 것은 사실상 불가능했다. 2018년 다문화 학생 수가 늘어나면서 이 문제를 해결하기 위해 시교육청을 방문하여 전담 교사 배정을 요구했다. 2019년부터 한국어 학급이 3개 학급 이상이면 전담 교사와 이중언어 강사, 한국어 강사를 채용하여 운영할 수 있게 되었다. 2022년부터는 정규 교사 1명을 담임교사로 배정할 수 있도록 하면서 더 체계적으로 한국어 수업을 진행할 수 있었다.

현재는 훈민반, 정음반, 세종반 3개 학급을 운영하고 있다. 훈민반에서는 한글을 전혀 모르는 학생을 대상으로 이중언어 강사와 한국어 교사가 함께 수업을 진행하고, 정음반에서는 간단한 어휘나 문장은 이해하지만 한국어 사용 능력이 낮은 학생들을 대상으로 수업을 진행한다. 세종반은 일상생활은 가능하나 학교 수업에 적응하기 어려운 학생들을 대상으로 학습 도구인 언어를 중점적으로 가르치고 있다. 3개 학급에 한국어 학급 담임교사, 기간제 교사, 한국어 강사 2명, 이중언어 강사 2명, 문화예술 강사 1명, 모두 7명의 선생님이 학생 개인별 주당 10시간 이상씩 한국어 수업을 진행하고 있다.

한국어 학급 한국어 수업　　　　　한국어 학급 문화예술 수업

한국어 학급의 다양한 교육활동

한국어를 전혀 몰라 말을 하지 못하던 학생이 6개월 정도가 지나면 대부분 의사소통이 가능해진다. 우리말을 하면서부터 저마다의 재능과 특성을 지닌 우리나라 학생과 똑같은 학생다운 모습이 드러난다. 이 학생들이 한국어를 빠르게 익혀 교실에서 또래 친구들과 잘 적응해서 생활하도록 돕는 것이 한국어 학급의 목표이다.

이를 위해 다양한 프로그램을 운영하고 있다. 연 2회 한국어능력 보정평가를 실시하고, 한국어 말하기 대회를 통해 자기 생각과 의견을 친구들과 부모님들 앞에서 발표하여 자신감과 효능감을 높이고 있다. 또한 한국어 문집 만들기, 한국어능력평가TOPLK를 준비하고 있고, 한국 문화 이해를 위한 기타, 캘리그래피, 생태교육, 냅킨아트 등 문화예술 수업도 진행한다. 분기별로 서점 및 우체국 탐방, 문화예술 공연 관람, 학부모와 함께하는 다문화 요리 체험교실, 박물관 및 문화 탐방을 하고 있고, 진로 진학 상담 및 간담회, 다문화 대학생 선배와의 만남 등을 실시하고 있다.

서점 탐방을 통한 책과 문구류 구입

가족과 함께하는 세계 요리 체험 교실

한국어 말하기 대회

다문화 대학생 선배와의 대화

　간혹 한국어 학급 학생들에 대한 지원이 역차별이 아니냐고 이야기하는 사람들이 있다. 우리 학교에 다니는 대부분의 다문화 학생들은 고려인이다. 할아버지, 할머니 시절부터 근현대사의 아픔을 겪은 우리 동포들의 후손이고 지금은 또다시 낯선 땅에서 어려운 경제 여건에도 우리말을 배우며 적응하기 위해 노력하는 동포들의 자녀이다. 다문화 학생 모두가 같은 민족이고 한 동포이며, 더 나아가 미래를 살아갈 힘을 기르고 있는 학생들이다. 동포가 아닌 다문화 학생도 교육만큼은 경제적인 논리로 얘기할 수 없다고 본다. 부족하고 모자라며 소외된 이들에 더 큰 노력을 기울이는 것은 '교육'이라는 이름으로만 할 수 있기 때문이다. 다문화 학생들이 하루빨리 잘 적응할 수 있도록 돕는 것은 21세기 대한민국이 해야 마땅한 일 중 하나라고 생각한다.

마을로 넓혀 가는 한국어 교육

우리 학교 다문화 학생들을 위한 한국어 학급 운영을 넘어 지역에 있는 다문화 가정의 학부모와 어른, 학생들을 위한 교육의 필요성이 점점 커지고 있다. 학교에 다니는 학생들은 학교에서 한국어를 배우지만 어른들이나 어린아이들이 한국어를 배울 곳은 거의 없다.

한국어 마을학당

우리 학교에서는 이렇게 한국어를 배우기 어려운 환경에 놓인 외국인을 대상으로 한 한국어 교육을 하고 있다. 마을엔 건물에서 매주 토요일 한국어 학당 교실을 만들어 운영하고 있다. 인근에 고려문화원과 협약을 맺어 어른들을 대상으로 한 한국어 강좌, 어린이 한국어 강좌, 이중언어 강사 연수 등 다양한 프로그램에 참석할 수 있다. 매주 토요일이면 다양한 나라에서 온 사람들이 어린아이의 손을 잡고 학교에 찾아오고 있다.

프로그램은 인천광역시교육청 마을교육지원단의 도움을 받아 언어교육뿐만 아니라 우리의 전통문화 및 실생활에 필요한 다양한 정보를 제공하는 프로그램으로 운영되고 있다. 국내 산업 인력 부족 등으로 외국인 가정이 놀랍도록 증가하고 있다. 이분들이 우리와 더불어 우리 마을에서 함께 건강하게 살아갈 수 있도록 도와야 하는 것도 학교와 마을이 품어야 하는 중요한 일이다.

다문화 어린이 한국어 교실

어서 와, 협동조합은 처음이지?

[학생들과 함께하는 협동조합 활동]

학생들이 주인인 사회적협동조합 만들기

우리 사회에는 여러 가지 형태의 협동조합이 있다. 특히 학교는 비영리 사회적협동조합을 만들 수 있는데, 2012년 이후 협동조합을 만드는 움직임이 커지면서 현재 사회적협동조합만 전국에 3,660개를 넘는 것으로 파악된다.

기간: 2012~2022.3.

전체	일반협동조합	일반협동조합연합회	사회적협동조합	사회적협동조합연합회	이종협동조합
22,610	18,834	91	3,660	20	5

협동조합 설립 현황-COOP협동조합 홈페이지

사회적협동조합이란 지역 주민의 권익, 복리 증진과 관련된 사업을 수행하거나 취약 계층에게 사회 서비스 또는 일자리를 제공하는 등 영리를 목적으로 하지 않는 협동조합을 의미한다. 우리가 사회적협동조합을 하게 된 이유는 학생들의 복리 증진과 관련된 사업을 할 수 있다는 점 때문이었다. 예를 들어 매점을 운영할 수 있다든가 학생 동아리에서 만든 비누와 같은 물품을 구입하여 다시 학교 구성원들에게 판매할 수 있다는 것이었다. 이렇게 협력을 통한 배움은 수업 시간 외에 학교협동조합을 통해서도 이루어지고 있다.

4월은 협동조합 총회를 하느라 분주한 달이다. 우리 학교는 2017년 선학중학교 사회적협동조합 '아딧줄' 창립총회를 열었다. 인천지역 중학교 최초의 협동조합이 창립되었다.

선학중학교 사회적협동조합 아딧줄은 누구 한 명이 아니라 서로 힘이 되어 나아가자란 공동체성의 의미를 담고 있다. 아딧줄은 원래 배에서 바람의 방향을 맞추기 위해 돛에 매어 쓰는 줄을 의미한다. 학교라는 배에 마을공동체란 돛을 달고 협동조합이라는 아딧줄로 잘 항해할 수 있도록 하자는 의미로 학교 구성원들의 의견을 공모하여 결정했다.

협동조합에서는 건강매점을 구축하여 학생들의 건강 증진 사업, 체육복 및 생활용품의 공동 구매, 아침밥 지원 등의 학생 교육복지 사업, 방과후학교 위탁 업무 등의 마을교육공동체 사업을 주요 사업으로 추진하고 있다. 2017년 4월 교육협동조합 운영 사례 특강을 시작으로 3차례의 발기인 모임, 총회 준비 모임을 열고, 학생, 학부모, 교사, 지역 주민이 함께 정관을 만들고 2017년 7월 20일 창립총회를 개최했다.

지금이야 교육청 차원의 협동조합 지원 공모 사업도 있고, 마을교육

2017년 7월 20일 창립총회   건강매점 개소식

건강매점 물품 선정 회의   건강매점 모습

지원단 내에 협동조합 지원 담당자도 있지만, 당시에는 모든 것이 처음이어서 많은 어려움을 겪어야 했다. 창립 이후 교육청으로부터 1천만 원의 예산을 지원받아 건강매점 시설을 구축하고 조합원들이 건강매점을 운영하고 있다. 협동조합과 건강매점을 운영하면서 학생들이 이사가 되어 매점에 들어올 물품을 결정하고 회의를 통해 효율적인 운영 방법 등을 논의한다. 이 과정에서 자신들이 투자하여 만든 회사에 대한 자부심을 느끼며 더불어 협동조합의 이념과 가치를 이해하고 경제에 대한 공부도 자연스럽게 할 수 있게 되었다. 그뿐만 아니라 주변 사회적협동조합들의 도움으로 학생들에게 바른 먹거리 교육, 전 학년 협동조합 이해 교육 등도 할 수 있어서 협동조합 덕분에 학교는 많은 혜택을 받고 있다.

협동조합이 있어 할 수 있는 일들

학교협동조합에서 주로 하는 일은 건강매점 운영이지만 그 밖에 과일과 채소 먹기 캠페인, 아침밥 먹기 캠페인, 우리 농산물 이용하기 캠페인도 하고 있다. 또한 매년 학교 텃밭에서 재배한 배추를 이용하여 김장을 담가 학교 옆 경로당에 전달하고 할아버지, 할머니들과 경로잔치도 열고 있다.

경로당 김장 전달 및 위문 공연   과일 채소 먹기 캠페인

2018년부터는 협동조합에서 건강매점 운영을 위한 도소매업 외에 방과후 위탁 업무를 추가하여 인가를 받았다. 학교협동조합 조합원이기도 한 마을교사 선생님들이 선학중학교뿐만 아니라 주변의 다른 학교 마을방과후학교 수업에서도 활동할 수 있도록 사업을 확장, 운영하는 것이다. 마을교사 개인이 주변 학교와 계약하는 것이 아니고 방과후 위탁 업무를 하는 별도의 사업체인 학교협동조합의 이름으로 우리 학교를 비롯한 근처의 학교와 계약을 하는 것이다. 마을 선생님들이 선학중학교 방과후학교 수업만으로는 경제적인 자립이 어렵기 때문에 실질적인 일자리 창출 효과도 함께 만들고 있다. 또한 2021년 7월부터는 학교에 만들어진 177.11㎡ 규모의 마을 카페 운영도 협동조

합에서 맡아서 하고 있다.

사회적협동조합은 잉여금의 개인 분배가 없고 모두 공익을 위해 사용해야 한다. 건강매점이나 마을 카페에서 나오는 수익금은 학생들을 위해 사용한다. 그런데 학교의 규모가 작다 보니 매점과 카페를 운영하기 위한 인건비를 수익금으로 충당하기 어렵다. 그리고 좋은 먹거리를 판매하고 싶어 들여온 생협 제품의 가격이 비싸서 학생들에게 환영받지 못하는 문제가 있다. 이러한 여러 문제를 4월에 여는 협동조합 총회를 통해 그 해법을 찾고자 노력하고 있다.

조합원 총회는 전년도 종합 감사 및 결산 보고, 정관 변경, 임원 선출, 내년도 사업 계획 등을 논의한다. 정관에 졸업생도 본인이 탈퇴를 희망하기 전까지는 조합원 자격을 유지하게 되어 있어, 현재 200명이 넘는 조합원이 있다. 조합원 총회의 어려운 점은 법인으로서 법적으로 갖추어야 할 기본적인 규정이 매우 엄격하다는 데 있다. 총회 한 달 전 총회 공고를 해야 하고, 총회에 참석하지 못하는 조합원들에게는 위임장을 모두 받아 과반수가 되어야 총회가 성립된다. 재학생과 학부모 조합원에게는 연락이 비교적 수월하지만, 졸업생과 졸업생 학부모 조합원에게는 위임장 받는 게 쉽지 않아서 많은 사람이 함께 노력해야 한다. 임원 구성에서도 학생 이사는 등기를 하지 않지만 학생의 졸업과 동시에 임기가 2년인 이사장을 비롯한 대부분의 이사가 교체되면 법원 등기소에 가서 등기를 새로 내야 하는 어려움 등이 있다. 또한 매해 총회에서 의결한 내용을 경영공시를 해야 하는 문제도 회계와 법인에 전문성이 부족한 협동조합 이사회에서 처리하는 게 쉽지 않다.

그래도 우리 학교의 협동조합에 대한 학생들의 사랑과 자부심은 대단하다. 특히 협동조합의 학생 이사들은 동아리 활동을 통해 건강한 먹거리 제공과 다양한 복지 사업을 위해 수시로 모여서 논의를 하고 있다. 얼마 전에는 채소와 과일 많이 먹기 캠페인의 일환으로 수박을 직접 사서 판매하자는 의견을 실천에 옮겨 실제로 수박을 판매하는 행사도 했다. 작은 것은 300원, 큰 것은 500원에 판매를 해서 원가도 못 찾는 사업이었지만 그래도 자신들이 뭔가를 계획하고 실천해 볼 수 있다는 것에 크게 만족스러워했다.

가사실 수박 판매 준비

건강매점 수박 판매

이런 여러 문제는 총회를 열어 1인 1표인 협동조합의 원칙에 따라 학생들과 어른들이 함께 해결하기 위해 노력하는 과정에서 보람을 느끼고 있다. 세상을 살아가는 데는 경쟁만이 아닌 협력을 통해 더 불어 살아가는 새로운 방법이 있다는 것을 몸으로 체험하며 배우는 삶의 공부를 하는 것이다. 다만 협동조합의 여러 제도적 어려움에 대해 교육청과 지자체가 함께 고민하고 지원해 준다면 여러 학교에서 협동조합을 운영함으로써 세상이 좀 더 따스하게 변해 갈 것이라 기대한다.

학교에서 허가를 받아 카페 영업을 할 수 있나요?

학교에 카페를 여는 데는 많은 어려움이 있었다. 건물이 완공되고 카페 시설을 완비한 후 구청에 영업 신고를 하는 과정에서 큰 문제가 발생했다. 카페를 운영하기 위해서 협동조합 사업자등록증에 휴게 음식업을 업종으로 추가하여 새로 발급받아야 했다. 세무서에서 새롭게 재발급받은 사업자등록증을 가지고 연수구청 위생과에 영업 허가를 받으러 가니 휴게음식업은 근린시설(주민들의 생활 편의를 돕는 소매점, 음식점, 제과점, 미용실, 세탁소 등을 말함)이어야 영업 허가를 낼 수 있는데 학교는 근린시설이 아니라는 것이었다. 초·중·고등학교는 근린시설로 용도변경이 법적으로 불가하기 때문에 영업 허가가 불가하다는 연수구청 도시계획과의 답변을 들었다.

카페를 위한 시설과 장비, 사업자등록증까지 다 변경해 놓았는데 관련 법규가 없어 카페 문을 닫아야 하는 상황이었다. 정말 난감했다. 인천시교육청 마을교육지원단과 교육시설과를 통해 초·중등학교 내 협동조합 운영 공간의 경우 용도변경 없이 설치 가능하다는 답변을 받았다. 다만 건축물 표시 변경만 하면 교육연구시설의 '부속용도'로 판단하여 카페(휴게음식업)를 설치 및 운영이 가능하다는 것이다. 학교를 근린시설로 바꿀 수 없는 상황에서 학교협동조합이 있는 학교는

적용 및 판단 근거

- [교육부 교육시설담당과-9013(2014. 10. 17.)] (교육부 유권해석: 교육연구시설인 대학교 내 휴게음식점의 경우 별도의 용도변경 없이 설치가 가능)
- [교육부 평생학습정책과-7516(2020. 9. 9.)] '학교협동조합 커피 판매, 용도변경 운영 관련 안내'

교육감 권한으로 건축물 표시 변경을 통해 구청에 영업 허가를 받을 수 있게 된 것이다.

이 자료를 첨부하여 연수구청에 공문을 발송하여 겨우 영업 허가를 받을 수 있었다. 몇 달간의 노력으로 구청 위생과로부터 영업신고증을 받았을 때는 정말 눈물이 나도록 기뻤다. 우리 학교에도 사회적 협동조합이 있었기에 가능한 일이었다.

마을 카페 전경   영업신고증 발급

쾌적한 환경과 질 높고 저렴한 가격에 많은 분이 찾아오고 있어 단순한 카페를 넘어 마을의 사랑방으로서 역할을 하며 소문난 지역의 명소로 자리를 잡았다. 이제야 명실상부하게 마을과 학교가 한 공간에서 수시로 만날 수 있는 근거가 마련된 게 가장 중요한 부분이라고 생각한다. 공간은 사람의 의식을 변화시킨다.

새로운 공간은 새로운 문화를 창출한다

[공간 혁신]

우리 학교 학생들도 쾌적한 환경에서 공부하게 하고 싶다

우리 학교는 1993년도에 개교한 학교로 내년이면 개교 30주년을 맞이한다. 인천광역시에서 갯벌을 매립한 지역을 포함하여 연수구가 만들어지면서 최초로 생긴 중학교이다. 같은 연수구에 있는 송도 신도시에는 지속적인 간척 사업으로 새롭게 조성된 택지에 거대 단지의 아파트가 들어서면서 매년 신설 학교가 개교하고 있다. 교육청 차원에서는 신도시에 새롭게 학교를 만드는 일이 시급하다 보니 원도심의 학교에 대한 시설 투자는 상대적으로 적다. 교육환경을 보자면 기존의 일자형에 좁은 복도, 여닫기도 힘든 교실의 창문에 단열도 열악한 상황이니 너무나 큰 차이가 난다.

본관 각 층은 11개 교실에 5층짜리 사각 건물로 복도의 너비는 248cm이다. 좁은 복도와 낡은 창호로 냉난방의 어려움은 물론 2015년에는 창문을 닫던 중 5층 교실 창틀이 밖으로 떨어지는 아찔한 사고까지 있었다. 같은 연수구에 속한 송도의 신설 학교는 넓은 복도와 각종 특별실은 물론 쾌적한 환경에서 학생들이 공부할 수 있는데, 구도심의 우리 학교는 열악한 환경에서 공부해야 하는 것이 안타까웠다.

학부모 입장에서 같은 세금을 내고 같은 지역의 공립학교에 자녀를 보내는데 신도시에 비해 열악한 환경에서 공부하는 것도 차별이라고 생각하는 것도 무리가 아니었다.

1억 원이 생기면 어떤 공간을 만들고 싶나요?

2018년 5월 인천시교육청에서 학교 공간 혁신 사업설명회가 있었다. 원도심에 위치한 학교의 학생 및 학급 수 감소 등 지역 교육격차 문제 해결을 위해 학교 내 유휴 교실, 공터, 창고 등을 활용하여 학교 공간을 리모델링하여 학생의 배움과 삶의 공간으로서의 교육적 역할 및 마을의 배움터와 문화예술 공간으로서의 역할을 수행하는 것을 목적으로 하는 사업이었다.

이 사업에 공모서를 제출하여 1억 원의 예산을 받았다. 기존에 공모 사업 예산 규모보다 컸기 때문에 학생, 학부모, 교사, 마을이 함께 사용하는 공간으로 만들기 위한 프로젝트가 시작되었다. 어떤 시설을 어떻게 만들 것인지에 대한 의견은 전적으로 학생들의 의견을 반영하고자 '배움의 공간 프로젝트 교육과정'이란 이름으로 2018년 7월부터 12월까지 진행했다.

배움의 공간 혁신 프로젝트 중 하나로 기술·가정 수업과 미술 수업 시간을 이용하여 '내가 만들고 싶은 학교'를 주제로 공간 모형을 모둠별로 제작했다. 우선 학생들이 학교의 구석구석을 돌아보고 바꾸고 싶은 공간을 찾게 했다. 그런 뒤에 그 공간에 무엇을 만들 것인지 모둠에서 논의하고, 그에 따라 제작한 디자인을 발표했다. 그다음에 디자인한 것을 모형으로 실제 만들어 강당에서 전시하고 발표하는 시간을 마련했다. 자신이 낸 아이디어가 채택되면 그런 공간을 만들어 주겠다는 약속에 학생들은 더욱 진지하고 열정적으로 참여했다.

공간 혁신 구상하기

아이디어 발표하기

강당에서 모형을 제작하여 발표하면서 쏟아진 무수한 아이디어를 모두 담아내는 것은 사실상 불가능했지만, 그래도 학생들이 가장 많이 선호하는 공간으로 선정한 휴게실과 공연장을 어떻게 만들지에 대한 구체적인 의견을 모아야 했다. 그 당시만 해도 건축가와 함께하는 게 아니라 우리가 구체적인 안을 가지고 제안서를 만들어야 했다. 그 제안서를 가지고 설계와 시공을 맡아 줄 업체를 선정하여 공사를 하는 방식이었다.

학교에서 미술 선생님이 중심이 되어 공간 혁신 프로젝트에 지속적으로 참여할 학생들을 모집, 선정했고 이 학생들과 구체적인 계획을

공간 혁신 아이디어 발표회

공간 혁신 조형물 전시 및 발표회

세웠다. 이른바 공간 혁신 프로젝트팀을 구성했고, 선생님들과 함께 여름방학에 1박 2일 전세 버스를 이용하여 공간 탐방 여행을 다녀왔다. 광주광역시 광산구 일대 공간 혁신 학교 및 이야기꽃 도서관, 야호센터 등을 돌아본 뒤 지속적인 회의를 통해 오늘의 5층 학생 휴게실과 1층 '작은마실'이란 공연장이 탄생하게 되었다.

여름방학에 1박 2일 일정으로 1차 공간 탐방 여행으로 광주에 있는 어룡초등학교, 선운중학교, 이야기꽃 도서관 등에 전세 버스를 타고 다녀왔고, 2차로는 11월에 이케아 고양점과 홍익대학교 근처 서교문화예술시험센터, 공상온도, 카레1984, 청춘마루 등을 다녀왔다. 이 공간 탐방 여행을 통해 공간 혁신을 진행한 다른 학교 학생들의 사례도 들을 수 있었고, 전문가 특강 등을 통해 공간 구성의 중요성이라든가 그 의미와 철학 등에 대해 들으며 우리 모두 인식의 지평을 넓힐 수 있었다.

광주 1차 공간 탐방 여행

광주, '공간과 시민성' 특강

배움의 공간 프로젝트 교육과정 운영을 통해 다수 의견으로 배움의 공간, 휴식과 놀이의 공간, 공연과 전시의 문화 공간을 조성하는 것이 좋겠다는 의견이 모였다. 학생과 학부모, 지역 주민을 위한 복합 문화예술 플랫폼과 학생 휴게실을 만들기로 결정했다.

1차 공간 혁신, 1억 원으로 만든 우리 학생들의 공간

공간 혁신 프로젝트를 시작할 때 1억 원이 큰 예산이라고 생각했다. 전교생이 아이디어를 내고 다양한 공간을 만들어 달라는 요구가 있었지만, 실제로 완성된 것은 지금 사용하고 있는 복합교육문화공간 '작은마실'이라는 교실 1.5칸 크기의 공연장과 5층에 1학년 휴게실이 전부였다. 그나마 '작은마실'을 1.5칸으로 만들 수 있었던 것도 교장 선생님이 교장실을 반으로 줄이고 공간을 확보한 결과였다. 급식실 구석에서 진행하던 수요음악회도 이제 조명과 음향 시설이 갖추어진 공연장에서 진행하게 되면서 학생들의 만족도가 매우 높아졌다. 또한 학생들은 직접 공간 혁신에 참여하여 수업, 탐방, 발표, 전시, 회의를 거쳐 만들었다는 데 큰 자부심을 느꼈다.

작은마실 수요음악회 모습

5층 1학년 휴게실 모습

2차 공간 혁신으로 만든 가사실

2020년에도 공간 혁신 사업 미래교실(학년형) 구축 사업 공모에 참여했다. 이미 학생 참여형 공간 혁신을 해 보았던 경험이 있고, 학생들이 요구했던 다양한 공간 혁신 사업을 추진하지 못했던 아쉬움이 있었기에 추진하는 데 부담감은 적었다.

2020년부터는 인천시교육청에서 공간 혁신 사업에 학교 공간 혁신 촉진자를 선임하여 설계자 업무를 병행할 수 있도록 해 주었다. 촉진자, 교사, 학생, 학부모가 참여하여 학교공간혁신추진협의회를 구성하여 실무에 관한 협의를 진행했다. 우선 학생 참여형 수업은 2학년 7개 반을 대상으로 기술·가정 수업 시간의 건설기술 단원에 맞추어 약 한 달 동안 진행했다. 월요일 첫 수업을 촉진자와 코티칭으로 수업을 진행하고 나면 나머지 6개 학급은 기술·가정 교사가 직접 했다. 공간 혁신에 대한 이해 교육, 우리 학교에서 가장 바꾸고 싶은 곳 찾기, 그 공간을 어떻게 바꿀 것인지 디자인하기 등의 과정으로 진행했다. 학생들이 디자인한 내용을 발표하게 하고 이를 수합하여 촉진자와의 만남을 통해 설계를 구체화했다.

촉진자 학생 참여형 수업

학생 디자인 발표

2차 공간 혁신을 통해 기존에 노후화된 가사실을 현대화하는 것은 물론 휴게실로도 함께 쓸 수 있는 공간으로 변화시켰다. 학생들의 의견을 반영하여 교실 외벽에 있던 가스레인지와 개수대를 중앙에 설치했고, 외벽에 수납장을 설치하고, 휴게 공간으로 쓸 수 있는 탁자를 창문 쪽에 배치했다. 화재 및 안전을 고려하여 가스 대신 인덕션으로 모두 교체했다. 학생들이 제시한 아이디어를 바탕으로 건축사가 도면을 작성하여 가지고 오면 수업 시간에 이를 검토하고 다시 학생들의 제안을 받아 수정하여 설계에 반영하는 방식으로 진행했다. 공사는 겨울방학에 진행했다. 개학하고 학교에 온 학생들은 자신들이 낸 아이디어로 새롭게 단장한 가사실을 보며 매우 만족스러워했다.

공사 전 가사실 모습

공사 후 가사실 모습

학생 참여형 공간 혁신이 만들어 낸 기적, '마을엔' 건립의 시작

2018년 첫 번째 공간 혁신 과정에서 학생들이 만들어 달라고 했지만 예산 부족으로 만들지 못했던 댄스 연습실, 컴퓨터실, 동아리실, 밴드 연습실, 제과제빵실, 휴게실 등 수많은 학생의 요구가 그대로 묻힌 것에 안타까움이 있었다.

당시 교장 선생님과 이 안타까움을 해결할 방법이 없을지를 오래도록 고민하다가 발견한 것이 본관 건물 뒤편에 있는 창고였다. 창고와 본관 사이는 좁아서 주차를 할 수도 없어 그 사이를 분리수거장으로 이용했다. 학교 내부에 별도의 공간을 만들기가 사실상 어려운 상황이라면 창고를 헐고 그곳에 교실 1.5칸 규모로 5층까지 본관과 연결된 건물을 짓는 안을 교육청에 건의하기로 했다.

지금 생각해도 당시에는 그 아이디어로 모든 것을 해결할 수 있을 것 같았다. 건물을 지으려면 예산이 필요했기에 대략적인 학교 별관 증축 계획을 작성했다. 행정실의 도움을 얻어 실제 건물을 지을 때 필요한 표준 건축비를 기준으로 대략적인 예산도 산출하여 작성했다. 약 14억 원 정도가 들어가는 규모가 큰 공사였다. 교장 선생님은 시교육청을 방문하여 사업 제안서를 제출했다. 이후 지역 교육지원청에서 방문한 분들에게 현장 설명을 했다. 지역 국회의원 사무실도 방문하여 사업의 필요성과 활용 계획을 설명하며 협조를 요청했다.

얼마 후 지역교육청 시설과에서 현장 실사를 나왔다. 실제 건물을 증축하는 것을 교육청 차원에서 추진하려고 나왔다기보다는 접수된 민원에 대한 사전 조사인 듯했다. 아니나 다를까 건축법이 바뀌어 학교에 건물을 지을 때는 근처에 주거 시설이 있을 경우 지으려는 건물 높이의 1/2을 학교 울타리와 거리를 두어야 한다는 것이었다. 하필 학교 담장 바로 옆에 아파트가 있기 때문에 우리가 생각한 건물을 지을 수 없다는 것이었다. 학교 울타리에 밀착해서 공간을 확보하여 건물을 지으려고 한 것인데 너무나 허탈한 순간이었다.

우리가 너무 실망해서인지 교육청 시설과 주무관이 민원 때문에 본관 뒤쪽은 어렵고, 차라리 운동장 한쪽에 짓는 것이 낫겠다고 제안했다. 하지만 학교 운동장에 건물을 짓는 것은 운동장이 좁아지는 문제가 있어 쉽지 않은 일이었기에 전체 교직원 회의에서 논의해야 하는 사안이었다.

우리 학교는 해결해야 하는 문제가 있을 때 시간이 걸려도 구성원들의 합의를 통해 결정하는 문화를 구축해 왔다. 이 문제도 학교 증축 문제를 건물 뒤쪽이 아닌 운동장에 건설하는 문제를 가지고 다시 논의가 시작되었다. 교육문화복합시설을 운동장에 건립하는 것에 대한 교사들의 의견은 찬성과 반대로 나뉘었다. 반대하는 선생님들의 입장은 운동장이 좁아지는 것은 물론 건물이 만들어지는 동안 운동장 사용이 더 제한될 것이라는 점, 큰 공사가 오랫동안 진행되는 것이 학생들의 수업과 안전에 문제가 될 것이라는 점이 반대의 이유였다. 수차례 논의 끝에 건물 내부에 실내 체육시설을 만들어 운동장이 좁아지는 문제를 다소 해결하는 방향으로 최종 합의가 이루어졌다.

교육문화복합시설 건립 예산을 만들기 위한 노력

교직원 회의를 준비하면서 건물이 운동장에 들어서는 상황이라면 아예 건평 면적을 늘려 다양한 활동을 할 수 있는 규모의 건물을 만들고 싶었다. 그래서 계획한 것이 교실 5칸 규모의 지상 4층 건물을 지으면 학생들이 공간 혁신에서 이야기했던 요구를 충족할 수 있는 시설이 되리라고 생각했다. 그런데 건축 규모가 커지면서 필요한 예산은 기하급수적으로 늘어날 수밖에 없었다. 건축 예산을 확보하지 못하면 모든 것이 없었던 일로 되는 상황에서의 해결책은 이 시설을 지역 주민과 함께 사용하는 용도로 만들면 국회의원이나 대응 투자를 해야 하는 구청에서도 함께할 명분이 생길 것이라고 판단했다. 이 시기부터 교장 선생님과 함께 건물 신축에 필요한 예산 확보를 위한 본격적인 행보를 시작했다. 지역 국회의원과 구청장을 만나 협조를 요청하고 지역 주민과 함께하는 공간으로 만들어 보겠다고 원도심의 학교를 살려야 한다고 지속적으로 이야기했다.

이에 학교에서는 비좁고 낙후된 시설을 개선하기 위해 지역 주민과 함께 사용할 수 있는 교육문화복합시설을 증축할 것을 요구하는 계획서를 구체적으로 작성했다. 운동장에 층별 교실 5칸 규모의 4층 건물을 짓는 막대한 예산이 소요되는 대형 프로젝트였기에 수많은 법적 절차와 과정을 겪어야 했다.

선학중학교 교육문화복합시설 활용 방안(교육청 제출)

- 연수구 마을기업 뚝딱이 공방 이전을 통한 자유학기, 방과후, 동아리 목공 수업 진행, 인근 유·초·중·고 학생들의 수업 공간으로 활용, 교사 직무연수 운영, 학부모 동아리 및 지역 주민 목공 강좌 개설 운영, 지역 주민 생활 환경 개선 사업 추진
- 기존 연수구청 지원으로 설치 운영하고 있는 탁구장 이전을 통해 가건물 시설의 노후화로 인한 안전 문제 해결과 지역 주민의 지속적인 체육 시설 제공 및 교육과정(체육 등) 활용
- 마을교사 학습 지원실을 통해 마을 연계 모델 학교를 운영하고 있는 마을교사들의 방과후수업 및 자유학년제 수업 활동 지원
- 마을 사랑방은 지역 주민과의 소통을 통해 학교를 마을교육공동체의 중심 역할을 수행하는 만남의 장소로 활용
- 동아리실은 교내 자율, 배움 동아리 활동 및 학부모, 지역 주민의 동아리 활동 공간으로 제공
- 무한상상실은 4차 산업 시대를 대비하여, 첨단 장비를 활용한 미래 창의 능력을 기르는 공간으로 활용하며, 인근 학교 학생들도 활용할 수 있는 플랫폼으로 운영
- 메이커 관련 청년 창업 활동가들에게 연구 공간을 제공하고, 청년 창업 활동가를 활용한 학생 교육 공간 마련
- 무한상상실에서 배운 내용을 무한공작소에서 실제 제작 및 활용할 수 있는 실습 공간 제공
- 복합 문화예술 공간에서는 학년 단위 교육과정 결과 발표회, 자유학년제 및 방과후 발표회, 지역 주민 인문 소양 교육 공간, 마을 문화예술 공연 발표 공간으로 활용

2018년 8월 인천광역시교육청을 방문하여 사업 제안서를 제출하고, 동부교육지원청 시설과의 현장 조사와 설계 담당자의 검토를 거쳐 대략적인 예산 규모를 결정했다.

이렇게 복합시설의 활용 방안을 만들어 제출한 뒤에 반가운 소식이 들려왔다. 지역 국회의원이 신도시와 원도심의 균형 발전을 위한 예산으로 국회에서 23억 원을 확보하여 선학중학교 교육문화복합시설 건립에 사용할 수 있도록 예산을 인천시교육청으로 배부해 준 것이다. 2018년 11월 15일 시교육청 재정투자심사위원회에 교장 선생님과 참여하여 사업 내용에 대해 설명을 했다. 이 심사에서 연수구청이 대응 투자를 하는 것을 전제로 재정투자심사위원회를 통과했다. 기존 학교에 신축 건물을 짓는 것처럼 규모가 큰 사업을 진행할 때는 교육청과 국가, 지자체가 5:3:2의 비율로 투자하도록 되어 있다.

연수구청 대응 투자 12억 원은
마을이 함께해서 가능했다

국가 재정 특별교부금으로 23억 원이 배부된 상황에서 교육청은 당연히 투자를 하려고 하는데 지자체의 대응 투자가 문제가 되었다. 비율로 따지면 12억 원을 내야 하는 상황인데 구청의 교육경비 보조금에 제한이 있어 특정 학교에 12억 원을 투자할 수 없다는 것이다. 논리적으로는 구청의 말이 틀린 것이 아니기에 구청을 설득하는 과정에서 수많은 노력이 있었다.

'이 시설은 학교만 이용하는 것이 아니고 지역 주민과 함께 사용하는 것이다. 연수구청에서 신도시만 개발하면서 원도심의 지역 주민에 대한 역차별이 있다. 원도심 학교를 살리고 문화 공간을 만들어 지역 주민에게 개방하면 신도시와 원도심 간의 균형 발전의 모범적인 사업이 될 것이다'라는 내용으로 끊임없이 연수구청 담당자를 설득했지만 이해하지 못했다. 결국 교장 선생님과 함께 구청장 면담을 요청하고 수차례 연수구청장실로 찾아가 구청장을 만나 사업의 취지를 설명하고 협조해 줄 것을 요청했다.

연수구청에서 대응 투자 12억을 안 해 준다고 하니, 시교육청에서도 23억 원을 그냥 다음 날 국고에 반납하기로 결정했다는 교육청의 연락을 받았다. 하늘이 무너지는 것 같았다. 교육부 특별교부금이 국고에 반납되면 모든 것이 없었던 일이 되는 것이었다. 남은 시간은 하루였다. 교장 선생님과 함께 또 연수구청장실을 방문하여 사업에 대한 설명을 하고 협조를 요청했다. 마침내 연수구청장의 대응 투자 확인서를 써 주겠다는 약속을 받았다. 국고 반납 당일 아침 교육감 면담을 잡고 수업을 교환하고 교장 선생님과 함께 교육감을 만나 연수구청의 의견을 전달했다. 드라마처럼 국고 반납 당일 시교육청에서 연수구청으로부터 대응 투자 확약서를 문서로 받았고, 교육부에 공문을 발송하여 교육문화복합시설 건립의 역사는 시작되었다.

2018년 11월 6일 학부모 대표, 학생 대표, 국회의원, 인천시교육청 정책기획조정관, 동부교육지원청 교육장, 인천시의회 의원, 연수구청 평생교육과장, 연수구의회 의원 등을 모두 초청하여 교육문화복합시설 신축을 위한 기관별 협의회를 학교에서 개최하였다. 함께 힘을 모은 모든 분들이 서로 감사의 인사를 나누고 이후의 사업을 안정적으로 추진하기 위한 바탕을 만들기 위해서였다.

우리 학교와 마을에 맞는 건물은 우리가 만든다

2019년은 교사, 학생, 학부모, 마을교사, 구청, 교육청 담당자로 구성한 교육문화복합시설 건립 TF협의회를 구성하여 본격적인 활동을 시작했다. 여름방학 전세버스를 이용하여 동탄 이음터, 서울 방학중학교 공간 탐방을 다녀온 후 건물 설계를 위한 협의회를 매월 2차례 이상 진행했다. 내부 공간별 구조는 물론 내장재와 외장재 재질과 색상까지 일일이 논의하였다. TF협의회에서 논의한 내용은 다음 회의 때 설계에 반영하여 가지고 왔고 이를 수정하는 작업을 1년 동안 진행했다.

교육문화복합시설 신축 TF협의회

선진지 탐방(동탄 이음터)

설계사무소에서 처음 가지고 왔던 도면은 흔히 볼 수 있는 네모반듯한 붉은색 벽돌 건물이었다. 지금 완공된 건물의 모습을 보면 설계 과정에서 얼마나 많은 논의가 있었는지 쉽게 알 수 있을 것이다. 학교의 요구를 설계에 반영하기 위해 다른 학교 하나를 짓는 것보다 더 많은 발걸음으로 애써 주신 동부교육지원청 김보영 주무관님께 이 책을 빌려 감사의 인사를 전하고 싶다.

1년이 넘는 설계에만 약 2억 원이 넘는 예산이 소요되었고 2020년 5월 8일 드디어 최종 도면 설명회를 개최하게 되었다. 도면이 확정되고 시공업체가 선정되면서 본격적인 공사는 2020년 8월 17일 여름방학과 함께 시작되었다. 공사가 시작되기 1주일 전 공사의 목적과 일정 등을 지역 주민에게 설명하기 위해 주민 설명회도 개최했다. 더불어 공사 안내 및 공사 기간 소음으로 인한 불편을 끼쳐 드리게 되어 죄송하다는 안내문을 만들어 학교 인근 아파트 각 호수 우편함에 넣었다.

마을교육과정과 지역 주민을 위한 프로그램 운영

건물이 한 층 한 층 올라오면서 2021년 2월부터는 교육문화복합시설 운영협의회 TF팀이 구성되어 완공 후 이 시설의 운영을 어떻게 할 것인지에 대한 논의를 진행했다. 애초 일과 중에는 학교에서 사용하고 방과후와 주말 등 학생들이 사용하지 않는 시간에는 지역 주민이 함께 사용하는 시설로 계획하고 만들어진 것이라서 논의가 필요했다. '건물의 시설 유지와 안전 관리는 누가 맡을 것인가? 프로그램은 누가 주체가 되어 운영할 것인가?' 등 구체적인 사항은 운영협의회와 실무협의회를 두고 그 안에서 논의하여 결정하기로 했다.

층별 교실 5칸 규모의 지상 4층으로 총면적 11,025m^2(용적률 산정

마을엔 개관식

2021년 7월 업무 협약식

완공된 마을엔 모습

연면적) 넓이의 건물 내부에는 2018년 학생들이 공간 혁신 수업에서 요구했던 공간들을 중심으로 구성했다. 1층에는 목공방과 마을 카페가 있고, 2층에는 가사실 겸 마을부엌, 마을지원센터, 회의실, 강의실로 지역 주민들이 주로 사용하는 공간으로 구성했다. 3층에는 컴퓨터실, 기술실 겸 무한상상실과 공작실, 동아리실 3개, 밴드 연습실을 배치하여 학생들이 수업과 동아리 활동 시간에 사용하도록 구성했다. 4층에는 120명 정도 앉을 수 있는 소공연장을 만들었고, 운동장이 좁아지는 문제를 해결하기 위한 실내 체육관과 댄스 연습실을 만들었다.

1층 마을 카페

1층 목공실

2층 마을부엌

2층 강의실

3층 컴퓨터실

3층 동아리실

4층 실내 체육시설

4층 공연장

드디어 2021년 6월 3일, 준공검사를 마치고 2021년 7월 2일에는 교육감실에서 선학중학교장, 연수구청장, 인천시교육감이 업무 협약식을 맺었다. 그 후 인천 시민을 대상으로 한 이름 공모에서 '마을엔'이라는 명칭을 얻게 되었다. 2021년 7월 10일 마을엔 개관식을 하루 앞두고 코로나로 인해 개관식이 연기되는 일도 있었지만 2021년 9월 17일 정식으로 개관식을 하고 건물을 사용하게 되었다.

현재 시교육청 마을교육지원단과 연수구청 평생교육과에서 마을엔 2층 사무실에 인력을 파견하여 다양한 마을 관련 프로그램을 개발 운영하고 있다. 시교육청 마을교육지원단에서는 담당 장학사 1명, 파견 교사 1명, 주무관 1명, 이렇게 3명의 인력이 파견되어 근무하며 지역의 학생들을 대상으로 각종 프로그램과 교원 연수를 담당하고 있다. 학교 주변 다문화 밀집 지역의 단체들과 협약을 맺고 '이중언어 주말 학교'에서는 인근의 초·중·고 다문화 학생들을 대상으로 한 한국어 강좌를 운영하고, '한국어 마을학당'에서는 다문화 학생과 부모님들을 대상으로 한국어 및 한국 문화의 이해 교육을 실시하고 있으며, 인근의 대학생들과 다문화 학생들을 1:1 멘토로 연결하여 우리 사회의 적응을 돕는 활동을 하고 있다. 또한 학부모 벌새단이라는 모임을 통해 학부모를 대상으로 한 비폭력 대화 및 자녀 교육을 위한 대화법 등의 연수와 함께, '영수다(영화로 수다) 연수다(연극으로 수다)'란 프로그램으로 지역의 연극인과 영화인을 초청하여 함께 작품을 감상하고 대화를 나누는 프로그램, 청년분과를 만들어 지역의 청년들이 청소년들과 만나는 소통의 시간 등 다양한 프로그램을 운영하고 있다.

'영수다' 영화 관람

학부모 목공 교실

연수구청 평생교육과에서도 1명이 파견되어 근무하면서, 지역 주민을 위한 다양한 프로그램을 운영하고 있다. 어르신들 컴퓨터 교육, 지역 주민 하모니카 음악 교실, 요리 교실, 목공 교실 등이 운영되고 있다.

학생과 학부모를 대상으로 하는 사업의 예산은 시교육청 마을교육지원단에서 집행하고, 지역 주민을 위한 사업은 연수구청 평생교육과에서 지원하고 있다. 또한 학부모 조합원이 중심이 된 선학중학교사회적협동조합에서도 '전 세대 놀이터 우리 마을 그리기' 프로그램을 통해 학생들과 지역 주민을 대상으로 우리 마을 자원 조사 및 우리 마을 알리기 프로그램을 운영하고, '청소년 당근 문방구'라는 프로그램을 통해 자원 재활용화 및 경제 교육 등의 프로그램을 운영하고 있다. 민·관·학이 새로운 공간에서 새로운 관계와 소통의 문화를 만들어 내고 있는 것이다. 그 외에도 각종 강연 및 연수, 마을 동지 축제, 마을 대보름 축제 등 지역 주민과 함께하는 문화 활동의 중심지로서 진정한 마을교육공동체를 만들어 가는 구심점 역할을 하고 있다.

마을 카페 밴드부 공연

정월대보름 축제

마을엔 공간에 대한 기대

마을엔 공간을 통해 자유학년제, 방과후 교육활동, 동아리 활동, 학생 문화예술교육, 미래교육, 각종 공연 및 문화 행사, 학부모 및 지역 주민을 위한 평생교육 프로그램 등을 충실히 운영할 수 있어, 새로운 학교문화를 창출할 것으로 기대하고 있다. 또한 공간 및 프로그램을 주변 유치원, 초등학교, 중학교 및 지역 주민에게도 열어 지역 교육 발전에 활용이 기대된다. 또한 혁신학교 8년과 마을 연계 모델 학교 6년간의 활동으로 지역 주민과 함께 노력해 온 성과를 기반으로 마을교육공동체 시스템을 구축하여 일반 학교에서도 학교와 지역사회가 함께 성장하는 모델 학교로서 역할을 할 것으로 기대된다. 그뿐만 아니라 학교 주변 빈약한 문화시설 및 열악한 교육환경으로 신도시와의 교육격차 문제를 해소하고 원도심 지역에 학교를 중심으로 한 마을교육공동체 만들기의 사례를 만들어 모두가 살기 좋은 연수구를 만드는 데 기여할 것으로 기대된다.

전국 최초로 교육청·지자체·지역 주민과 학부모, 학교가 함께 만들고 공동으로 운영하는 이 공간이 학교와 마을을 연결하는 마을교육공동체의 모델로서 지역의 공동체를 살리는 데 디딤돌 역할을 할 것이라고 기대한다.

학교는 태생적으로 학부모의 권한 위임으로부터 발생한 조직이다. 학교가 학부모는 물론 지방자치단체, 지역 주민과의 협력을 통해 만든 건강한 교육생태계 속에서 학생들의 배움을 위해 협력하는 것은 당연한 일이다.

미래의 민주시민으로 학생들이 건강하게 성장하기 위한 노력을 이제 학교 혼자서 할 수 없다. 이제 학교가 문턱을 낮추고 마을과 협력

하며 건강한 마을교육공동체를 만들어 가는 중심적인 역할을 해야
할 때다. 그것이 미래교육의 방향이다.

삶의 행복을 꿈꾸는 교육은 어디에서 오는가?

● **교육혁명을 앞당기는 배움책 이야기** 혁신교육의 철학과 잉걸진 미래를 만나다!

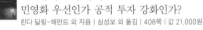

● **비고츠키 선집** 발달과 협력의 교육학 어떻게 읽을 것인가?

 생각과 말
레프 세묘노비치 비고츠키 지음
배희철·김용호·D. 켈로그 옮김 | 690쪽 | 값 33,000원

 성장과 분화
L.S. 비고츠키 지음 | 비고츠키 연구회 옮김
308쪽 | 값 15,000원

 도구와 기호
비고츠키·루리야 지음 | 비고츠키 연구회 옮김
336쪽 | 값 16,000원

 연령과 위기
L.S. 비고츠키 지음 | 비고츠키 연구회 옮김
336쪽 | 값 17,000원

 어린이 자기행동숙달의 역사와 발달 I
L.S. 비고츠키 지음 | 비고츠키 연구회 옮김
564쪽 | 값 28,000원

 의식과 숙달
L.S 비고츠키 | 비고츠키 연구회 옮김
348쪽 | 값 17,000원

 어린이 자기행동숙달의 역사와 발달 II
L.S. 비고츠키 지음 | 비고츠키 연구회 옮김
552쪽 | 값 28,000원

 분열과 사랑
L.S. 비고츠키 지음 | 비고츠키 연구회 옮김
260쪽 | 값 16,000원

 어린이의 상상과 창조
L.S. 비고츠키 지음 | 비고츠키 연구회 옮김
280쪽 | 값 15,000원

 성애와 갈등
L.S. 비고츠키 지음 | 비고츠키 연구회 옮김
268쪽 | 값 17,000원

 비고츠키와 인지 발달의 비밀
A.R. 루리야 지음 | 배희철 옮김 | 280쪽 | 값 15,000원

 흥미와 개념
L.S. 비고츠키 지음 | 비고츠키 연구회 옮김
408쪽 | 값 21,000원

 정서학설 I
L.S. 비고츠키 지음 | 비고츠키 연구회 옮김
584쪽 | 값 35,000원

 정서학설 II
L.S. 비고츠키 지음 | 비고츠키 연구회 옮김
480쪽 | 값 35,000원

 수업과 수업 사이
비고츠키 연구회 지음 | 196쪽 | 값 12,000원

 관계의 교육학, 비고츠키
진보교육연구소 비고츠키교육학실천연구모임 지음
300쪽 | 값 15,000원

 비고츠키의 발달교육이란 무엇인가?
비고츠키교육학실천연구모임 지음 | 412쪽 | 값 21,000원

 비고츠키 생각과 말 쉽게 읽기
진보교육연구소 비고츠키교육학실천연구모임 지음
316쪽 | 값 15,000원

 비고츠키 철학으로 본 핀란드 교육과정
배희철 지음 | 456쪽 | 값 23,000원

 교사와 부모를 위한 비고츠키 교육학
카르포프 지음 | 실천교사번역팀 옮김
308쪽 | 값 15,000원

 비고츠키와 마르크스
앤디 블런던 외 지음 | 이성우 옮김 | 388쪽 | 값 19,000원

 혁신학교
성열관·이순철 지음 | 224쪽 | 값 12,000원

 대한민국 교사, 어떻게 가르칠 것인가?
윤성관 지음 | 320쪽 | 값 15,000원

 행복한 혁신학교 만들기
초등교육과정연구모임 지음 | 264쪽 | 값 13,000원

 아이들을 어떻게 가르칠 것인가
사토 마나부 지음 | 박찬영 옮김 | 232쪽 | 값 13,000원

 서울형 혁신학교 이야기
이부영 지음 | 320쪽 | 값 15,000원

 모두를 위한 국제이해교육
한국국제이해교육학회 지음 | 364쪽 | 값 16,000원

혁신교육, 철학을 만나다
브렌트 데이비스·데니스 수마라 지음
현인철·서용선 옮김 | 304쪽 | 값 15,000원

혁신교육 존 듀이에게 묻다
서용선 지음 | 292쪽 | 값 16,000원

다시 읽는 조선 교육사
이만규 지음 | 750쪽 | 값 33,000원

대한민국 교육혁명
교육혁명공동행동 연구위원회 지음
224쪽 | 값 12,000원

경쟁을 넘어 발달 교육으로
현광일 지음 | 288쪽 | 값 14,000원

핀란드 교육의 기적
한넬레 니에미 외 엮음 | 장수명 외 옮김
456쪽 | 값 23,000원

한국 교육의 현실과 전망
심성보 지음 | 724쪽 | 값 35,000원

독일의 학교교육
정기섭 지음 | 536쪽 | 값 29,000원

● **경쟁과 차별을 넘어 평등과 협력으로 미래를 열어가는 교육 대전환!** 혁신교육 현장 필독서

교실 속으로 간 이해중심 교육과정
온정덕 외 지음 | 224쪽 | 값 13,000원

포스트 코로나 시대의 교육
성열관 외 지음 | 224쪽 | 값 15,000원

내일 수업 어떻게 하지?
아이함께 지음 | 300쪽 | 값 15,000원

학교의 미래,
전문적 학습공동체로 열다
새로운학교네트워크·오윤주 외 지음 | 276쪽 | 값 16,000원

마을교육공동체
생태적 의미와 실천
김용련 지음 | 256쪽 | 값 15,000원

학교폭력, 멈춰!
문재현 외 지음 | 348쪽 | 값 15,000원

학교를 살리는 회복적 생활교육
김민자·이순영·정선영 지음 | 256쪽 | 값 15,000원

삶의 시간을 잇는 문화예술교육
고영직 지음 | 292쪽 | 값 16,000원

미래교육을 디자인하는
학교교육과정
박승열 외 지음 | 348쪽 | 값 18,000원

아이들을 어떻게 가르칠 것인가
사토 마나부 지음 | 박찬영 옮김 | 232쪽 | 값 13,000원

코로나 시대,
마을교육공동체운동과 생태적 교육학
심성보 지음 | 280쪽 | 값 17,000원

교실 속으로 간 이해중심 통합교육과정
온정덕 외 지음 | 224쪽 | 값 15,000원

초등 백워드 교육과정
설계와 실천 이야기
김병일 외 지음 | 352쪽 | 값 19,000원

학습격차 해소를 위한 새로운 도전
보편적 학습설계 수업
조윤정 외 지음 | 240쪽 | 값 15,000원

마을교육공동체란 무엇인가?
서용선 외 지음 | 360쪽 | 값 17,000원

강화도의 기억을 걷다
최보길 지음 | 276쪽 | 값 14,000원

체육 교사, 수업을 말하다
전용진 지음 | 304쪽 | 값 15,000원

평화의 교육과정 섬김의 리더십
이준원·이형빈 지음 | 292쪽 | 값 16,000원

마을교육과정을 그리다
백윤애 외 지음 | 336쪽 | 값 16,000원

혁신교육지구와 마을교육공동체는
어떻게 만들어지는가?
김태정 지음 | 376쪽 | 값 18,000원

서울대 10개 만들기
김종영 지음 | 348쪽 | 값 18,000원

선생님, 통일이 뭐예요?
정경호 지음 | 252쪽 | 값 13,000원

혐오, 교실에 들어오다
이혜정 외 지음 | 232쪽 | 값 15,000원

함께 배움
학생 주도 배움 중심 수업 이렇게 한다
니시카와 준 지음 | 백경석 옮김 | 280쪽 | 값 15,000원

수업, 슬로리딩과 함께
박경숙 외 지음 | 268쪽 | 값 15,000원

다정한 교실에서 20,000시간
강정희 지음 | 296쪽 | 값 16,000원

물질과의 새로운 만남
베로니카 파치니-케처바우 외 지음 | 240쪽 | 값 15,000원

즐거운 세계사 수업
김은석 지음 | 328쪽 | 값 13,000원

그림책으로 만나는 인권교육
강진미 외 지음 | 272쪽 | 값 18,000원

밥상혁명
강양구·강이현 지음 | 298쪽 | 값 13,800원

수업 고수들
수업·교육과정·평가를 말하다
박현숙 외 지음 | 368쪽 · 값 17,000원

학교를 개선하는 교장
지속가능한 학교 혁신을 위한 실천 전략
마이클 풀란 지음 | 서동연·정효준 옮김 | 216쪽 | 값 13,000원

아이들의 배움은 어떻게 깊어지는가
이시이 준지 지음 | 방지현·이창희 옮김
200쪽 | 값 11,000원

선생님, 민주시민교육이 뭐예요?
염경미 지음 | 244쪽 | 값 15,000원

미래, 공생교육
김환희 지음 | 244쪽 | 값 15,000원

교육혁신의 시대
배움의 공간을 상상하다
함영기 외 지음 | 264쪽 | 값 17,000원

들뢰즈와 가타리를 통해 유아교육 읽기
리세롯 마리엣 올슨 지음 | 이연선 외 옮김
328쪽 | 값 17,000원

도덕 수업, 책으로 묻고 윤리로 답하다
울산도덕교사모임 지음 | 320쪽 | 값 15,000원

혁신고등학교, 무엇이 다른가?
김현자 외 지음 | 344쪽 | 값 18,000원

교육과 민주주의
필라르 오카디즈 외 지음 | 유성상 옮김
420쪽 | 값 25,000원

시민이 만드는 교육 대전환
심성보·김태정 지음 | 248쪽 | 값 15,000원

교육회복과 적극적 시민교육
강순원 지음 | 228쪽 | 값 15,000원

평화교육
과거, 현재 그리고 미래를 그리다
모니샤 바자즈 외 지음 | 권순정 외 옮김
268쪽 | 값 18,000원

비판적 미디어 리터러시 가이드
더글러스 켈너·제프 셰어 지음 | 여은호·원숙경 옮김
252쪽 | 값 18,000원

대전환 시대 변혁의 교육학
진보교육연구소 교육과정연구모임 지음
400쪽 | 값 23,000원

지속가능한
마을, 교육, 공동체를 위하여
강영택 지음 | 328쪽 | 값 18,000원

교육의 미래와 학교혁신
마크 터커 지음 | 전국교원양성대학교 총장협의회 옮김
332쪽 | 값 19,000원

백워드로 설계하고 피드백으로 완성하는
성장중심평가
이형빈·김성수 지음 | 356쪽 | 값 19,000원

남도 임진의병의 기억을 걷다
김남철 지음 | 288쪽 | 값 18,000원

우리 교육, 거장에게 묻다
표혜빈 외 지음 | 272쪽 | 값 17,000원

프레이리에게 변혁의 길을 묻다
심성보 지음 | 672쪽 | 값 33,000원

교사에게 강요된 침묵
설진성 지음 | 296쪽 | 값 18,000원

다시, 혁신학교!
성기신 외 지음 | 300쪽 | 값 18,000원